研究生卓越人才教育培养系列教材

财务报表分析案例

CAIWU BAOBIAO FENXI ANLI

王 凤 **主编**

郭 敏 谢文刚 **副主编**

西北大学出版社

·西安·

图书在版编目（CIP）数据

财务报表分析案例/王凤主编. —西安：西北大学出版社，2023.9
　ISBN 978-7-5604-5058-2

Ⅰ.①财… Ⅱ.①王… Ⅲ.①会计报表—会计分析—案例 Ⅳ.①F231.5

中国版本图书馆CIP数据核字（2022）第232666号

财务报表分析案例

主　编　王　凤

副主编　郭　敏　谢文刚

出版发行　西北大学出版社

（西北大学校内　邮编：710069　电话：029-88302621 88303059）

http://nwupress.nwu.edu.cn　　E-mail: xdpress@nwu.edu.cn

经　　销	全国新华书店
印　　刷	西安博睿印刷有限公司
开　　本	787毫米×1092毫米　1/16
印　　张	17
版　　次	2023年9月第1版
印　　次	2023年9月第1次印刷
字　　数	320千字
书　　号	ISBN 978-7-5604-5058-2
定　　价	58.00元

本版图书如有印装质量问题，请拨打029-88302966予以调换。

前　言

本书是教育部经济管理类核心课程教材《财务报表分析》的配套教学用书，也是西北大学研究生院与西北大学出版社联合资助完成的研究生教材项目成果，更是献给西北大学建校120周年的一项学术成果！

作为配套教学用书，本书不仅梳理且归纳了原教材各章的内容和知识点，还针对原书中课后案例分析题目，采用近似上市公司真实案例，运用专业的财务分析方法和技术，提供了较为翔实的案例分析报告。帮助读者理解财务报表分析的核心知识，便于培养读者解决课后案例分析题目，进而撰写专业的财务报表分析报告书。

本书共八章，每章包括两个真实上市公司的具体案例，共有16个案例分析报告。

第一章绪论，案例分别是上海家化经营情况讨论与分析的披露质量、美达股份审计报告与年报质量的关系；

第二章企业会计准则，案例分别是金正大财务舞弊分析、上海家化披露"董事长致辞"与年报质量识别；

第三章财务数据分析技术，案例分别是复星医药高管薪酬是否合理、华电国际资本结构分析；

第四章资产负债表分析，案例分别是康美药业财务造假与正中珠江事务所受罚、獐子岛盈余操纵分析；

第五章利润表及所有者权益变动表分析，案例分别是政府补贴对长安汽车创新能力的影响、济川药业轻研发重销售的合理性分析；

第六章现金流量表分析，案例分别是万科净现金流与净利润巨大差异的原因、英特集团现金股利分配分析；

第七章综合财务报表分析，案例分别是格力电器绿色发展能力分析、光明乳业股权激励与财务绩效的关系；

第八章会计信息质量甄别，案例分别是康得新财务舞弊事件、盐湖股份破产重整的效果分析。

本书的主要特点在于：

第一，基于理论，重在实践。本书每一章都是先回顾对应教材中涉及的主要知识点，对教材中的主要内容进行了系统地归纳总结；接着，提供了两个案例分析报告。当然，案例公司和分析问题的选择主要结合原教材中各章主要内容和课后案例分析题，尽量与其匹配一致，这样可以间接地为教材中课后案例分析题提供参考答案和解题思路。因而，每一章不仅有理论知识回顾，更注重实践，即运用上市公司财务和非财务信息进行有目标的案例分析。只有将课程、教材和教材配套案例书有机地结合在一起，才可以做到理论与实践相结合，提高学生、读者的学习效果。

第二，全局视野，目标明确。本书最具思想性的精华是基于中国上市公司真实数据和信息进行的案例分析和讨论。不同于以往对财务报表分析的狭义理解，即注重财务指标和财务数据的分析，本书依然采用原教材中广义财务报表分析的理念，即结合企业战略管理和企业生命周期理论形成的全局观的财务报表分析理念，分析师的视野一定要超越财务信息本身，结合更宽泛的非财务信息、宏观经济环境、微观经营环境、现代分析技术等进行分析。不同于上市公司年报和第三方分析机构提供的综合财务分析报告，本书的案例分析报告都是针对不同的具体分析问题，即分析师需要首先确定分析目标，围绕目标进一步展开科学分析。

第三，案例真实，数据可考。本书案例公司全部来自中国上市公司，其中的原始数据和信息全部都是上市公司公开的信息，这样与原教材保持一致，便于学生和读者更好地理解案例公司，以及当时所涉及的宏观和微观经济环境。同时，为了便于读者对数据和信息的考证，书中保留了很多上市公司年报信息的截图、中国证监会发布相关文件的截图、第三方分析报告截图和出处等。

本书由王凤主编，对全书负责。副主编是郭敏教授和谢文刚副教授。除设计编写大纲且统稿以外，我的部分研究生也参与了书稿的资料整理、编写、数据复查和校对等工作。具体分工是：西北大学曹婷博士第1章，侯一涵第2章，寸静第3章，赵珂第4章，西安外事学院郭敏教授和谢文刚副教授第5章，西安交通大学博士研究生郭提超第6章，西北大学王凤教授第7章，西北大学博士研究生安芮坤第8章。

衷心感谢西北大学研究生院和出版社为本书出版提供的支持。

本书适用于高等院校管理学、会计学、金融学、产业经济学、区域经济学等专业的本科生、研究生，证券机构的分析师以及对此感兴趣的读者。希望本书的出版能够帮助读者提高"财务报表分析"课程的学习质量。由于水平所限，书中错误在所难免，恳请广大读者批评指正。联系邮箱 wangf@nwu.edu.cn。

王　凤

2022年盛夏于西北大学长安校区

目 录

第一章 绪 论

1.1 主要知识点回顾 …………………………………………………………… 1
1.2 上海家化 2016 年年报管理层讨论与分析的披露质量 ……………………… 4
1.3 美达股份 2019 年审计报告有助于判断年报质量吗? ……………………… 22
1.4 小结 ………………………………………………………………………… 39

第二章 企业会计准则

2.1 主要知识点回顾 …………………………………………………………… 41
2.2 金正大集团 2015—2020 年年报财务舞弊分析 …………………………… 44
2.3 上海家化 2017 年披露"董事长致辞"是否影响识别年报质量? …… 59
2.4 小结 ………………………………………………………………………… 71

第三章 财务数据分析技术

3.1 主要知识点回顾 …………………………………………………………… 72
3.2 复星医药 2018 年高管薪酬是否合理? …………………………………… 77
3.3 华电国际 2019 年资本结构分析 …………………………………………… 87
3.4 小结 ………………………………………………………………………… 100

第四章 资产负债表分析

4.1 主要知识点回顾 …………………………………………………………… 101

4.2 康美药业财务造假与正中珠江事务所受罚 …… 106
4.3 獐子岛 2020 年年报盈余操纵 …… 119
4.4 小结 …… 133

第五章　利润表及所有者权益变动表分析

5.1 主要知识点回顾 …… 134
5.2 政府补贴对长安汽车创新能力的影响 …… 139
5.3 济川药业轻研发重销售合理性分析 …… 152
5.4 小结 …… 166

第六章　现金流量表分析

6.1 主要知识点回顾 …… 167
6.2 万科净现金流与净利润巨大差异的原因分析 …… 170
6.3 英特集团现金股利分配分析 …… 182
6.4 小结 …… 197

第七章　综合财务报表分析

7.1 主要知识点回顾 …… 199
7.2 格力电器 2020 年绿色发展能力分析 …… 204
7.3 光明乳业股权激励与财务绩效的关系 …… 215
7.4 小结 …… 229

第八章　会计信息质量甄别

8.1 主要知识点回顾 …… 231
8.2 康得新财务舞弊事件分析 …… 234
8.3 盐湖股份破产重整的效果分析 …… 248
8.4 小结 …… 262

第一章 绪 论

1.1 主要知识点回顾

本章的知识点框架如图 1-1 所示:

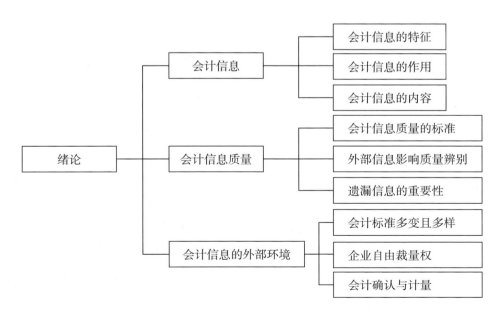

图 1-1 知识点框架图

1.1.1 会计信息及作用

会计信息是指会计人员按照会计准则或企业规章制度，基于财务或其他目标，将原始的数据信息进行加工和处理，得到既有规范性又具有实用性的信息。会计信息的获得与披露过程是双向的、具有交互和反馈性的过程。

会计信息特征可以概括为以下五点：一是以会计凭证、账簿或财务报表等信息载体为依托，通过数字或文字传递信息。二是反映会计主体的经济业务和交易事项，具有时间连续性、科学系统性和真实性。三是指会计信息加工过程中将各项经营数据转化为更加综合、简练和系统的数据。四是为利益相关者提供真实可靠、及时完整的管理或决策数据。五是大数据环境下会计信息更容易被分享和使用，同时也使企业受到更广泛的监督。

会计信息的作用包括会计信息的初始作用和增值作用。初始作用包括：反映或核算企业的经济业务或交易活动，满足企业内外部信息使用者的需要；监督或控制企业的内部管理。增值作用包括：揭示会计主体内外部在经济活动中的联系，促进经营目标的实现；为企业纠正偏差提供依据；在对企业进行评价的基础上，做出决策和预测风险。

会计信息的内容主要包括定期报告，即年度报告、中期报告、季度报告和临时报告。上市公司定期报告编制中财务报告章节部分要遵守会计准则的要求。

企业年度财务报告信息主要包括审计报告、财务报表及财务报表附注。狭义上是指财务报表信息，根据信息披露时间可以分为月度、季度和年度财务报表。

财务报表是对企业财务状况、经营成果和现金流量的结构性表述。财务报表至少应当包括资产负债表、利润表、现金流量表、所有者权益（或股东权益）变动表及附注。财务报表上述组成部分具有同等重要程度。

财务报表附注是对在会计报表中列示项目所做的进一步说明，以及对未能在这些报表中列示项目的说明等。

管理层讨论与分析也被称作财务回顾或经营情况讨论与分析，是公司管理层借助财务数据和企业内部信息等对自身企业诸多方面进行的自我评价和解释。分析师会比较关注这个部分的信息，因为这里往往会包含一些财务报表中没有涉及的非财务信息。

需要注意的是，管理层讨论与分析部分未必会充分披露企业的前瞻性信息，并且这部分信息是由企业自我陈述，具有较强的主观性，可靠性和有用性也会因信息提供者不同而存在差异。

1.1.2 会计信息质量

会计信息质量是用来衡量会计信息披露水平的,是进行财务报表分析或是会计信息分析的前提。

会计信息质量的标准即会计准则。国际会计准则规定财务报表共有四项最主要的质量特征:可理解性、相关性、可靠性和可比性。根据我国《企业会计准则》的规定,会计信息质量特征有八项:可靠性、相关性、可理解性、可比性、实质重于形式、重要性、谨慎性和及时性。

会计信息的决策有用性以满足会计信息质量要求为基础。然而,满足会计信息质量要求不代表其具有决策有用性。只有既满足会计信息质量要求,还能有助于信息使用者合理、科学决策的会计信息才是有用且质量高的会计信息。

审计报告和财务信息披露形式也是会计信息质量辨别的影响因素。审计师在审计报告中出具的审计意见通常也可以用于判断会计信息质量。一般认为,审计师出具无保留意见的审计报告是对企业披露的财务报告具有高可信度、高质量的证明。但不容忽视的是,审计师或会计师事务所是由被审计单位聘用并支付审计业务费用的,因此,审计师及其出具的审计报告的独立性将会受到质疑。

除了要求披露的财务信息,许多企业会在财务报告中添加对投资者更具有吸引力的内容。有些内容会出现在企业的网站上,有些内容也会被企业"隐藏"在不显眼的文件中。投资者必须要在繁杂的内容中找到他们所真正需要的信息。

有些遗漏信息也很重要。企业的财务报表并不能够给信息使用者提供所需要的全部信息。许多能够间接或者直接影响企业成功与否的因素很难量化,并且在财务报表中也找不到。例如,管理层与员工的关系、企业在客户中的声誉或者管理的有效性等。信息使用者也要密切关注企业的财务报表附注,财务报表中的许多详细信息会在这里出现。公共媒体的宣传会影响公众对企业的认知,企业如何处理社会问题也会影响企业的业绩。全球性慈善事业也能为企业创造出巨大的价值。

1.1.3 会计信息的外部环境

会计标准多样且多变。由于所处的经济环境不同,世界各国制定和执行的会计标准存在较大差异,但商业活动的全球化要求所有国家遵循统一的会计准则。世界绝大多数国家普遍采用了国际会计准则，在施行中略有差异。我国现行会计准则基本采用了国际财务报告准则标准。

企业自由裁量权。企业自由裁量权是指会计人员可以根据公司管理层的意图自由选择会计政策的权力。它的理论依据是会计准则规定的谨慎性原则。企业往往在会计估计中根据实际经营活动进行自主选择。信息使用者在分析企业时需要格外关注这些可自由裁量项目的管理政策。

企业的会计业务可以分为两类。一类是可验证性业务，可以通过各种凭证来验证业务已"实际发生"；另一类是职业判断性业务，是指已经发生但发生金额需要靠会计人员职业判断来决定的业务，例如固定资产折旧费的确定。职业判断性业务往往是人为合理"操纵"财务信息，使财务信息中所涉及的会计估计和会计选择弹性化。但这种弹性化也为企业盈余管理留有余地。

1.2 上海家化 2016 年年报管理层讨论与分析的披露质量

1.2.1 背景介绍

1.2.1.1 公司背景

上海家化联合股份有限公司（以下简称上海家化，股票代码 600315）是中国日化行业具有悠久历史的民族企业之一，其前身是成立于 1898 年的香港广生行，于 2001 年在上海证券交易所上市，所处行业为日用化学产品制造业（C4370）。上海家化的经营领域主要包括美容护肤、个人护理和家居护理三大类，以"研发先行、品牌驱动、渠道创新、供应保障"为经营方针，以"创新领先、增长领先、品质领先"为发展战略，创建了六神、佰草集、美加净、高夫等知名品牌，曾多次被国家认定为高新技术企业。截至 2016 年，上海家化拥有 500 多项产品开发项目，每年都有 50 项以上的项目申请专利。从 1996 年起，上海家化就与国内外合作设计产品开发道路，在国内与各科研院校和高校之间以建立产学研联合实验室的方式深度合作，并与国外主要研究机构和技术公司合作进行项目研究和产品开发。

2016年，上海家化实现了53.21亿元营业收入，同比下降8.98%，归属于母公司所有者的净利润为2.16亿元，同比下降90.23%。具体的财务数据如表1-1所示：

表1-1 上海家化2016年主要财务数据

单位：万元

主要财务数据	2015年	2016年	本期比上年同期增减（%）
营业收入	584 586.53	53 219.83	−8.98
归属于上市公司股东的净利润	220 996.10	21 601.70	−90.23
经营活动产生的现金流量净额	50 258.46	5 399.76	−89.26

数据来源：上海家化2016年年度报告。

1.2.1.2 行业背景

化妆品行业是中国最早发展，也是最早对外开放的产业之一。行业内企业数量众多，市场竞争激烈，外国大牌化妆品的进入更加剧了行业竞争的激烈程度。近年来，国家对化妆品企业的生产标准提出更严格的要求，健康安全、技术含量高的化妆品更能获得消费者的青睐。因此，化妆品行业越来越重视研发投入的重要性，采用最前沿的技术，推出植物概念、中药概念、现代生物工程概念等功能性诉求。中国的许多企业将传统的中医理论与现代生物学技术有机结合起来，开发出具有中医疗效的新产品，以迎合中国人的消费需求，占据更多的市场。

根据国家统计局数据显示，2016年化妆品类零售市场成交额为67.18亿元，2015年成交额为68.64亿元，同比下降2.1%。[1]2015年、2016年中国化妆品零售额增速分别为8.8%、8.3%（限额以上单位），增速放缓明显。第三方研究公司统计和预测，中国日化行业整体保持着增速放缓的发展状态，并且这一状态将会持续。[2]

---

[1]数据来源：国家统计局 data.stats.gov.cn/easyquery.htm? cn=C01&zb=A0I0A04&sj=2016。
[2]资料来源：上海家化2016年年度报告（修订版）"第四节 经营情况讨论与分析"。

1.2.2 思考题

通过仔细阅读和分析上海家化年报中的管理层讨论与分析部分，可以获得除了财务报表披露的财务信息以外的非财务信息，进而更加全面地分析和判断企业的经营情况。此案例分析将围绕以下四个具体问题展开：为什么管理层讨论与分析特别重要？按照我国企业会计准则要求，上海家化是否对该披露的管理层讨论与分析内容进行了披露？如何评估上海家化2016年管理层讨论与分析的披露质量？对该公司的前景如何评价？

1.2.3 案例分析

1.2.3.1 管理层讨论与分析的重要性

管理层讨论与分析对公司过去的财务信息进行了回顾性披露，是上市公司年报的重要组成部分。公司管理层讨论与分析部分，应当对本期财务报表及附注中重要的财务数据以及报告期内发生和未来将要发生的重大事项进行分析，并从管理层角度对公司未来年度的营业计划以及发展机遇、挑战和风险进行说明，以方便投资者从内部人角度评判公司的经营成果、财务状况以及公司未来可能发生的变化。管理层讨论与分析不同于简单的财务数字，它是具有信息优势的管理层对公司重要经营事项与前瞻性信息的陈述式解读与披露。管理层讨论与分析中的文字性信息不仅是公司历史信息的解释、总结与传达，还是对未来公司前景与经营计划的预测与展望，其重要性主要体现在以下几个方面：

投资者想要初步了解一个公司时，首先会选择查看该公司的财务报表。虽然财务数据在一定程度上可以直观地展示公司的经营状况，但投资者并不能完全探查数字背后所隐含的有关于公司治理、核心技术、重大事项解读和发展前景预测等非财务信息。非财务信息的缺失可能会导致投资者决策的失误，给投资者带来不可预估的风险与损失。投资者对公司未来发展的关注也要求公司对此部分信息做出回应。这些信息能使投资者从管理层的视角来认识公司，更好地了解公司当前的经营状况。对于一些高新技术行业，研发投入、知识产权或人力资本等非财务信息，才是投资人更为关注的重要因素。

对公司自身而言，面对融资约束时也会披露更加全面的信息。有研究表明，潜在的融资需求越大，管理层讨论与分析倾向于披露得更加完全。当公司的经营状况向好时，公司会更愿意披露高质量的管理层讨论与分析信息，这样有助于让外部投资者更加了解公司,并吸引潜在的投资者。

与此同时,管理层讨论与分析披露的信息质量还会影响到整个资本市场的反应。因此,监管部门对其披露制度和要求不断完善,从"量"的要求转变为对"质"的要求,以此来稳定金融秩序,发展市场经济。

1.2.3.2 上海家化2016年管理层讨论与分析披露情况举例

根据《公开发行证券的公司信息披露内容与格式准则第2号——年度报告的内容与格式(2016年修订)》第二十六、二十七和二十八条的相关规定,本书对上海家化2016年管理层讨论与分析的披露情况进行筛检和梳理如表1-2所示:

表1-2 上海家化2016年管理层讨论与分析披露情况

披露情况			
序 号	内 容	是否披露	报表对应页码
1	财务报告数据与其他必要的统计数据	√	P10—P14
2	财务指标变化的原因和趋势	√	P10—P11
3	收入与成本	√	P14—P18
4	费用	√	P18—P20
5	研发投入	√	P20—P21
6	现金流	√	P21—P22
7	非主营业务导致利润重大变化	√	P22
8	资产及负债	√	P22—P24
9	投资状况	√	P30—P31
10	重大资产和股权出售	×	
11	主要控股参股公司分析	√	P31
12	公司控制的结构化主体情况	×	
13	行业格局和趋势	√	P31—P33
14	公司发展战略	√	P33
15	经营计划	√	P33—P34
16	可能面对的风险	√	P34—P35

数据来源:上海家化2016年年度报告、证监会信息披露公告2016年修订版。

根据《企业会计准则》第二十六条规定，公司经营情况讨论与分析中应当对财务报告数据与其他必要的统计数据，以及报告期内发生和未来将要发生的重大事项，进行讨论与分析，有助于投资者了解其经营成果、财务状况及未来可能的变化。公司可以运用逐年比较、数据列表或其他方式对相关事项进行列示，以增进投资者的理解。

根据《企业会计准则》第二十七条规定，公司应当回顾分析在报告期内的主要经营情况。对重要事项的披露应当完整全面，不能有选择地披露。公司应当披露已对报告期产生重要影响以及未对报告期产生影响但对未来具有重要影响的事项等。

根据《企业会计准则》第二十八条规定，公司应当对未来发展进行展望。应当讨论和分析公司未来发展战略、下一年度的经营计划以及公司可能面对的风险，鼓励进行量化分析。

由于篇幅限制，本书只选取年报中披露的部分内容进行列举。

（1）财务指标变化的原因

（1）影响公司业绩大幅下滑的主要因素总结

其中营业收入同比下降的主要原因是：

A. 代理花王业务接近尾声，收入大幅下降。2016年公司实现营业收入53.21亿元，同比下降5.25亿元，降幅为8.98%，其中2016年公司代理花王业务的营业收入为9.45亿元，同比下降4.02亿元，降幅为29.84%。

B. 2016年公司自有品牌实现营业收入为43.76亿元，同比下降1.23亿元，降幅为2.73%。主要是受累于整体经济环境放缓的影响、传统销售渠道商超和百货增速明显放缓，以及外资品牌和本土品牌持续加大市场营销投入导致市场竞争更加激烈所致。

公司2016年归属于上市公司股东的净利润及扣除非经常性损益后的净利润同比下降的主要原因是：

A. 2015年公司出售江阴天江药业23.84%股权，确认投资收益17.35亿元，导致净利润增加14.73亿元，上年基数较大。

B. 公司营业收入同比下降5.25亿元。

C. 销售费用与管理费用上升，两项费用加总同比增加3.92亿元，增幅为14.84%，主要系公司加大品牌的传播、营销投入所致。

图1-2　上海家化2016年业绩下滑原因总结

（资料来源：上海家化2016年年度报告。）

（3）花王代理业务对公司未来营业收入及业绩的影响及公司后续安排

2013年度公司代理花王业务的营业收入为5.11亿元，占当年营业收入的11.44%；实现净利润为849万元，占当年归属于上市公司股东的净利润的1.06%；

2014年度公司代理花王业务的营业收入为8.91亿元，占当年营业收入的16.71%；实现净利润为-307万元；

2015年度公司代理花王业务的营业收入为13.47亿元，占当年营业收入的23.05%；实现净利润为8560万元，占当年归属于上市公司股东的净利润的3.87%；

2016年度公司代理花王业务的营业收入为9.45亿元，占公司同期营业收入的17.76%；实现净利润为3316万元，占同期归属于上市公司股东的净利润的15.35%。

花王代理业务的终止对公司2016年度的业绩带来较大负面影响，公司判断，对公司未来的营业收入和净利润将会带来一定程度的影响。公司将加强自有品牌建设，2017年力争自有品牌营业收入实现两位数的增长，并积极布局其他有利公司未来发展的业务，保持公司稳定、持续发展，长久、稳健地为股东创造价值。

图1-3　上海家化未来发展安排

（资料来源：上海家化2016年年度报告。）

如图1-2、图1-3所示，在管理层讨论与分析的开始部分，上海家化详细解释了2016年公司业绩大幅下滑的原因；在后续的公司经营安排中，提出未来恢复营业水平的具体措施和大致目标。

（2）收入与成本

（1）主营业务分行业、分产品、分地区情况

单位：元　币种：人民币

	主营业务分行业情况					
分行业	营业收入	营业成本	毛利率（%）	营业收入比上年增减（%）	营业成本比上年增减（%）	毛利率比上年增减（%）
1. 日化行业	5 282 112 344.55	2 052 769 872.59	61.14	-8.69	-13.06	增加1.95个百分点
2. 其他	38 171 419.55	8 239 032.47	78.42	-4.44	-13.00	增加2.13个百分点
合计	5 320 283 764.10	2 061 008 905.06	61.26	-8.66	-13.06	增加1.96个百分点

续表

主营业务分产品情况						
分产品	营业收入	营业成本	毛利率（%）	营业收入比上年增减（%）	营业成本比上年增减（%）	毛利率比上年增减（%）
1. 护肤类	1 955 266 216.30	436 081 231.98	77.70	-6.88	27.14	减少 5.97 个百分点
2. 洗护类	3 232 200 646.56	1 578 420 202.47	51.17	-10.52	-20.69	增加 6.27 个百分点
3. 家居护理类	94 645 481.69	38 268 438.14	59.57	29.40	37.44	减少 2.36 个百分点
4. 其他	38 171 419.55	8 239 032.47	78.42	-4.44	-13.00	增加 2.13 个百分点
合计	5 320 283 764.10	2 061 008 905.06	61.26	-8.66	-13.06	增加 1.96 个百分点

图 1-4　上海家化 2016 年部分营业收入情况

（数据来源：上海家化 2016 年年度报告。）

主营业务分行业、分产品、分地区情况的说明

√适用 □不适用

公司毛利率上升的原因

本年度公司毛利率同比上升了 1.96 个百分点，公司通过持续改进采购工作、优化产品销售结构来增加毛利贡献，同时，由于代理花王产品的业务本年度进入收尾阶段，毛利率较低的代理花王收入同比下降，使得公司总体毛利率上升。

公司产品的分类

为了更加准确地反映公司各产品的定位，公司分产品列示主要按功能性分类，具体统计口径与上年分类相比未发生改变，"护肤类"统计口径与上年"化妆品"一致，"洗护类"统计口径与上年"个人护理用品"一致，"家居护理类"统计口径与上年"家居护理用品"一致。护肤类主要包括女士、男士、婴幼儿护肤品等；洗护类主要包括洗发、护发、沐浴、洗手液、花露水、护手霜、花王产品等；家居护理类主要包括织物洗涤、家居清洁等。

广东、浙江、山东、安徽等省销售情况的说明

2016 年广东、浙江、山东、安徽等省的营业收入同比减少的主要原因是：上述地区

代理销售花王业务的营业收入减少。

详见下表：

地 区	营业收入变动 2016 vs 2015	花王业务变动对地区的影响 2016 vs 2015
广东	−13.37%	−13.85%
浙江	−14.63%	−6.96%
山东	−17.87%	−15.11%
安徽	−13.77%	−6.31%

剔除花王业务变动造成的影响，该等地区营业收入的变动幅度有限。其中浙江和安徽由于经销商进货减少导致销售下降；未来经销商将优化产品结构，提高高毛利产品比重，保持销售平稳增长。

图 1-5　上海家化 2016 年销售情况

（资料来源：上海家化 2016 年年度报告。）

（3）成本分析表

单位：元

分行业	成本构成项目	分行业情况					情况说明
		本期金额	本期占总成本比例（%）	上年同期金额	上年同期占总成本比例（%）	本期金额较上年同期变动比例（%）	
1. 日化行业	原材料	1 013 607 626.46	49.38	1 068 674 740.08	45.26	−5.15	
	人工及制造费用	205 293 605.28	10.00	188 725 907.10	7.99	8.78	
	外购	833 868 640.85	40.62	1 103 620 226.48	46.74	−24.44	
	小计	2 052 769 872.59	100.00	2 361 020 873.66	100.00	−13.06	
2. 其他		8 239 032.47	100.00	9 470 368.93	100.00	−13.00	
合计		2 061 008 905.06		2 370 491 242.60		−13.06	

续表

分产品情况							
分产品	成本构成项目	本期金额	本期占总成本比例（%）	上年同期金额	上年同期占总成本比例（%）	本期金额较上年同期变动比例（%）	情况说明
1. 护肤类	原材料	333 144 774.08	76.40	274 005 755.22	79.89	21.58	
	人工及制造费用	47 386 964.39	10.87	41 613 676.77	12.13	13.87	
	外购	55 549 493.51	12.73	27 360 519.84	7.98	103.03	
	小计	436 081 231.98	100.00	342 979 951.83	100.00	27.14	
2. 洗护类	原材料	653 915 338.20	41.43	775 934 118.50	38.99	−15.73	
	人工及制造费用	150 712 005.18	9.55	141 837 402.89	7.13	6.26	
	外购	773 792 859.08	49.02	1 072 424 932.60	53.89	−27.85	
	小计	1 578 420 202.46	100.00	1 990 196 453.99	100.00	−20.69	
3. 家居护理类	原材料	26 547 514.18	69.37	18 734 866.36	67.28	41.70	
	人工及制造费用	7 194 635.71	18.80	5 274 827.44	18.94	36.40	
	外购	4 526 288.25	11.83	3 834 774.04	13.77	18.03	
	小计	38 268 438.14	100.00	27 844 467.84	100.00	37.44	
4. 其他		8 239 032.47	100.00	9 470 368.93	100.00	−13.00	
合计		2 061 008 905.06		2 370 491 242.60		−13.06	

图 1-6　上海家化 2016 年成本分析

（数据来源：上海家化 2016 年年度报告。）

如图 1-4、图 1-5、图 1-6 所示，上海家化按照证监会文件要求分别按行业、产品及地区披露报告期内公司营业收入构成的情况。对于营业收入占比超过 10% 的行业、产品或地区也具体列示细节数据并分析其变动情况。营业成本的主要构成项目也在报表中有所披露，并且与上年同期指标进行对比。

(3) 费用

(1) 销售费用增长的具体原因

公司销售费用明细如下：
单位：元

项 目	2016 年度	2015 年度	增减（%）
营销类费用	1 629 549 644.32	1 322 997 500.03	23.17
工资福利类费用	262 277 274.09	202 244 397.38	29.68
劳务费	233 706 502.44	268 054 510.15	−12.81
租金	104 262 747.89	113 175 836.23	−7.88
折旧和摊销费用	84 048 667.27	59 982 712.74	40.12
办公差旅费	35 550 230.51	33 685 360.23	5.54
股份支付费用（转回）/计提	(2 112 668.05)	3 760 402.69	−156.18
其他	36 931 788.35	31 097 750.24	18.76
合计	2 384 214 186.82	2 034 998 469.69	17.16

从上表可看出，公司销售费用项下营销类费用同比增加 3 亿元，增幅为 23.17%，主要系公司加大品牌传播、营销投入所致，如冠名天猫双十一晚会并发生与之配套的相关促销、物流等费用。

为了有效管控费用支出，未来公司将严格销售费用的管理，提高费用使用效率，改进营销方式、优化市场费用投入，提高投入产出效益，更好地回报广大股东。

图 1-7 上海家化 2016 年销售费用

（资料来源：上海家化 2016 年年度报告。）

(2) 工资福利类费用大幅上涨的具体原因

自 2016 年 10 月起，由于员工用工结算调整，原劳务费调整为工资福利类费用，结合两项费用来看：公司 2016 年度销售费用项下工资福利类费用为 2.62 亿元，同比增长 29.68%；劳务费为 2.34 亿元，同比下降 12.69%；工资福利类费用和劳务费相加为 4.96 亿元，同比增长 5.53%，属于合理的水平；公司 2016 年销售人员有 1 209 人，比 2015 年增加 125 人，增幅为 11.5%，工资福利类费用和劳务费增幅慢于销售人员增幅。

(3) 办公差旅费用的主要构成及大幅度上涨的原因

2016 年公司管理费用中办公差旅费用主要由租赁费、差旅费、软件维护费构成，其中租赁费有 3976 万元，同比增加 716%，主要是公司 2016 年搬入尚浦中心新职场发生的租赁费、物业费等；差旅费有 2 402 万元，同比下降 13%；软件维护费有 2 163 万元，同比下降 14%。

（4）公司董监高薪酬及员工薪酬费用调整变动的原因

公司 2014 年度管理费用项下工资福利类费用为 2.39 亿元，同比增长 24.48%；劳务费为 0.40 亿元，同比增长 8.1%；工资福利类费用和劳务费相加为 2.79 亿元，同比增长 21.83%；

公司 2015 年度管理费用项下工资福利类费用为 3.15 亿元，同比增长 31.8%；劳务费为 0.16 亿元，同比下降 60%；工资福利类费用和劳务费相加为 3.31 亿元，同比增长 18.64%；

公司 2016 年度管理费用项下工资福利类费用为 3.54 亿元，同比增长 12.38%；劳务费为 0.12 亿元，同比下降 25%；工资福利类费用和劳务费相加为 3.66 亿元，同比增长 10.57%，尚属于合理水平。

图 1-8　上海家化 2016 年销售费用说明

（资料来源：上海家化 2016 年年度报告。）

如图 1-7、1-8 所示，上海家化在 2016 年年报中详细披露相关费用变动的具体原因。但对于股份支付费用（转回）/计提项目的巨大变动在此部分并未进行任何说明。

（4）研发投入

研发投入情况表

√适用 □不适用

单位：元

本期费用化研发投入	124 725 312.88
本期资本化研发投入	0
研发投入合计	124 725 312.88
研发投入总额占营业收入比例（%）	2.34
公司研发人员的数量	180
研发人员数量占公司总人数的比例（%）	7.9
研发投入资本化的比重（%）	0

情况说明

√适用 □不适用

(1) 公司研发费用下降的原因

公司 2014、2015、2016 年研发支出分别为 1.40 亿元、1.30 亿元、1.24 亿元，金额逐年略有减少，主要原因是公司 2012 年实施的股权激励计划确认的股份支付费用逐年有所减少，相应的研发人员股份支付费用亦逐年有所减少，而实际用于研发的支出基本保持平稳。如果剔除花王业务的影响后，公司 2014、2015、2016 年研发支出占营业收入比例分别约为 3.2%、2.9%、2.9%，该比例较为合理，能够满足公司产品参与市场竞争的需要。

(2) 公司研发费用投入的说明

公司研发项目的推进，为公司创新能力提升与创新成果转化奠定了基础，形成了一批优秀产品，如 0 硅油洗发露、运用生物科技技术研制的洗衣液、含有微囊包裹靶向技术的佰草集五行焕肌系列产品，这些产品为公司营业收入带来较好的贡献，新品贡献率由 2015 年的 9.29% 提高到 2016 年的 12.6%。

公司将基于消费者洞察和技术能力的提升，做好产品的研发储备，提高研发效率。将在保持研发合理投入的前提下，优化投入结构，重点产品重点投入，有效投入，符合公司"研发先行"的经营方针。

图 1-9　上海家化 2016 年研发投入

（资料来源：上海家化 2016 年年度报告。）

(3) 研发创新

√适用 □不适用

科研创新是公司发展的原动力，为全面配合公司发展战略，加强研发力量，2016 年研发中心进一步优化了组织架构，引进了 45 名科研人才，建立人才梯队，完善培训激励机制，大幅提升工作效率和生产率。在优化的新产品开发流程管理框架下，2016 年度新品项目完成 566 项，新品贡献率由 2015 年的 9.29% 提高到 2016 年的 12.6%。

2016 年开展 50 余项研究项目，其中新增 20 项，完成 18 项，转化为产品开发项目 12 项。并实现优秀技术专利化，研究技术已申请专利 57 件，其中发明专利 20 件（另有 PCT 专利 1 件），获得授权专利 8 件；公司在加强技术与产品创新，提高企业核心竞争力的同时，积极参与推动行业技术发展方面的工作。2016 年研发中心负责制定《化妆品中抑汗活性成分的检测方法》和《化妆品检验规则》，并参与制定了《抑汗香体液》国家标准，参加 CFDA 颁布的《关于实施化妆品安全技术规范（2015 年版）有关事宜的公告》《化妆品安全监督条例》《关于发布防晒化妆品防晒效果标识管理要求的公告》制定讨论，完成 12 项企业标准，为促进行业发展发挥了积极的作用。

相对于行业内跨国公司的全球研发、规模优势研发，公司尚有不小差距，公司将不懈努力，逐步缩小与国际日化巨头的研发差距。公司目前有 50 多个研究项目在执行，涵盖基础研究、产品技术、工业设计和材料开发及检测技术等。

主要项目如下：

项目分类	项目名称
工业设计和材料开发	包装工艺研究
	印刷控制技术研究
	打印技术应用拓展
	绿色材料设计开发研究
基础研究	启初产品技术的比较研究
	香气对身心的影响及应用
	中草药复方添加剂策略研究及开发
	抗衰老添加剂开发及拓展研究等7项
	中草药护理研究
	产品机理的研究与应用等2项
	新法规调研等3项
	美白系列添加剂研究
	婴童系列产品开发研究
	皮肤形态和结构特征研究
检测技术	皮肤模型的应用等2项
	基因检测及应用
	产品应用研究和应用
	微生物快速检测和应用
	化学分析检测技术研究

图 1-10　上海家化 2016 年研发创新状况

（资料来源：上海家化 2016 年年度报告。）

如图 1-9、图 1-10 所示，上海家化对公司研发投入相关项目的数字指标以及有关变动情况进行披露与说明，但缺少理性分析。将研发目标和研发进展的说明放入行业经营性信息分析部分，两者分开叙述，降低了研发投入相关信息的完整性和可读性。

(5) 未来发展的讨论与分析

三、公司关于公司未来发展的讨论与分析

（一）行业格局和趋势

√适用 □不适用

1. 行业发展趋势

根据欧睿、中怡康、尼尔森等第三方研究公司的预测和统计，中国日化行业整体发展呈现新常态：整体市场增速放缓且放缓态势预计将持续，欧睿2015年底预测未来五年行业平均复合增长率约为10%，而根据2016年底最新的预测行业平均复合增长率调低至约6.7%，预计2020年市场规模可达到4 352亿元。

……

（二）公司发展战略

√适用 □不适用

公司将遵循研发先行、品牌驱动、渠道创新、供应保障的经营方针，以品牌为核心发展要素，提升研发技术，提高研发效率，扩大新品储备。强化品牌建设，进一步提升品牌资产，从而驱动渠道布局，并发力新兴渠道。未来，公司将一如既往地为广大消费者提供优质的产品，秉承对消费者、客户和股东诚信的理念，发扬务实的精神，实现共赢的目标。

（三）经营计划

√适用 □不适用

基于2016年公司经营情况，结合2017年度宏观经济状况、居民消费增速、日化行业发展状况、市场竞争格局等因素对公司影响的分析判断，并考虑自2016年12月31日公司与花王（上海）产品服务有限公司（以下简称"花王"）的《战略性销售合同》期满后不再延续的因素，2017年公司管理层力争营业收入相比2016年度扣除代理销售花王产品业务后的营业收入，实现两位数的增长。

基于公司各品牌的增长策略，实施过程中将贯彻"研发先行、品牌驱动、渠道创新、供应保障"的经营方针，具体措施为：

1. 公司将基于消费者洞察和技术能力的提升，做好产品的研发储备，提高研发效率；
2. 品牌是企业发展的核心，公司将加大力度进行品牌建设，对成熟品牌和成长品牌做出不同的战略战术，以此驱动渠道布局，加强与消费者的有效沟通，不断提升品牌资产和价值；
3. 公司将坚定做深做透各类渠道；
4. 公司将在保障产品供应及质量的同时高效管理库存。

公司2017年度经营计划不代表公司的盈利预测，能否实现取决于宏观经济状况、行业发展趋势、市场需求情况、经营团队努力程度等多种因素，存在不确定性，请投资者注意投资风险。

(四)可能面对的风险

√适用 □不适用

1. 中国社会消费品零售总额低速增长,行业增速放缓

2016年中国经济总体增长目标基本达成,GDP同比增速6.7%,但相较2015年GDP同比6.9%的增速仍处于增速下行区间。而受整体经济环境影响,社会消费品零售总额增速从2010年的近19%逐渐下移到2015年的11%左右,2016年中国社会消费品零售总额同比增速始终维持在10%~10.8%之间,全年增速稍有回落。未来中国宏观经济的低增速将成为常态走势,而整体消费市场规模的低增速成长亦将成为新常态。2016年全国居民人均可支配收入增速低于消费支出增速,而收入增速的放缓将使支出增速承受更大的压力。快速消费品行业整体增速也将进一步放缓,呈现出销售量缓慢增长态势,主要靠价格和新品拉动。整体经济环境和市场环境对公司经营管理的水平提出更高要求。

2. 品牌竞争愈发激烈,本土外资品牌招数频出

过去一年美妆市场竞争激烈,本土和外资品牌无论在线上还是线下都展开激烈争夺。化妆品消费税新政为彩妆和跨国品牌带来利好,跨国品牌纷纷以降价噱头吸引消费;韩流热度持续,韩系品牌在华保持超高速增长;本土品牌份额逐年提升,在新渠道、新品类上表现不俗,化妆品专营店渠道成本土品牌必争之地,素颜霜等大热单品成为品牌新利器;跨境电商渠道平稳发展,海淘代购力量不可小觑。公司在天然、植物领域中同时面对国产低端草本概念竞品、中端韩系天然概念竞品和欧美高端植物系竞品等的竞争,优势地位面临严峻挑战,公司需要保持并提升在天然领域的优势,把握住天然植物概念的消费升级趋势并不断创新打造明星产品。

图 1-11 上海家化未来发展与展望

(资料来源:上海家化2016年年度报告。)

图1-11为上海家化在未来展望四个部分中披露的信息。关于行业格局与趋势,没有结合自身业务规模、经营区域、竞争对手的情况和主要业务的市场份额变化情况等对公司面临的机遇和困难进行分析,更没有量化披露这些情况对公司未来经营业绩和盈利能力的影响。关于公司发展战略,没有针对性地向投资者披露公司各项业务的发展规划,并且没有提供任何的数据支持。关于经营计划,虽然没有披露下一年度具体的经营目标,如销售额的提升、成本的下降等,但仍具体说明了拟采取的策略和行动。关于可能面对的风险,虽然这部分结合公司所处行业的形势对重要的风险因素进行了披露,但披露内容不够具体,没有介绍已经或计划采取的应对措施,更没有采用任何定量的方式分析风险因素对公司可能的影响。

1.2.3.3 评估上海家化 2016 年管理层讨论与分析披露质量

按照《企业会计准则》第二十六条规定，公司披露内容应当具有以下特征：可靠性；相关性；关联性；披露关键业务指标与指标变化的原因和趋势；充分解释根本原因及可能的趋势；口径统一；语言清晰易懂，切忌空洞、模板化。

从上海家化管理层讨论与分析披露情况的分析中可以看出，内容的完整性、可靠性、相关性和关联性比较强。管理层讨论与分析部分能够按照信息披露准则的要求逐项进行披露，还额外披露了准则中没有要求的行业经营性信息分析的相关内容，对产品生产工艺与流程、开工情况、能源利用等逐一列项说明，非财务信息比较充分。表 1-2 中已经按照"是否披露"的标准对主要披露内容进行了评价，更进一步的质量评估可以设计成更为详细的评价指标和取值标准进行量化判断。

但是，上海家化管理层讨论与分析披露整体上侧重于对过去经营情况的回顾和对重要财务变动原因的解释，对报告期内主要经营情况的披露比较完整，对于未来展望的披露不够详细，不能满足准则中的细化要求；对于事件原因的分析仅限于定性分析，没有进行定量分析；并且在一定程度上存在"报喜不报忧"的现象，对公司面临的挑战与风险虽有详细的说明，但关于后续跟进措施没有展开说明，对投资者的说服力不够强。

1.2.3.4 预判上海家化公司前景

表 1-3 上海家化 2016 年财务数据表

单位：万元

项 目	2016 年	2015 年	变动比例（%）
营业收入	532 119.83	584 586.53	-8.98
营业成本	206 139.45	238 630.85	-13.62
销售费用	238 421.42	203 499.85	17.16
管理费用	64 719.61	60 477.45	7.01
归属于上市公司股东的净利润	21 601.67	220 996.10	-90.23
经营活动产生的现金流量净额	5 399.76	50 258.46	-89.26
研发支出	12 472.53	13 056.58	-4.47

数据来源：上海家化 2016 年年度报告。

注：限于篇幅仅提供了两期数据，实际可采用更长时期的数据。

从财务数据角度来看（表 1-3），上海家化 2015 年经营状况良好，营业收入与归属于母公司的净利润数据可观，营业收入与营业成本及相关费用之间的比例合理，经营活动产生的现金流净额也足够充沛。从 2016 年的管理层讨论与分析中我们可以了解到，首先，上海家化 2016 年业绩下滑的原因是其代理业务接近尾声，并且 2015 年出售部分股权获取收益，致使上一年利润基数较大，处于公司经营结构调整年度。上海家化本身处于行业龙头地位，属于老牌知名化妆品公司，其经营时间长，再加上往年优秀的经营业绩，有着极强的恢复能力。其次，虽然上海家化 2016 年经营业绩不佳，但其研发支出的变动比例只有小幅度下降，说明公司重视研发投入与创新，是经营前景向好的表现。最后，上海家化在费用增加的原因分析中表示，公司正在积极开拓新的营销渠道，打造线上线下相结合的销售模式，这才导致相关费用有一定的增加。

（5）产能与开工情况

√适用 □不适用

主要厂区或项目	设计产能	产能利用率(%)	在建产能及投资情况	在建产能预计完工时间
中央工厂（盈港东路 1118 号）	1.2 亿件/年	约 80%	无	无
海南工厂	6 500 万件/年	约 75%	无	无
青浦新建工厂（在建）	6 亿件/年	无	未投产	2017 年 12 月 31 日

图 1-12　上海家化 2016 年产能开发情况说明

（数据来源：上海家化 2016 年年度报告。）

从非财务信息角度来看（图 1-12），首先，上海家化的研发投入与研发进展信息在管理层讨论与分析中披露得非常详细，并且提出关于新建研发工厂的时间以及预计的未来收入。其次，公司不断提及增加营销渠道等改革方式，说明意识到营销渠道以及品牌建设的重要性，正在一步步打造公司新的销售模式。最后，管理层讨论与分析中显示上海家化并没有会导致公司业绩持续恶化的风险，例如，未决诉讼、大规模股权变动等。公司针对业务调整造成的利润下降等问题，持有良好的态度并积极提出解决措施，也展现出未来总体向好的可能。

综上所述，虽然上海家化管理层讨论与分析中未来展望的内容过于模式化，但从财务信息和非财务信息的角度分析都可以认为，上海家化作为老牌知名化妆品公司仍然具有雄厚的实力和强大的竞争力。虽然公司面临经济下行以及整个行业竞争力度加强的挑战，但公司积极做出业务改革与研发创新，力争上游，主要产品在行业中也处于领先地位。因此我们认为上海家化的未来前景仍然向好。

与此同时，从管理层讨论与分析的披露中我们也可以发现，整体经济下行以及化妆品消费税的下调导致国内化妆品市场竞争态势更加严峻；化妆品行业营销方式不断革新，线下市场疲软且遭受"低价竞争"，线上市场进入成本低，市场份额被蚕食等问题也愈加凸显；品牌价值的提升和研发创新的高要求对公司自身经营水平提出更大的挑战。这一系列的外部压力很可能让上海家化不能及时从2016年的业务调整中恢复过来，如果恢复时间过长，则会导致其丧失最佳的竞争时机，落后于其他化妆品头部品牌。这是上海家化之后经营过程中值得担忧的地方。

1.2.4 讨论

管理层讨论与分析是财务报表中能够涵盖更多非财务信息以及管理层预期的内容。证监会要求管理层讨论与分析能够尽量做到语言简洁，清晰易懂，增加量化内容以及细化经营分析等，能够促使更多公司做到基础的内容全部披露，重要的内容细化披露，复杂的问题量化披露，争取让公司的财务信息拥有更高的透明度，减小投资者与公司之间的信息鸿沟，让资本市场更加完善且可监督。

本节内容依据上海家化2016年年报中的管理层讨论与分析部分信息，通过分析披露质量，并结合财务信息，进而预测公司的经营前景，可以得出以下结论：上海家化2016年年报中的管理层讨论与分析内容基本按照证监会的要求披露了信息，但并未做到证监会所要求的"包括但不限于以上"的要求，如关于公司未来发展以及部分重大财务数据的说明只是简单地提及，并未做到完整披露与深入分析。从管理层讨论与分析的内容中也可初步判断上海家化目前虽处于发展低谷，但未来仍有向好发展的机会。

1.3 美达股份 2019 年审计报告有助于判断年报质量吗？

1.3.1 背景介绍

1.3.1.1 公司背景

广东新会美达锦纶股份有限公司（以下简称美达股份，股票代码 000782）成立于 1992 年 11 月 8 日，1997 年 6 月 19 日于深圳证券交易所上市。美达股份的主要业务为锦纶 6 切片和纺丝的生产、销售，主要产品包括切片、复丝、弹力丝等。

立信会计师事务所（特殊普通合伙，以下简称立信）是中国建立最早和最有影响的会计师事务所之一。2010 年 12 月改制成为国内第一家特殊普通合伙会计师事务所。经过 90 余年的长足发展，立信在业务规模、执业质量和社会形象方面都取得了国内领先的地位。2017 年，立信正式跻身内资所第一、全国第三的会计师事务所。

1.3.1.2 行业背景

化学纤维行业主要生产各种再生纤维和合成纤维。根据国家统计局数据显示，2019 年我国化学纤维产量达到 5 952.80 万吨，其中化学纤维制造业出口交货值截至 2019 年累计 529.50 亿元。2018 年化学纤维制造业营业收入累计值为 8 394.00 亿元，较上年同期累计增长 12.7%，2019 年行业营业收入为 8 571.20 亿元，较上年同期累计增长 4.0%，增速明显放缓。这主要是因为，2019 年全球经济发展速度放缓，国内外经济发展乏力，导致市场上纺织品服装需求明显不足；行业内产能集中释放，行业价格竞争激烈导致行业整体经营利润下降；2019 年年末新冠疫情也使化纤行业运行发展压力加大。与此同时，化纤行业的改革也在不断稳步进行：行业要进行长远发展，必须进行产业升级优化，提高科技创新能力，加大对绿色产品的研发；行业内部推动良性竞争，发展新的产业链格局，并改变市场目前供需失衡的局势。

化学纤维行业的平稳发展一直受到国家的重视与鼓励，政府先后出台了一系列政策来规范化学纤维行业的发展。主要政策包括：2016年工信部的《纺织工业发展规划（2016—2020年）》中提出纺织工业要增强创新开发能力，提升天然纤维开发水平等；2017年1月国家发改委颁布《战略性新兴产业重点产品和服务指导目录（2016年版）》，将许多新型化学纤维及功能纺织材料列入发展目录；2018年3月纺织工业联合会颁布《纺织行业产融结合三年行动计划》，将绿色生产以及复合型新材料列入重点推荐领域。

1.3.2 思考题

立信对美达股份2019年的年度财务报告出具了保留意见的审计报告，说明会计师事务所对该公司年报披露的部分信息存疑。此案例分析将围绕以下两个具体问题展开：如何看待立信给美达股份出具该审计报告的质量？该审计报告对信息使用者判断美达股份年报质量有何影响？

以下内容摘自2019年美达股份年报中的审计报告部分。

一、保留意见

我们审计了广东新会美达锦纶股份有限公司（以下简称美达股份公司）财务报表，包括2019年12月31日的合并及母公司资产负债表，2019年度的合并及母公司利润表、合并及母公司现金流量表、合并及母公司所有者权益变动表以及相关财务报表附注。我们认为，除"形成保留意见的基础"部分所述事项可能产生的影响外，后附的财务报表在所有重大方面按照企业会计准则的规定编制，公允反映了美达股份公司2019年12月31日的合并及母公司财务状况以及2019年度的合并及母公司经营成果和现金流量。

二、形成保留意见的基础

如财务报表附注七10所述，美达股份公司于2019年12月31日的其他非流动金融资产余额为35 747.87万元，其中包括其持有的江门农村商业银行股份有限公司（以下简称江门农商银行）股权33 533.66万元，2019年度确认与江门农商银行股权相关的公允价值变动收益14 299.94万元。美达股份公司管理层聘请第三方评估机构对该项股权的期末公允价值进行了评估。我们检查估值模型、假设和个别修正参数等关键数据后，未能获取充分、适当的审计证据以判断：（1）评估采用的可比交易案例是否具有足够代表性及适当性；（2）修正因素的考虑是否恰当。因此，我们无法判断上述江门农商银行股权公允价值变动的合理性，因而无法确定是否有必要对2019年12月31日的其他非流动金融资产余额和2019年度的公允价值变动收益作出调整。……我们独立于美达股份公司，并履行了职业道德方面的其他责任。我们相信，我们获取的审计证据是充分、适当的，为发表保留意见提供了基础。

三、关键审计事项

关键审计事项是我们根据职业判断，认为对本期财务报表审计最为重要的事项。这些事项的应对以对财务报表整体进行审计并形成审计意见为背景，我们不对这些事项单独发表意见。除"形成保留意见的基础"部分所述事项外，我们确定下列事项是需要在审计报告中沟通的关键审计事项。

（一）存货跌价准备计提

1. 截止到2019年12月31日，美达股份公司存货余额37 622.79万元，存货跌价准备2 889.81万元，存货账面价值较高，存货跌价准备的计提对财务报表影响较为重大……

（篇幅原因，案例只列示部分内容，全部内容请查看"广东新会美达锦纶股份有限公司2019年年度报告"。）

1.3.3 案例分析

1.3.3.1 美达股份审计报告质量的判别

审计报告是指注册会计师根据审计准则的规定，在执行审计工作的基础上，对财务报表发表审计意见的书面文件。注册会计师应当就财务报表，是否在所有重大方面，按照适用的财务报告编制基础的规定编制并实现公允反映形成审计意见。审计意见通常包括无保留意见和非无保留意见，其中非无保留意见包括三种：保留意见、否定意见和无法表示意见。根据统计数据显示（表1-4），中国所有上市公司审计意见中，标准无保留意见占当年上市公司总数的比重都在90%以上，2015—2017年三年间，标准无保留意见占比接近97%，近三年才有所下降。而保留意见的占比数也在近三年从低于1%上升到近3%，说明如今会计师事务所更加谨慎的处理对各上市公司的年报审计意见。

表 1-4 2015—2020 年审计意见统计表

单位：个

	2015 年	2016 年	2017 年	2018 年	2019 年	2020 年
标准无保留意见	2 688	2 917	3 333	3 343	3 441	4 029
带强调事项段的无保留意见	79	74	72	99	89	112
保留意见	15	18	30	80	86	110
无法表示意见	3	3	15	33	19	36
上市公司总数	2 785	3 012	3 450	3 555	3 639	4 287
标准无保留意见占上市公司总数比重（%）	96.52	96.85	96.61	94.04	94.56	93.98
保留意见占上市公司总数比重（%）	0.56	0.62	0.90	2.39	2.50	2.73

数据来源：CNRDS 数据库。

数据搜索：审计意见与费用（AUDIT）审计单位与审计意见。

注册会计师应当针对财务报表整体是否不存在由于舞弊或错误导致的重大错报得出结论，确定是否已就此获取合理保证。①审计报告的质量判别可以从国家标准执行和市场反应两方面入手：

（1）中国注册会计师的审计准则

2019 年中国财政部宣布《中国注册会计师审计准则第 1101 号——注册会计师的总体目标和审计工作的基本要求》等 18 项审计准则于 2019 年 7 月 1 日起施行。表 1-5 所列示的准则对审计师的审计工作质量做出了相应的要求。

表 1-5 2019 年部分中国注册会计师审计准则

第 1101 号——注册会计师的总体目标和审计工作的基本要求
第 1141 号——财务报表审计中与舞弊相关的责任
第 1151 号——与治理层的沟通
第 1501 号——对财务报表形成审计意见和出具审计报告
第 1502 号——在审计报告中发表非无保留意见

---

①引自《中国注册会计师审计准则第 1501 号——对财务报表形成审计意见和出具审计报告》（2019 年 2 月 20 日修订）。

续表

第1503号——在审计报告中增加强调事项段和其他事项段

资料来源：中国注册会计师协会 https://www.cicpa.org.cn/was5/web/search?channelid=226962&searchscope=doctitle&searchword=中国注册会计师审计准则。

下面将部分审计准则与美达股份2019年审计报告进行逐一对比：

①审计目的

审计的目的是提高财务报表预期使用者对财务报表的信赖程度。这一目的可以通过注册会计师对财务报表是否在所有重大方面，按照适用的财务报告编制基础编制发表审计意见得以实现。但由于审计存在固有限制，审计只能提供合理保证，不能提供绝对保证。其次，审计准则旨在规范和指导注册会计师对财务报表整体是否不存在重大错报获取合理保证，要求注册会计师在整个审计过程中运用职业判断和保持职业怀疑。[①]美达股份2019年审计报告中关于审计目的的描述如图1-13所示：

> 我们认为，除"形成保留意见的基础"部分所述事项可能产生的影响外，后附的财务报表在所有重大方面按照企业会计准则的规定编制，公允反映了美达股份公司2019年12月31日的合并及母公司财务状况以及2019年度的合并及母公司经营成果和现金流量。
>
> 基于我们已执行的工作，如果我们确定其他信息存在重大错报，我们应当报告该事实。如上述"形成保留意见的基础"部分所述，我们无法就美达股份持有的江门农商银行股权的公允价值变动的合理性获取充分、适当的审计证据。因此，我们无法确定与该事项相关的其他信息是否存在重大错报。
>
> 在按照审计准则执行审计工作的过程中，我们运用职业判断，并保持职业怀疑。同时，我们也执行以下工作：
>
> （1）识别和评估由于舞弊或错误导致的财务报表重大错报风险，设计和实施审计程序以应对这些风险，并获取充分、适当的审计证据，作为发表审计意见的基础。由于舞弊可能涉及串通、伪造、故意遗漏、虚假陈述或凌驾于内部控制之上，未能发现由于舞弊导致的重大错报的风险高于未能发现由于错误导致的重大错报的风险。
>
> （2）了解与审计相关的内部控制，以设计恰当的审计程序。
>
> （3）评价管理层选用会计政策的恰当性和作出会计估计及相关披露的合理性。
>
> （4）对管理层使用持续经营假设的恰当性得出结论。同时，根据获取的审计证据，就可能导致对美达股份公司持续经营能力产生重大疑虑的事项或情况是否存在重大不确定

[①]引自《中国注册会计师审计准则第1101号——注册会计师的总体目标和审计工作的基本要求》（2019年2月20日修订）。

性得出结论。如果我们得出结论认为存在重大不确定性，审计准则要求我们在审计报告中提请报表使用者注意财务报表中的相关披露；如果披露不充分，我们应当发表非无保留意见。我们的结论基于截至审计报告日可获得的信息。然而，未来的事项或情况可能导致美达股份不能持续经营。

图 1-13　美达股份 2019 年审计报告内容

（资料来源：美达股份 2019 年审计报告。）

②审计意见

根据审计准则规定，当存在以下两种情形时，注册会计师应当在审计报告中发表非无保留意见：根据获取的审计证据，得出财务报表整体存在重大错报的结论；无法获取充分、适当的审计证据，不能得出财务报表整体不存在重大错报的结论。还需注意，注册会计师要确定恰当的非无保留意见类型，取决于下列事项：导致非无保留意见的事项的性质，是财务报表存在重大错报，还是在无法获取充分、适当的审计证据的情况下，财务报表可能存在重大错报；注册会计师就导致非无保留意见的事项对财务报表产生或可能产生影响的广泛性作出判断。①美达股份 2019 年审计报告中关于形成保留意见的描述如图 1-14 所示：

审计报告

审计意见类型	保留意见
审计机构名称	立信会计师事务所（特殊普通合伙）
审计报告签署日期	2020 年 4 月 26 日
审计报告文号	信会师报字［2020］第 ZC10297 号
注册会计师姓名	廖文坚、关剑梅

审计报告正文

广东新会美达锦纶股份有限公司全体股东：

一、保留意见

……

二、形成保留意见的基础

如财务报表附注七 10 所述，美达股份公司于 2019 年 12 月 31 日的其他非流动金融

---

①引自《中国注册会计师审计准则第 1502 号——在审计报告中发表非无保留意见》（2019 年 2 月 20 日修订）。

资产余额为 35 747.87 万元，其中包括其持有的江门农村商业银行股份有限公司（以下简称江门农商银行）股权 33 533.66 万元，2019 年度确认与江门农商银行股权相关的公允价值变动收益 14 299.94 万元。美达股份公司管理层聘请第三方评估机构对该项股权的期末公允价值进行了评估。我们检查估值模型、假设和个别修正参数等关键数据后，未能获取充分、适当的审计证据以判断：（1）评估采用的可比交易案例是否具有足够代表性及适当性；（2）修正因素的考虑是否恰当。因此，我们无法判断上述江门农商银行股权公允价值变动的合理性，因而无法确定是否有必要对 2019 年 12 月 31 日的其他非流动金融资产余额和 2019 年度的公允价值变动收益作出调整。

我们按照中国注册会计师审计准则的规定执行了审计工作。审计报告的"注册会计师对财务报表审计的责任"部分进一步阐述了我们在这些准则下的责任。按照中国注册会计师职业道德守则，我们独立于美达股份公司，并履行了职业道德方面的其他责任。我们相信，我们获取的审计证据是充分、适当的，为发表保留意见提供了基础。

图 1-14　美达股份 2019 年年度报告

（资料来源：美达股份 2019 年审计报告。）

③强调事项段和其他事项段

审计师在对财务报表形成审计意见后，如果根据职业判断认为有必要在审计报告中增加强调事项段或其他事项段，通过明确提供补充信息的方式，提醒财务报表使用者关注下列事项：尽管已在财务报表中恰当列报，但对财务报表使用者理解财务报表至关重要的事项；未在财务报表中列报，但与财务报表使用者理解审计工作、注册会计师的责任或审计报告相关的其他事项。如果审计报表中需要包含强调事项段或其他事项段，那么必须使用"强调事项"或"其他事项段"进行适当标题；明确提及被强调事项及其相关披露位置，并且仅提及已在财务报表中列报的信息；指出审计意见没有因强调事项而改变。与此同时，如果拟在审计报告中包含强调事项段或其他事项段，注册会计师应当就该事项和拟使用的措辞与治理层沟通。①美达股份 2019 年审计报告中的强调事项段或其他事项段的内容如图 1-15 所示：

三、关键审计事项

关键审计事项是我们根据职业判断，认为对本期财务报表审计最为重要的事项。这些事项的应对以对财务报表整体进行审计并形成审计意见为背景，我们不对这些事项单

---

①引自《中国注册会计师审计准则第 1503 号——在审计报告中增加强调事项段和其他事项段》（2019 年 2 月 20 日修订）。

独发表意见。除"形成保留意见的基础"部分所述事项外，我们确定下列事项是需要在审计报告中沟通的关键审计事项。

（一）存货跌价准备计提

1. 截止到 2019 年 12 月 31 日，美达股份公司存货余额 37 622.79 万元，存货跌价准备 2 889.81 万元，存货账面价值较高，存货跌价准备的计提对财务报表影响较为重大。美达股份公司产品的主要原材料是基础化学原料己内酰胺，其受原油价格波动传导的影响较为明显。尽管原材料价格的上涨可以向下游转移，但如果出现原材料价格持续大幅波动，美达股份公司产品存在跌价的可能性较大，管理层对存货每季度进行减值测试，对成本高于可变现净值的，计提存货跌价准备。可变现净值按照存货的估计售价减去至完工时估计将要发生的成本、销售费用以及相关税费后的金额确定。相关信息披露详见财务报表附注五 11 及七 8。

管理层在预测中需要作出重大判断和假设，为此我们确定存货的跌价准备计提为关键审计事项。

……

（二）固定资产减值准备的计提

1. 截止到 2019 年 12 月 31 日，美达股份公司合并财务报表的固定资产账面原值余额为人民币 276 226.34 万元，累计折旧 192 520.59 万元，减值准备 4 012.26 万元，账面净值余额为人民币 79 693.49 万元，占合并财务报表总资产 29.76%，占合并财务报表长期资产 55.34%，是合并财务报表资产中重要的组成部分。其中重要的子公司常德美华尼龙有限公司持续亏损，固定资产账面净值 43 087.54 万元，占合并报表本科目的 54.07%。管理层对这些固定资产是否存在减值迹象进行了评估，对于识别出减值迹象的固定资产，管理层通过计算固定资产或固定资产组的可收回金额，比较可收回金额与账面价值对其进行减值测试。相关信息披露详见财务报表附注五 15 及附注七 12。

2. 我们针对这一关键审计事项执行的审计程序主要包括：

……

四、其他信息

美达股份公司管理层（以下简称管理层）对其他信息负责。其他信息包括美达股份公司 2019 年年度报告中涵盖的信息，但不包括财务报表和我们的审计报告。

我们对财务报表发表的审计意见不涵盖其他信息，我们也不对其他信息发表任何形式的鉴证结论。

结合我们对财务报表的审计，我们的责任是阅读其他信息，在此过程中，考虑其他信息是否与财务报表或我们在审计过程中了解到的情况存在重大不一致或者似乎存在重大错报。

基于我们已执行的工作，如果我们确定其他信息存在重大错报，我们应当报告该事实。如上述"形成保留意见的基础"部分所述，我们无法就美达股份持有的江门农商银行股权的公允价值变动的合理性获取充分、适当的审计证据。因此，我们无法确定与该事项相关的其他信息是否存在重大错报。

图 1-15　美达股份 2019 年关键审计事项

（资料来源：美达股份 2019 年年度报告。）

④与治理层的沟通

注册会计师应当与财务报表审计相关的责任、计划的审计范围和时间安排的总体情况与治理层进行清晰的沟通；及时向治理层通报审计中发现的与治理层对财务报告过程的监督责任相关的重大事项；在审计准则第 1151 号文件第四章第二节"沟通的事项"部分具体声明注册会计师与治理层之间需要沟通的事项。但注册会计师的沟通并不减轻管理层的这种责任。同样，管理层与治理层应当就由注册会计师沟通的事项进行沟通，也不减轻注册会计师沟通这些事项的责任。但是，管理层就这些事项进行的沟通可能会影响注册会计师与治理层沟通的形式或时间安排。美达股份 2019 年审计报告中涉及与治理层的沟通内容如图 1-16 所示：

我们与治理层就计划的审计范围、时间安排和重大审计发现等事项进行沟通，包括沟通我们在审计中识别出的值得关注的内部控制缺陷。

我们还就已遵守与独立性相关的职业道德要求向治理层提供声明，并与治理层沟通可能被合理认为影响我们独立性的所有关系和其他事项，以及相关的防范措施（如适用）。

从与治理层沟通过的事项中，我们确定哪些事项对本期财务报表审计最为重要，因而构成关键审计事项。我们在审计报告中描述这些事项，除非法律法规禁止公开披露这些事项，或在极少数情形下，如果合理预期在审计报告中沟通某事项造成的负面后果超过在公众利益方面产生的益处，我们确定不应在审计报告中沟通该事项。

图 1-16　美达股份 2019 年审计报告"审计责任声明"

（资料来源：美达股份 2019 年审计报告。）

总的来看，从审计准则的要求与美达股份 2019 年审计报告信息之间的比对，我们认为立信出具的审计报告总体质量很高。审计准则的基本要求以及审计师认为重要的事项都在审计报告中做出了披露，同时对应该做的进一步审计程序和潜在的风险责任也做出了说明。

(2) 学术界普遍认可的影响因素

①审计所排名

2019年度综合评价前100家会计师事务所信息

2020年11月17日						
会计师事务所名称	名次	2019年度事务所本身业务收入（万元）	注册会计师数量（人）	职业超过5年且年龄在60周岁以下的注册会计师数量（人）	与事务所统一经营的其他专业机构业务收入（万元）	分所数量（家）	为事务所提供年度报表审计服务的机构
普华永道中天会计师事务所	1	564 639.27	1 279	487	—	23	立信会计师事务所
安永华明会计师事务所	2	437 464.46	1 471	473	—	19	中兴华会计师事务所
德勤华永会计师事务所	3	410 181.98	1 261	383	—	14	立信会计师事务所
毕马威华振会计师事务所	4	336 219.31	901	249	—	12	天职国际会计师事务所
天健会计师事务所	5	247 119.31	1 608	711	90 971.53	14	杭州萧然会计师事务所
立信会计师事务所	6	373 863.79	2 134	1145	42 617.32	31	安元会计师事务所

图1-17　2019年度综合评价前100家会计师事务所信息

（资料来源：中国注册会计师协会

https://www.cicpa.org.cn/ztzl1/swszhpm/pingjia_1/202011/t20201117_57314.html。）

2020年度会计师事务所综合评价百家排名信息

2021年7月14日							
会计师事务所名称	名次	得分	2020年度事务所本身业务收入（万元）	注册会计师数量（人）	职业超过5年且年龄在60周岁以下的注册会计师数量（人）	与事务所统一经营的其他专业机构业务收入（万元）	分所数量（家）	为事务所提供年度报表审计服务的机构
普华永道中天会计师事务所（特殊普通合伙）	1	975.40	611 504.31	1 390	518	—	23	立信会计师事务所（特殊普通合伙）

续表

2021 年 7 月 14 日							
会计师事务所名称	名次	得分	2020 年度事务所本身业务收入（万元）	注册会计师数量（人）	职业超过 5 年且年龄在 60 周岁以下的注册会计师数量（人）	与事务所统一经营的其他专业机构业务收入（万元）	分所数量（家）	为事务所提供年度报表审计服务的机构
安永华明会计师事务所（特殊普通合伙）	2	947.30	476 008.91	1 645	535	—	20	中兴华会计师事务所（特殊普通合伙）
德勤华永会计师事务所（特殊普通合伙）	3	914.88	397 858.75	1 239	424	—	14	立信会计师事务所（特殊普通合伙）
毕马威华振会计师事务所（特殊普通合伙）	4	891.18	341 651.14	973	309	—	16	天职国际会计师事务所（特殊普通合伙）
天健会计师事务所（特殊普通合伙）	5	888.80	305 051.87	1 846	763	89 657.11	14	杭州萧然会计师事务所有限公司
立信会计师事务所（特殊普通合伙）	6	871.28	410 592.00	2 216	1 163	44 289.01	31	上海安元会计师事务所（普通合伙）

图 1-18　2020 年度会计师事务所综合评价百家排名信息

（资料来源：中国注册会计师协会

https：//www.cicpa.org.cn/xxfb/news/202107/t20210716_62682.html。）

由于会计师事务所要拿到执照资格是非常困难的，因此大多数会计师事务所，特别是排名靠前的头部会计师事务所都更看重自身公司的名誉。图 1-17、图 1-18 分别为 2019、2020 年综合评价靠前的几家会计师事务所，从立信的发展历史以及近几年综合排名来看，立信出具的审计报告质量理应更高。

②事务所任期

理论研究显示，会计师事务所在公司任期时间越长，审计质量越高。通过查阅美达股份历年的年报信息，我们发现美达股份从 2014 年就已经开始聘请立信为其审计年度报告，直到 2020 年美达股份年度报告发布时才宣布解除关系。

③审计师职业能力

从立信官网所披露的"受中国证监会处罚处理情况"信息中，并未发现两位对美达股份 2019 年审计报告签字的相关注册会计师存在被处罚信息。

通过审计准则文件以及学术界普遍认可的影响因素分析，我们认为美达股份 2019 年审计报告的质量在很大程度上是可靠的。

1.3.3.2 审计报告对信息使用者判断美达股份年报质量的影响

注册会计师出具无保留意见的审计报告被证明是企业财务报告具有高可信度、高质量的体现。美达股份 2019 年年度报告被出具"保留意见"，我们就应当有一个初步的判断，美达股份 2019 年的年度财务报告质量不高，该公司年度报告中的会计信息并不能体现该公司实际的经营情况，下面进行一些具体的分析：

（1）形成保留意见的基础

表 1-6 显示，美达股份 2019 年与江门农村商业银行股份有限公司（以下简称江门银行）的当期公允价值变动金额占 2019 年其他非流动金融资产期末余额的 40%，占持有江门银行股权金额的 43%。此项公允价值变动占比金额大但经过审计师对估值模型等关键数据的判断，未能获取充分、适当的证据来证明此项股权公允价值变动的合理性。

表 1-6 2019 年美达股份部分非流动资产情况说明

单位：万元

年 份	其他非流动资产	持有江门银行股权	确认江门银行股权公允价值变动收益
2019 年	35 747.87	33 533.66	14 299.94

数据来源：美达股份 2019 年审计报告。

（2）关键审计事项

美达股份 2019 年存货跌价计提准备和固定资产减值准备的计提金额都对财务报表有重大影响，以固定资产减值准备计提为例（表 1-7）：

表 1-7 2019 年美达股份部分固定资产情况说明

单位：万元

	固定资产			
	账面原值	累计折旧	减值准备	账面净值
	276 226.34	192 520.59	4 012.26	79 693.49
占合并报表总资产的比例（%）	—	—	—	29.76
占合并报表长期资产的比例（%）	—	—	—	55.34

数据来源：美达股份 2019 年审计报告。

（3）主要财务数据

美达股份 2019 年的财务状况相较于 2018 年产生大幅度的下跌，但公司在管理层讨论与分析等非财务信息中只是将收入与利润下降的原因简单归因于行业竞争激烈、下游产品采购量锐减以及货源低价竞争等情况。从营业收入构成数据（表 1-8、图 1-19）也能看到，美达股份的产品在 2019 年营业收入全部呈现下跌状态，令人对其未来是否能持续经营产生疑问。

表 1-8　2019 年美达股份经营情况

单位：万元

项　目	2019 年	2018 年	同比增减（%）
营业收入	298 654.62	381 328.98	−21.68
归属于上市公司股东的净利润	1 418.29	3 729.09	−61.97
经营活动产生的现金流量净额	17 357.79	24 747.82	−29.86

数据来源：美达股份 2019 年年度报告。

（1）营业收入构成

	2019 年		2018 年		同比增减
	金额（元）	占营业收入比重	金额（元）	占营业收入比重	
营业收入合计	2 986 546 203.12	100%	3 813 289 834.11	100%	−21.68%
分行业					
化工行业	1 383 962 730.78	46.33%	1 891 674 665.04	49.60%	−26.84%
化纤行业	1 475 554 884.82	49.41%	1 779 507 096.70	46.67%	−17.08%
纺织印染行业	111 029 472.73	3.72%	124 741 962.67	3.27%	−10.99%
其他	15 999 114.79	0.54%	17 366 109.70	0.46%	−7.87%
分产品					
切片	1 383 962 730.78	46.33%	1 891 674 665.04	49.60%	−26.84%
锦纶丝	1 475 554 884.82	49.41%	1 779 507 096.70	46.67%	−17.08%
纺织印染布	111 029 472.73	3.72%	124 741 962.67	3.27%	−10.99%
其他	15 999 114.79	0.54%	17 366 109.70	0.46%	−7.87%

续表

	2019年		2018年		同比增减
	金额（元）	占营业收入比重	金额（元）	占营业收入比重	
分地区					
广东	836 620 514.69	28.01%	1 052 358 489.60	27.59%	−20.50%
福建	552 261 910.79	18.49%	795 705 554.28	20.87%	−30.59%
江浙	769 361 642.65	25.76%	1 077 945 978.28	28.27%	−28.63%
境外	297 700 003.85	9.97%	388 085 920.21	10.18%	−23.29%
国内其他地区	530 602 131.14	17.77%	499 193 891.74	13.09%	6.29%

图 1-19 2019 年美达股份营业收入分类数据（单位：元）

（数据来源：美达股份 2019 年年度报告。）

（4）注册会计师对财务报表审计的责任

通过解读审计报告中重点突出的文字，信息使用者更应该提高警惕，关注美达股份 2019 年财务报告所展现的财务情况是否真的可靠（图 1-20）。慎重分析和判断是否公司披露的各重大事项存在更多潜在风险，尤其是要辨认出一些"危险信号"。

（4）对管理层使用持续经营假设的恰当性得出结论。同时，根据获取的审计证据，就可能导致对美达股份公司持续经营能力产生重大疑虑的事项或情况是否存在重大不确定性得出结论。如果我们得出结论认为存在重大不确定性，审计准则要求我们在审计报告中提请报表使用者注意财务报表中的相关披露；如果披露不充分，我们应当发表非无保留意见。我们的结论基于截至审计报告日可获得的信息。然而，未来的事项或情况可能导致美达股份不能持续经营

图 1-20 2019 年美达股份审计报告部分内容

（资料来源：美达股份 2019 年审计报告。）

综上所述，美达股份 2019 年年度报告被出具"保留意见"已经属于信息使用者需要关注的"危险信号"；同时美达股份 2019 年年度报告在 2021 年 1 月又重新更新披露，这一行为更应该引起信息使用者的注意。其次，从经营情况来看，美达股份 2019 年经营状况不佳，存在许多具有重大负面影响的财务问题且对会计信息的处理含糊其词，部分重

要项目找不到合理解释。最后，美达股份在 2020 至 2021 年频繁收到证监局以及深交所对其信息披露不合法等问题的问询函，如图 1-21 所示。因此可以判定，美达股份 2019 年年度财务报告的质量并不可靠。

监管关注　公告日期：2020-12-30	
标　题	美达股份：关于公司及相关人员收到广东省证监局监管关注函及警示函的公告
相关法规	
文件批号	广东证监函〔2020〕1367 号
批复原因	广东新会美达锦纶股份有限公司：根据《上市公司现场检查办法》（证监会公告〔2010〕12 号）等规定，我局派出检查组对你公司进行了现场检查，关注到你公司存在以下问题和风险：一是股东大会运作不规范。二是股东大会议事规则不完善。三是信息披露事务管理制度不完善。四是部分信息披露档案资料缺失。五是现金支付不规范。六是面临股票质押风险
批复内容	你公司应高度重视上述问题，采取有效措施切实整改，进一步完善公司治理，强化内部控制，加强信息披露，同时要积极争取地方政府和有关各方支持，督促控股股东和实际控制人切实履行主体责任，采取有力措施尽快化解股票质押风险，并严格规范自身行为，防止关联方占用资金、违规担保、关联交易利益输送等损害上市公司及广大中小投资者合法权益的行为发生
处理人	广东证监局

警示　公告日期：2020-12-29	
标　题	关于对广东新会美达锦纶股份有限公司、李坚之、郭敏、杨淑垒、李晓楠采取出具警示函措施的决定
相关法规	《企业会计准则第 39 号——公允价值计量》《企业会计准则——基本准则》《企业会计准则第 14 号——收入》《企业会计准则第 4 号——固定资产》《企业会计准则第 24 号——套期会计》《企业会计准则第 33 号——合并财务报表》《上市公司信息披露管理办法》
文件批号	广东证监局〔2020〕179 号
批复原因	广东新会美达锦纶股份有限公司、李坚之、郭敏、杨淑垒、李晓楠：根据《上市公司现场检查办法》（证监会公告〔2010〕12 号）等规定，我局派出检查组对广东新会美达锦纶股份有限公司（以下简称美达股份或公司）进行了现场检查，发现公司存在以下问题：一、财务核算方面存在的问题（一）公允价值计量不准确。（二）收入、成本跨期核算。（三）提前确认收入。（四）外购固定资产核算不准确。（五）外汇套期业务的会计核算不准确。（六）合并资产负债表应收、应付票据抵销不准确。二、内幕信息管理方面存在的问题（一）内幕信息知情人档案不规范。（二）内幕信息知情人登记不准确。（三）内幕信息管理制度不完善

续表

批复内容	根据《上市公司信息披露管理办法》第五十九条、《关于上市公司建立内幕信息知情人登记管理制度的规定》第十五条等规定，我局决定对美达股份和李坚之、郭敏、杨淑垒、李晓楠采取出具警示函的行政监管措施
处理人	广东证监局

警示　公告日期：2020-12-29

标题	关于对中联国际评估咨询有限公司、杨霄、梁瑞莹采取出具警示函措施的决定
相关法规	《资产评估执业准则》《上市公司信息披露管理办法》
文件批号	广东证监局〔2020〕180号
批复原因	经查，中联评估在执业中存在以下问题：一、评估方法的适用性分析不到位。二、市场法评估中未对可比参照物的市场条件予以关注。三、获取的交易案例不充分。四、调整参数的合理性不充分。五、引用的评估准则不准确
批复内容	我局决定对中联评估、杨霄、梁瑞莹采取出具警示函的行政监管措施
处理人	广东证监局

问讯　公告日期：2021-05-20

标题	关于对广东新会美达锦纶股份有限公司2020年年报的问询函
相关法规	
文件批号	公司部年报问询函〔2021〕第151号
批复原因	公司收到深圳证券交易所上市公司管理二部下发的问询函
批复内容	请你公司就上述问题做出书面说明，在2021年5月27日前将有关说明材料报送我部，同时抄送派出机构
处理人	深圳证券交易所上市公司管理二部

监管关注　公告日期：2021-02-10

标题	关于对李坚之、郭敏、杨淑垒、李晓楠的监管函
相关法规	《股票上市规则（2018年11月修订）》《上市公司规范运作指引》
文件批号	公司部监管函〔2021〕第6号
批复原因	李坚之、郭敏、杨淑垒、李晓楠：2020年12月30日，广东新会美达锦纶股份有限公司（以下简称"美达股份"）披露《关于公司及相关人员收到广东省证监局监管关注函及警示函的公告》显示，美达股份收到中国证券监督管理委员会广东省监管局（以下简称"广东省证监局"）下发的《关于对广东新会美达锦纶

续表

批复原因	股份有限公司、李坚之、郭敏、杨淑垒、李晓楠采取出具警示函措施的决定》（[2020] 179号），根据《上市公司现场检查办法》（证监会公告[2010] 12号）等规定，广东省证监局派出检查组对美达股份进行现场检查发现，美达股份在财务核算方面存在公允价值计量不准确、收入和成本跨期核算、提前确认收入、外购固定资产核算不准确、外汇套期业务的会计核算不准确以及合并资产负债表应收和应付票据抵销不准确的问题，在内幕信息管理方面存在内幕信息知情人档案不规范、内幕信息知情人登记不准确以及内幕信息管理制度不完善的问题
批复内容	本所希望你们吸取教训，严格遵守《证券法》《公司法》等法律法规及《股票上市规则》等规定，真实、准确、完整、及时、公平地履行信息披露义务，杜绝此类事件发生
处理人	深圳证券交易所公司管理部

图1-21 美达股份2020—2021年违规记录

（资料来源：新浪财经

http://vip.stock.finance.sina.com.cn/corp/go.php/vGP_GetOutOfLine/stockid/000782.phtml）

1.3.4 讨论

审计报告是投资者识别公司年报质量并进行投资的一个重要评定因素。注册会计师作为第三方独立机构，需要对其所审查过的年报发表相应的审计意见并对审计报告中相关的说明判断负责，以帮助投资者更加信任公司的年报信息质量。审计报告质量的判别可以从审计准则执行情况和市场反应因素两方面进行分析，但不局限于此。审计报告所给出的审计意见以及其中提到的注意事项等，都有助于投资者对公司年报中的信息质量进行判断。

本节内容中，美达股份2019年审计报告的保留意见，提醒信息使用者更加谨慎分析公司所提供的财务报告，并且密切关注该公司所面临的经营风险。但需要说明的是，很多审计报告即使出具"标准无保留意见"，也不代表公司的财务报告质量一定好，还需要信息使用者多方面分析，通过更多渠道获取有用的信息来综合评判公司的财务报告质量，例如最著名的安然事件，就是典型的审计失败案例。另外，还可以关注审计师在审计报告中有关风险提示的语句。

1.4 小结

会计信息又称财务信息，是会计工作人员所提供的信息，主要以公司财务报表作为载体。会计人员按照会计准则和企业规章制度，将公司原始数据信息进行加工处理得到具有规范性和实用性的会计信息并用于财务或其他目标。会计信息的主要作用是反映和监督企业的经济业务或交易活动、揭示会计主体在经济活动中的联系，以此满足内外部信息使用者的需要。会计信息主要包含在审计报告、财务报表、财务报表附注以及管理层讨论与分析当中，这些内容则是公司年度财务报告的重要组成部分。

国际会计准则规定财务报表的质量特征主要有四个：可理解性、相关性、可靠性和可比性。我国企业会计准则明确会计信息质量特征包括：可靠性、相关性、可理解性、可比性、实质重于形式、重要性、谨慎性和及时性。这两者对会计信息质量的要求基本一致。外部信息中审计报告、财务报告披露形式如"董事长致辞"以及相关遗漏信息都会对会计信息质量产生影响。我国现行的会计准则基本采用了国际财务报告准则标准，但企业自由裁量权、会计确认与计量以及不同的会计核算目标都会影响会计信息的准确性和完整性。

本章两个案例从年报中的管理层讨论与分析和审计报告角度出发，探讨其与会计信息质量之间的关系。我们认为，管理层讨论与分析和审计报告会影响信息使用者判断会计信息的质量。其中管理层讨论与分析是从公司内部管理层的角度出发，用清晰简洁的语言将年报中会计信息披露出来，同时详细解释公司重要经营事项产生的原因，目的是为了让信息使用者更全面地了解公司的经营状况与未来发展。管理层讨论与分析部分的信息披露虽然有证监会的法规准则要求，但这部分内容仍然具有很强的管理层自主性，现实中往往只详细披露对本公司有利好作用的信息，而更重要或者与未来发展相关的内容多数只是空泛化、模板化的文字信息，并没有详细的数据支撑或分析论述，参考性并不高。

审计报告是会计师事务所开展审计工作后，发表的独立于被审计公司的一种证明。审计报告中的审计意见能在一定程度上帮助信息使用者判断会计信息质量，其中无保留意见的审计报告是企业年报具有高可信度、高质量的表现。若公司被出具了非无保留意见类型，信息使用者则应该谨慎对待公司年报中的会计信息，审计报告中关于出具非无保留意见的原因以及关键事项等文字都是信息使用者可以重点关注的部分。但同时要注意，审计师的独立性一直以来受到质疑，信息使用者还需要从更多的途径获取信息来综合判断公司的会计信息质量，以便做出正确的决策。

第二章 企业会计准则

2.1 主要知识点回顾

本章的知识点框架如图 2-1 所示：

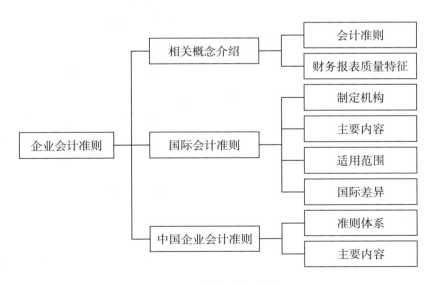

图 2-1 知识点框架图

2.1.1 相关概念

会计准则：是用来规范会计执业的各项制度，也称为会计标准。

国际会计准则：是会计执业人员在从事会计工作时依据的国际标准，其目的是促成会计规范的国际化。国际会计准则通常包括国际会计准则部分和相应的解释公告。

财务报表的质量特征：是指使财务报表提供的信息对投资者等使用者决策有用应具备的基本特征。包括可理解性、相关性、可靠性和可比性。

财务报表要素：也称会计要素。包括资产、负债、权益、收益和费用。

2.1.2 国际会计准则

1973—2000 年，国际会计准则由国际会计准则委员会制定并发布，其发布的会计准则称为国际会计准则。同时设置常设解释委员会发布解释公告。

2001 年起，国际会计准则理事会取代了国际会计准则委员会，并对部分已经发布的国际会计准则做出修订，颁布新的国际财务报告准则。2002 年，国际财务报告解释委员会取代常设解释委员会。现行的国际财务报告准则体系，包括原来由国际会计准则委员会制定并仍然有效的国际会计准则、国际会计准则理事会制定的国际财务报告准则，以及常设解释委员会和国际财务报告解释委员会制定的准则解释公告。

国际会计准则理事会在制定国际会计标准的过程中，体现了以下特点：程序更加公开；举行听证会和实地测试；加强与各国会计准则制定机构方面的充分协调。

国际财务报告准则包括四部分：国际财务报告准则前言、编报财务报表的框架、国际财务报告准则及国际会计准则。其中编报财务报表的框架主要包括对财务报表目标的讨论、财务报表质量特征的确定、财务报表要素、确认和计量的标准以及资本和资本保全的概念。

会计准则的适用范围。从 2005 年开始，全球有 94 个国家要求或允许其国家的上市公司依据国际财务报告准则进行会计处理。除此之外，还有一些国家，如澳大利亚、新西兰等，在国际财务报告准则的基础上制定本国的会计准则。

执行国际会计准则中存在国际差异。尽管国际会计准则在积极推进国际趋同，但是，由于世界各国会计环境和经济活动处理方式的不同，各个国家间会计准则仍然存在差异。信息使用者在使用存在跨国信息的财务报表时就需要考虑会计准则差异的影响。

2.1.3 中国企业会计准则

2.1.3.1 中国企业会计准则体系

1992 年，财政部宣布自 1993 年 7 月 1 日起正式实行新发布的《企业会计准则》。2005 年，我国与国际会计准则理事会签订联合声明，指出中国将构建企业会计准则体系，并与国际会计准则趋同。

2006 年，财政部颁布新的企业会计准则体系，并宣布自 2007 年 1 月 1 日起在上市公司范围内施行。该体系包括 1 项基本会计准则和 38 项具体会计准则，是一部全面、规范、完整的企业会计准则体系。

截至 2019 年底，经财政部不断修改和完善，我国现行企业会计准则体系包括 1 项基本会计准则、42 项具体准则，以及会计准则应用指南和解释公告等。

2.1.3.2 企业会计准则的主要内容

我国企业会计准则体系的基本框架包括企业会计准则、会计准则应用指南及解释公告三部分。其中企业会计准则包括基本会计准则和具体会计准则。

基本会计准则是企业会计准则体系的概念基础，是具体会计准则、应用指南和解释等的制定依据，在整个会计准则体系中起统驭作用。

具体会计准则是在基本会计准则的指导下，为具体经济业务和交易事项的会计处理及财务报告编制等方面提供统一的标准。概括起来主要有三类：一般业务处理准则；特殊行业会计准则；特定业务准则。

会计准则应用指南是根据基本准则和具体准则制定的用于指导会计实务操作的细则，是企业会计准则体系的重要组成部分。

解释公告是随着企业会计准则的贯彻实施，就实务中遇到的实施问题而对会计准则做出的具体解释。

2.1.3.3 上市公司适用的会计准则

《企业会计准则——基本准则》规定，在中华人民共和国境内设立的企业（包括公司）均适用本准则，企业应当据此编制财务会计报告。如果上市公司存在子公司，则母公司应按照《企业会计准则第 33 号——合并财务报表》的规定，编制合并财务报表。

总的来说，会计信息质量的高低会影响信息使用者的经济决策，而会计标准的制定与执行则会影响企业编制财务报告的方式和内容以及所披露的会计信息质量。规范、完整的会计准则可以大大提高会计信息的质量。

2.2 金正大集团 2015—2020 年年报财务舞弊分析

2.2.1 背景介绍

2.2.1.1 公司背景

金正大生态工程集团股份有限公司（以下简称金正大集团，股票代码 002470）于 1998 年成立，2010 年在深交所挂牌上市。公司的主营业务是与土壤有关的全系列产品研发、生产和销售，产品包括复合肥、生物肥和土壤调理剂等与土壤有关的全系列产品。与此同时，金正大集团也为其客户提供产品应用与种植方案设计服务。金正大集团属于国家创新型企业、国家重点高新技术企业、国家技术创新示范企业。目前，金正大集团建有不同的国家实验室与国家研究中心，并与 40 多家高校和科研院所建立了长期合作关系，共同致力于研发和推广应用。金正大集团先后承担"十一五"和"十二五"的国家科技支撑计划、"十三五"国家重点研发计划和各种省重点研发计划与项目。截至 2018 年底，金正大集团拥有发明专利 230 项，荣获国家与省部级科技进步奖、专利优秀奖 20 余项。金正大集团的主要经营模式包括多样的采购策略、"以销定产"的生产模式和多销售渠道的销售模式。

2020 年 9 月 14 日，金正大集团因涉嫌存在信息披露违法违规行为被中国证监会立案调查。调查显示，金正大集团存在虚增收入利润、隐瞒关联交易、虚假记载资产、负债等多项违法事实。2015 至 2018 年上半年，金正大集团与其部分子公司虚构交易，主要以虚构合同的方式来运转资金并进行无实物流转，最终累计虚增收入 230.7 亿元，虚增成本 210.8 亿元，利润总额也虚增 19.9 亿元，其中，2015 至 2018 年上半年虚增利润总额占当期披露利润总额的 12.20%、99.22%、48.33%、28.81%，这也导致公司这些年度的年报告与 2018 年半年度报告存在虚假记载。

金正大集团 2018 年的年度财务报告被其会计师事务所出具了"保留意见"。审计报告指出，截至 2018 年 12 月 31 日，公司与其关联方诺贝丰投资之间的预购货款余额为 37.14 亿元，但截至审计报告日尚未收到货物。由于审计工作受到限制，审计师不能合理判断预付款项的性质及其可收回性。同时，金正大集团在 2019 年出现上市以来首次亏损，归母公司净利润亏损 6.83 亿元，2020 年归母公司净利润巨亏 33.66 亿元，股价也从 8.28 元/股下跌至 1.02 元/股，下跌 87.68%。由于利润连续两年为负，金正大集团简称自 2020 年 7 月 1 日起变更为"*ST 金正"，直到 2021 年 12 月 29 日才撤销，简称变为"ST 金正"。

2.2.1.2 行业背景

金正大集团属于复合肥行业。受全球经济衰退的大环境影响，目前肥料行业发展压力大，复合肥产量出现负增长，消费量也再创新低。因此，国家发改委发布多项通知，要求在保障化肥生产的基础上，增强化肥市场的调节能力以优化市场。现如今，规模化种植成为发展趋势，复合肥发展不仅要销售产品，还需要依托农业服务，实现需求与供给的多方位对接，拓宽企业的盈利渠道。近年来，农业生产重视土壤健康，绿色环保的复合肥深受市场欢迎，绿色环保也成为化肥企业的核心竞争力，金正大集团作为新型复合肥企业，在技术、人才、渠道、资源等方面都具有优势，使金正大生态工程集团股份有限公司面临着巨大的发展机遇。

2.2.2 思考题

上市公司年报披露质量不一，财务舞弊事件不止。财务报表中包含大量可以解释企业财务状况、经营成果和现金流变动的相关会计信息。我们能否通过对金正大集团 2015—2020 年财务报表的解读与分析来发现其财务造假的事实呢？

2.2.3 案例分析

2.2.3.1 收入、利润分析

表 2-1 金正大集团收入利润分析

单位：亿元

项　目	2015 年	2016 年	2017 年	2018 年	2019 年	2020 年
营业收入	177.48	187.36	198.34	154.82	113.09	93.55
净利润	11.12	8.45	7.83	4.83	-7.43	-33.06
经营活动现金流净额	22.55	0.09	14.90	-15.38	-10.99	-13.66
应收账款	3.45	2.40	2.63	5.67	8.94	6.88

数据来源：金正大集团 2015—2020 年年度报告。

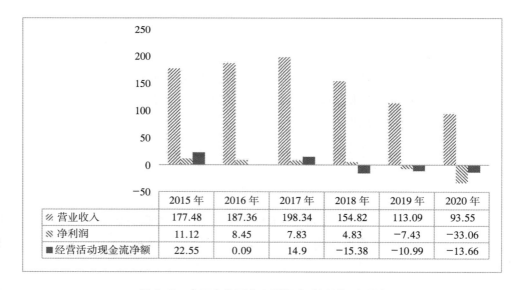

图 2-2 金正大集团收入利润变动（单位：亿元）

（数据来源：金正大集团 2015—2020 年年度报告。）

当一个公司收入和利润都增长迅速，但是经营活动现金流却是负数时，我们就有理由怀疑其收入作假，如果其应收账款是减少的，则可以确定存在收入造假。

由表 2-1 和图 2-2 可见，金正大集团在 2015—2017 年营业收入增长迅速，2018 年虽有下降但也维持在高位，但利润从 2015 年起连续 3 年持续小幅度下降，其经营活动现金流净额也在 2016 年和 2018 年出现大幅下降，经营活动现金流净额这两年的数据同比下降 99.6% 和 203.2%。因而有理由怀疑其收入可能存在作假。

金正大集团 2019 年营业收入和利润的明显下滑与 2019 年 3 月曾被质疑财务造假有着密切关系。2019 年 1 月 31 日，金正大发布业绩下修公告，称复合肥产品价格上涨，导致市场需求不旺，因此公司 2018 年利润比原先预计的下调了 1.5 亿元，与前次业绩预告数据存在较大差异。一般而言，涨价对于商家来说利润肯定会更丰厚，而金正大集团发布的业绩下修公告中却称涨价导致市场需求下降，业绩将会下调。

2.2.3.2 货币资金结构分析

通常企业实施与货币资金相关的财务舞弊的主要目的是：掩盖大股东、关联方、实际控制人占用的资金；配合掩盖虚构的收入；调节应收账款账龄；制造现金流，避免计提资产减值准备；提高资产结构质量；账外买卖股票或其他高收益高风险的投资产品等。

与货币资金相关的财务舞弊手段通常有倒贷，即银行倒贷，指客户通过在银行办理新贷款来偿还原有贷款的行为。在"倒贷"过程中常会有民间资本介入，因此也刺激了民间借贷的发展。

货币资金额度合理性分析需要判断：是否存在存贷双高；利息收入与货币资金规模的匹配；利息支出在利润总额中的占比；关注关联交易等。

表 2-2　金正大集团货币资金明细表

单位：万元

项　目	2015 年	2016 年	2017 年	2018 年	2019 年	2020 年
库存现金	27.84	125.96	78.70	30.00	73.90	151.23
银行存款	137 490.08	141 259.50	306 735.17	230 985.92	89 730.69	44 715.55
银行承兑保证金	59 410.02	35 968.47	113 651.12	169 138.01	96 195.89	28 561.47
信用证保证金	0.00	120.03	39.00	1 032.36	0.00	0.00
供应商供货保证金	0.00	451.61	0.00	0.00	0.00	0.00
质押定期存单	0.00	0.00	0.00	2 000.00	1 481.00	5 000.00
应计利息	0.00	0.00	0.00	531.77	1 113.30	311.64

续表

项目	2015年	2016年	2017年	2018年	2019年	2020年
货币资金合计	196 927.94	177 925.57	420 503.98	403 186.29	188 594.78	78 739.89
短期借款	29 765.00	88 484.33	177 925.57	223 691.41	3 114 721.72	489 125.80
长期借款	29 485.83	65 761.20	104 248.52	78 473.00	23 446.50	25 737.49
应付债券	0.00	0.00	0.00	0.00	0.00	0.00
贷款合计	59 250.83	154 245.53	282 174.09	302 164.41	334 918.67	514 863.29

数据来源：金正大集团2015—2020年年度报告。

图2-3　金正大集团存贷分析图（单位：亿元）

（数据来源：金正大集团2015—2020年年度报告。）

存贷双高：指账面上货币资金与有息负债同时处于较高水平。其中"存"的广义概念包括：货币资金、应收票据（银行汇票）、其他流动资产（理财产品）等，按交易所问询的口径，特指货币资金。"贷"的广义概念包括：短期借款、应付票据、一年内到期的非流动负债以及应付短期债券、长期借款、应付债券等，按照交易所问询口径，特指短期借款、长期借款、应付债券三个报表项目之和。为了增加可比性，较高水平一般指与总资产的比值较高和高于正常营运资金需求这两个维度。

由表2-2和图2-3可以看出，金正大集团货币资金结构不合理。银行存款比例过高；同时有存贷双高现象，货币资金和贷款近年变动幅度较大，贷款金额直线上升，5年中贷款数额增长了近10倍。货币资金金额在2017年大幅上升后，却在2019年突然出现大幅下跌。

2.2.3.3 应收票据分析

通过应收票据实施财务舞弊的主要目的有：掩盖虚增的收入、掩盖虚列的其他资产、通过票据贴现，调节财务费用、粉饰公司利润和实现大股东或关联方的资金占用。通过应收票据进行舞弊的手段主要是运用票据流转进行舞弊。

表 2-3　金正大集团应收票据与财务费用

单位：亿元

项　　目	2015 年	2016 年	2017 年	2018 年	2019 年	2020 年
应收票据	1.97	1.16	0.08	0.38	0.00	0.00
应收款项融资	0.00	0.00	0.00	0.00	0.26	0.19
应收票据合计	1.97	1.16	0.08	0.38	0.26	0.19
财务费用	-0.17	-0.4	-0.08	0.11	0.55	2.69

数据来源：金正大集团 2015—2020 年年度报告。

由表 2-3 可见，2017 年的应收票据较 2016 年突然减少了 1.08 亿元，存在利用票据贴现粉饰利润的可能。同时 2020 年金正大集团的财务费用出现大幅度增加，可能与公司贷款较上一年增加了 18 亿元有关，也可能存在其他怀疑。

2.2.3.4 应收账款分析

通过应收账款进行财务舞弊的目的有：融资、上市、资产重组、业绩承诺、国企业绩考核、偷逃所得税或提高个人绩效奖金。

通过应收账款进行财务舞弊的方式有：通过自有资金体内循环的方式实现应收账款的虚假回款、报告期内向外部借款，报告期后再退回给借款人的方式来虚构应收账款收回和通过伪造银行单据来虚构应收账款回款等。

应收账款造假手法有：夸大现有客户应收余额，虚构收入和利润、伪造客户和关联交易调节应收的确认和收回、通过销售退回等方式在不同会计期间调节利润以及利用减值准备调节利润。

根据图 2-4 可知，金正大集团应收账款在 2018 年、2019 年出现大幅上升，2020 年虽有回落，但仍处于高位。2018 年较 2017 年涨幅近 3 亿元，2019 年较 2018 年涨幅也近 3 亿，而公司年报中未披露出现如此大幅增长的原因。

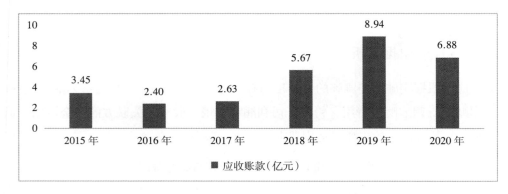

图 2-4　金正大集团应收账款变动

（数据来源：金正大集团 2015—2020 年年度报告。）

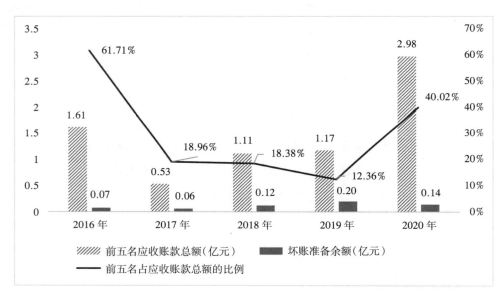

图 2-5　金正大集团按欠款方归集的期末余额前五名的应收账款情况

（数据来源：金正大集团 2015—2020 年年度报告。）

根据图 2-5 显示，前五名应收账款期末余额占应收账款总额的比例在 2017 年、2018 年和 2019 年均处于低位，与 2016 年和 2020 年差异较大，前五名占应收账款总额比例的下降也意味着其他欠款方占应收账款总额的比例上升，与往年差异较大，则需要注意防范，可能存在其他不明意图。

2.2.3.5 预付账款分析

通过预付账款进行财务舞弊的目的有：掩盖虚增的收入、代替应收账款、其他应收款长期挂账和不合规或非法资金转移等。

通过预付账款进行财务舞弊的方式：与供应商串通制造虚假预付账款后冲销、通过为他人结算而获取回扣或佣金、利用预付账款转移资金或混记"应收账款"与"其他应收款"等科目。

表 2-4　金正大集团预付供应商前五名汇总表

单位：亿元

	2016 年	2017 年	2018 年	2019 年	2020 年
预付供应商前五名期末余额	5.41	9.86	43.23	29.57	1.46
占预付款项总额的比例（％）	24.59	34.15	82.69	88.69	37.95

数据来源：金正大集团 2015—2020 年年度报告。

根据表 2-4，金正大集团预付账款以及预付供应商前五名占预付款总额的比例在 2018 年出现大幅上涨，2019 年虽有下降，但仍维持高位，预付供应商前五名占预付款项总额的比例在 2018 年和 2019 年分别高达 82.69% 和 88.69%，2020 年又突然回落，这暗示金正大集团可能存在不合规或非法资金转移以及串通制造虚假预付账款的可能。

根据后续证监会披露的信息可见，2018 年和 2019 年，金正大集团通过预付账款分别向诺贝丰支付非经营性资金 55.45 亿元、25.29 亿元，而在 2018 和 2019 年度《控股股东及其他关联方占用资金情况汇总表》中，金正大集团将与诺贝丰的非经营性资金往来性质披露为经营性往来。

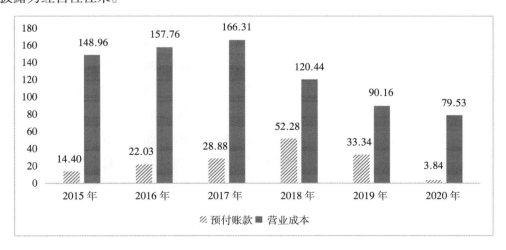

图 2-6　金正大集团预付账款与营业成本分析（单位：亿元）

（数据来源：金正大集团 2015—2020 年年度报告。）

从图 2-6 可见，2018 年预付账款较 2017 年上升 20 多亿元，而营业成本反而呈现下降趋势，可见金正大集团预付款增速与营业成本不匹配。

2.2.3.6 存货分析

上市审核中主要涉及的存货具体问题：存货余额（存货余额大幅增长、占资产比例过高、占销售收入比例过高、存货结构不稳定）、存货周转率（存货周转率异常波动、存货周转率的分解、存货周转率严重低于同行业其他可比公司）和存货跌价准备（库龄分析、价值难辨）。

存货财务舞弊的手段：调低原材料采购价格、调节产出率和不计提存货跌价准备等。

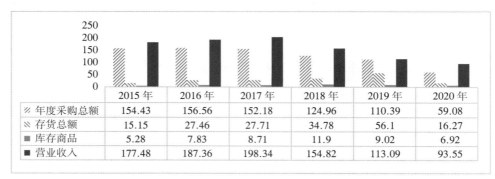

图 2-7　金正大集团年度采购总额与存货营收图（单位：亿元）

（数据来源：金正大集团 2015—2020 年年度报告。）

根据图 2-7 可见，2016 年金正大集团的年度采购总额是 156.56 亿元，但是到了营业收入增长的 2017 年，其采购总额却小幅下降至 152.18 亿元，甚至低于 2015 年的采购金额。同时，其采购的减少却并不能从存货的出库进行解释，2017 年年报中，存货总额从 2016 年的 27.46 亿元小幅增加至 2017 年的 27.71 亿元，并未出现减少。同时，库存商品账面余额也从 7.83 亿元增至 8.71 亿元，因此其年度采购总额可能存在虚假成分。

根据图 2-8、图 2-9 和图 2-10 综合可知，2019 年和 2020 年金正大集团的存货跌价准备计提比例出现大幅上升，不符合历年的常态变动，因而需要引起注意。

根据金正大集团与史丹利存货对比图（图 2-11）可见，与其可比公司史丹利相比，史丹利的总体存货周转天数和存货周转率虽有变动，但处于一个波动相对较小的状态，而金正大集团的存货周转天数和存货周转率波动幅度明显较大，尤其是在 2019 年，这可能也与 2019 年 3 月金正大集团曾被质疑涉嫌财务造假有关，虽然当时公司有发布公告澄清，但是从存货周转天数和存货周转率来看，其业绩还是受到了影响。

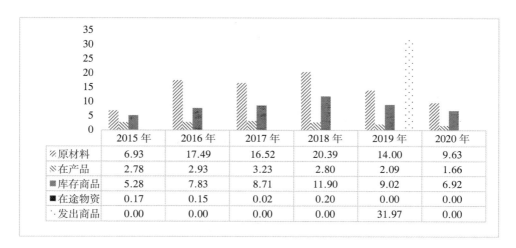

图 2-8　金正大集团存货账面余额(单位:亿元)

(数据来源:金正大集团 2015—2020 年年度报告。)

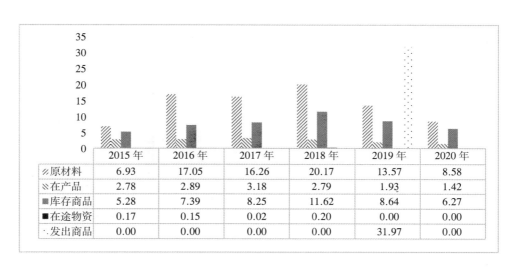

图 2-9　金正大集团存货账面价值(单位:亿元)

(数据来源:金正大集团 2015—2020 年年度报告。)

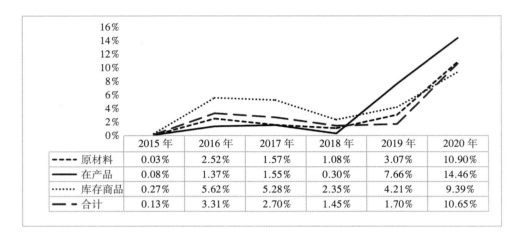

图 2-10　金正大集团存货跌价准备比例

（数据来源：金正大集团 2015—2020 年年度报告。）

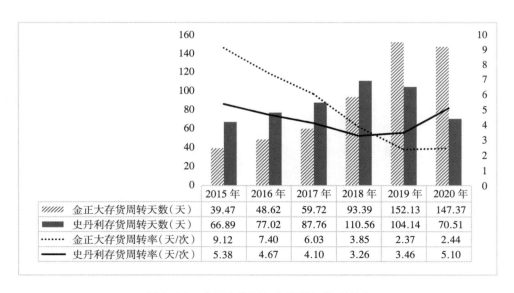

图 2-11　金正大集团与史丹利存货对比图

（数据来源：金正大集团 2015—2020 年年度报告、史丹利 2015—2020 年年度报告。）

2.2.3.7 其他应收款分析

其他应收款是指企业除应收票据、应收账款、预付账款以外的其他各种应收、暂付款项，反映了企业尚未收回的其他应收款项。主要用来记载各部门备用金、存出的保证金和押金、企业暂付给员工的临时借款、企业应收取的各种赔款、应向职工收取的垫付款项、企业应收取的各种罚款。

利用其他应收款进行财务舞弊的形式：隐藏短期/长期投资、转移资金或大股东/关联方资金占用、利用股权转让实现利益输送、私设小金库、隐藏利润、偷逃税款或利用其他应收款隐藏费用。

其他应收款成因：关联单位资金占用、变相拆借、关联方交易产生的债权、因担保产生的债权、隐形投资、会计科目运用欠妥、利润调节。

由下图 2-12 和 2-13 得出，金正大集团 2019 年和 2020 年其他应收款突然大幅变动，其他应收款中"往来款及其他"在其他应收款中占有很大比重，为 11.83 亿元，其他应收款的主要欠款方主要都在临沂，且欠款排名第一的临沂凡高农资销售有限公司正是后来被曝出与金正大集团有虚构贸易业务的公司。

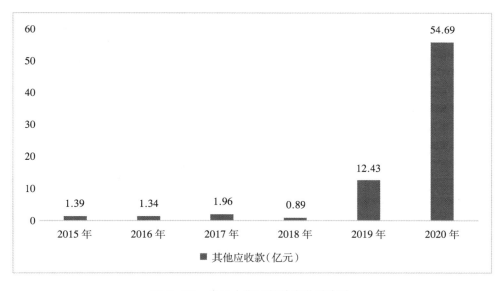

图 2-12　金正大集团其他应收款变动

（数据来源：金正大集团 2015—2020 年年度报告。）

（3）其他应收款

1）其他应收款按款项性质分类情况

单位：元

款项性质	期末账面余额	期初账面余额
应收外部单位押金、保证金	89 410 094.57	29 067 038.13
员工备用金	42 966 064.60	45 531 343.95
往来款及其他	1 183 406 962.08	23 547 311.38
减：坏账准备	72 571 114.70	8 803 494.26
合计	1 243 212 006.55	89 342 199.20

……

5）按欠款方归集的期末余额前五名的其他应收款情况

单位：元

单位名称	款项的性质	期末余额	账龄	占其他应收款期末余额合计数的比例	坏账准备期末余额
临沂凡高农资销售有限公司	票据往来款	343 500 000.00	1年以内	26.11%	17 175 000.00
临沂维纶商贸有限公司	票据往来款	216 000 000.00	1年以内	16.42%	10 800 000.00
临沂迭香农资销售有限公司	票据往来款	116 500 000.00	1年以内	8.85%	5 825 000.00
临沂米莱商贸有限公司	票据往来款	116 000 000.00	1年以内	8.82%	5 800 000.00
临沂尼奥商贸有限公司	票据往来款	116 000 000.00	1年以内	8.82%	5 800 000.00
合计	—	908 000 000.00		69.01%	45 400 000.00

图2-13 金正大集团2019年其他应收账款与前五名欠款方情况

（数据来源：金正大集团2019年年度报告。）

2.2.3.8 动机不明的并购

农投公司持有农商1号电资商务有限公司（简称农商公司）100%的股权，旗下经营实体重金打造电子平台农商1号，于2015年7月正式上线，该网站曾被誉为中国最大的农业电商平台。农商1号CEO罗文胜曾称，"这一电商平台定位于中国农资行业的亚马逊"。然而2017年下半年开始,"农商1号"网站开始停止运行,所有农资产品无法下单购买,曾经风光的农资电商"农商1号"尴尬收场。

但是,在2018年1月24日,随着金正大集团发行股份购买资产获得股东大会通过,农业基金、东福和通、京粮鑫牛、种业基金、谷丰基金合计持有的农投公司66.67%股权,全部溢价出售给了金正大集团,作价为9.68亿元。自此,金正大集团持有农投公司100%股份。这笔高达9.68亿元的巨资并购,标的资产却并不优质,其并购动机让人怀疑。

与此同时,农商公司还是金正大集团的重要采购方,2016年和2017年,农商公司向金正大集团采购复合肥的金额分别为3.5亿元和8亿元,占其采购总额的比例超过96%,农商公司为金正大集团贡献了数亿元的营收。而农商公司本身的经营业绩却较为一般,作为销售型公司,2015年至2017年三年间,营业成本分别达到40.49万元、3.62亿元以及8.3亿元,营业成本率分别为63%、80.62%以及90%。

上市公司的财务舞弊行为使得大量中小投资者利益受损,证监会对此明确杜绝并处以严厉的处罚。根据证券法第一百九十七条第二款的规定,证监会对金正大集团做出惩罚决定,如图2-14、2-15所示。

索引号	bm56000001/2022-00001548	分类	行政处罚;行政处罚决定
发布机构		发文日期	2022年01月04日
名称	中国证监会行政处罚决定书(金正大、万连步、李计国、唐勇、崔彬、高义武、颜明霄、郑树林、徐恒军)		
文号	〔2022〕1号	主题词	

中国证监会行政处罚决定书(金正大、万连步、李计国、唐勇、崔彬、高义武、颜明霄、郑树林、徐恒军)

〔2022〕1号

综上,我会部分采纳李计国的申辩意见,并在本案市场禁入决定中予以体现。

根据当事人违法行为的事实、性质、情节与社会危害程度,并结合违法行为跨越新旧《证券法》适用的特别情形,依据《证券法》第一百九十七条第二款的规定,我会决定:

一、对金正大生态工程集团股份有限公司责令改正,给予警告,并处以150万元罚款;

二、对万连步给予警告,并处以240万元罚款,其中作为直接负责的主管人员罚款120万元,作为实际控制人罚款120万元;

三、对李计国给予警告,并处以60万元罚款;

四、对唐勇给予警告,并处以55万元罚款;

五、对崔彬、高义武、颜明霄、郑树林、徐恒军给予警告,并分别处以50万元罚款。

上述当事人应自收到本处罚决定书之日起15日内,将罚款汇交中国证券监督管理委员会开户银行：中信银行北京分行营业部，账号：7111010189800000162，由该行直接上缴国库，并将注有当事人名称的付款凭证复印件送中国证券监督管理委员会行政处罚委员会办公室备案。当事人如果对本处罚决定不服，可在收到本处罚决定书之日起60日内向中国证券监督管理委员会申请行政复议，也可在收到本处罚决定书之日起6个月内直接向有管辖权的人民法院提起行政诉讼。复议和诉讼期间，上述决定不停止执行。

中国证监会
2022年1月4日

图2-14 中国证监会对金正大的行政处罚决定书

[资料来源：中国证监会行政处罚决定书（金正大、万连步、李计国、唐勇、崔彬、高义武、颜明霄、郑树林、徐恒军）文号〔2022〕1号。]

索引号	bm56000001/2022-00001594	分类	市场禁入；市场禁入决定
发布机构		发文日期	2022年01月04日
名称	中国证监会市场禁入决定书（万连步、李计国、唐勇）		
文号	〔2022〕1号	主题词	

中国证监会市场禁入决定书（万连步、李计国、唐勇）
〔2022〕1号

综上，我会部分采纳李计国的申辩意见，并综合考虑其本人以及整案违法行为的事实、性质、情节以及社会危害程度，调减对其的市场禁入年限。

当事人万连步、李计国的违法情节较为严重，依据《证券法》第二百二十一条和《禁入规定》第三条第一项、第四条、第五条的规定，我会决定：对万连步采取10年市场禁入措施，对李计国采取5年市场禁入措施。当事人唐勇的违法情节严重，依据《证券法》第二百二十一条和《禁入规定》第三条第一项、第四条、第五条的规定，我会决定：对唐勇采取3年市场禁入措施。自我会宣布决定之日起，在禁入期间内，除不得继续在原机构从事证券业务或者担任原上市公司、非上市公众公司董事、监事、高级管理人员职务外，也不得在其他任何机构中从事证券业务或者担任其他上市公司、非上市公众公司董事、监事、高级管理人员职务。

当事人如果对本市场禁入决定不服，可在收到本决定书之日起60日内向中国证券监督管理委员会申请行政复议，也可在收到本处罚决定书之日起6个月内直接向有管辖权的人民法院提起行政诉讼。复议和诉讼期间，上述决定不停止执行。

中国证监会
2022年1月4日

图2-15 证监会对金正大涉案人员市场禁入处罚决定书

[资料来源：中国证监会市场禁入决定书（万连步、李计国、唐勇）文号〔2022〕1号。]

2.2.4 讨论

财务报表可以将公司过去特定年度发生的事件，通过财务数据与非财务数据反映出来。近年来，中国证监会对财务报表中会计信息的披露做出了更加严格的要求，除了要保证披露的会计信息具备可理解性、相关性、可靠性和可比性这四项重要的质量特征外，还需要披露更具体、更翔实的非财务信息等。这些规定有效地提高了上市公司信息披露的质量。与此同时，由于财务报表提供的数据之间多具有相关性和可比性，投资者、分析师等外部人员可以通过对财务报表中包含的会计信息进行合理分析，然后得出有用的结论，甚至识别出公司隐藏在"正常"财务信息背后的"非正常"现象。

金正大集团的货币资金与贷款项目近几年变动幅度大，存贷结构不合理；应收项目变动大却未披露原因。在存货、税收与并购等问题上也都有明显的不合理之处，而公司的报表并未对这些不合理内容进行详细的说明，投资者只有通过关注重点报表项目、对比金正大集团历年的财务信息，并深入分析各种非财务信息，才能发现其中的端倪。金正大集团通过隐瞒关联方及关联交易和虚假记载财务报表项目的方式达到财务舞弊的目的，这表明只有规范完整的会计信息披露方式与内容才能大大提高会计信息的质量，有助于外部信息使用者通过财务信息来识别风险，并做出正确的决策。

2.3 上海家化 2017 年披露"董事长致辞"是否影响识别年报质量？

2.3.1 背景介绍

2.3.1.1 公司背景

上海家化联合股份有限公司（以下简称上海家化，股票代码 600315）前身是成立于 1898 年的香港广生行，是一家历史悠久的民族企业，于 2001 年在上海证券交易所上市，所处行业为日用化学产品制造业（C4370）。上海家化主营业务包括：美容护肤、个人护理和家居护理三大类，以"研发先行、品牌驱动、渠道创新、供应保障"为经营方针，以"创新领先、增长领先、品质领先"为发展战略，产生了六神、佰草集、美加净、高夫等知名品牌，曾多次被国家认定为高新技术企业。2017年上海家化提出数十项研究项目，包括17项新增，14项已完成以及27项已转化为产品的项目。同时也已申请专利33件，发明专利15件，获得授权专利6件。2017年上海家化完成对国际知名婴幼儿喂哺类产品100%股权收购，在一定程度上抵消了2017年终止代理花王部分产品业务对经营带来的负面影响，同时拓展了国外销售渠道。

2.3.1.2 行业背景

化妆品行业是中国发展以及对外开放最早的产业之一，行业内企业数量多、种类繁杂、市场竞争激烈，国外大牌化妆品的进入更加剧了行业竞争的激烈程度。根据第三方研究公司的预测和统计，中国日化行业整体市场增速放缓且放缓态势将持续。近十年来，国家对化妆品企业的生产标准提出更严格的要求，健康安全、技术含量高的化妆品更能获得消费者的青睐。因此，化妆品行业越来越重视研发投入的重要性，采用最前沿的技术，推出植物概念、中药概念、现代生物工程概念等功能性诉求。2017年的化妆品市场仍然充满了竞争、革新与机会，需要公司持续积极地改革才能在逐渐收紧的市场中获得一席之地。

2.3.2 思考题

上海家化在2017年年度财务报告中披露了董事长致辞，节选部分内容如下[①]：

> 2018年，是贯彻党的十九大精神的开局之年，是改革开放40周年，也是上海家化成立120周年。时代的浪潮里，充满挑战和机遇。一方面，日化行业竞争日趋激烈，消费者面临更多元化的品牌选择和购买渠道。另一方面，我国正在全面推动建设质量强国、品牌强国、制造强国。上海正在全力打响上海服务、上海制造、上海购物、上海文化四大品牌。上海家化以制造业起家，顺应时势，以精益求精的精神不断打造优秀民族品牌，不仅是上海制造、中国制造的代表，

---

① 资料来源：上海家化2017年年度报告。

更致力于让东方美在全球绽放。

2017年，上海家化确立"研发先行、品牌驱动、渠道创新、供应保障"的经营方针，全体目标明确，经营有道，以积极向上的状态实现了稳健发展。

上海家化高度重视自主创新，科研投入持续增长，产品推陈出新。公司匠心打造佰草集太极·昼御夜养·源生霜、凝·臻白如玉系列、六神嗨夏限量版花露水、六神香浴露、美加净时刻手护系列手霜等广受好评的时尚新品。

上海家化高度重视品牌建设，通过自主研发与兼并收购，完善品牌矩阵。公司成功收购拥有50年历史的国际领先婴童用品品牌汤美星，与启初品牌协同发展，共同开拓海内外母婴喂哺用品市场。

上海家化坚持全渠道、全覆盖战略，保持渠道与品牌交相辉映。公司完成电商渠道直营模式升级，促进线上渠道与线下渠道融合发展。公司拓展海外渠道，佰草集不断走向世界，弘扬中医中草药千年养颜护理文化。

供应保障方面，上海家化致力于与商业合作伙伴形成诚信经营、互利共赢的合作格局，共同构建业内领先的合作共赢生态圈。

2018年，恰逢改革开放40周年，在这关键且意义非凡的一年，上海家化不忘使命，继续前行，誓做民族企业排头兵。

上海家化将抓住制造业升级红利，加速推进公司从传统制造企业向先进制造企业转型升级，全面拥抱互联网，提升数字化管理，率先以大数据管理客户。

上海家化跨越工厂也将在今年投产运营，新工厂引入国际先进的自动化生产线，与现代化的物流仓储设施，使生产管理全面实现数字化、透明化、标准化，为消费者提供安全可靠的产品。跨越工厂的生产能力在未来几年都没有瓶颈，将成为国际领先的日化生产基地。

新时机下，上海家化将创立生产、研发、渠道营销、品牌管理、资本五大平台，进入制造、服务、科技三大产业；充分融合百货、商超、电商、化妆品店、母婴店等八大渠道，集中力量发展十大品牌，打造具有无限发展空间的生态圈，助力公司继续引领中国日化产业。

依据上海家化年报和该董事长致辞等信息，我们提出以下三个问题：上海家化为什么要披露董事长致辞？分析董事长致辞对利润质量评估的影响？评价该信息与公司年报质量之间的关系。

2.3.3 案例分析

2.3.3.1 披露董事长致辞的原因

年度财务报表会对公司上一年度财务状况、经营成果和现金流量做出结构性表述,也包含对财务信息的进一步说明和对未来经营的预测。现在许多公司会在年度财务报表中撰写董事长致辞,而这种致辞被看成是公司的一种宣传,因为董事长致辞与年报中其他内容不同,其撰写没有法律准则的约束,主要内容往往聚焦在公司经营理念的概括性描述、公司所获得的成就以及公司未来发展前景向好等信息。这些文字旨在树立良好的公司形象并向信息使用者推广本公司,如果信息使用者关注这部分内容,可能会发现公司潜在的利好信息。

(1)财务状况方面

我们之前的分析中提到,由于上海家化2016年处于业务调整年,面临宏观经济下行、行业竞争压力大等原因,2016年整体财务状况较往年有大幅度下滑。从表2-5和图2-16可以看出,经过一年的调整与恢复,2017年上海家化的经营业绩整体回升并较往年有所提升。上海家化在此时做出董事长致辞,第一是对上海家化在竞争激烈的化妆品行业有极强生命力的证明,第二则是对本公司经营能力的自信与未来前景向好的保证。这对信息使用者来说是一件重大的利好消息,能够稳定和增强投资者的信心。

表 2-5 上海家化 2017 年主要财务数据

单位:万元

项 目	2017 年	2016 年（调整后）	2016 年（调整前）	2015 年
营业收入	648 824.62	596 227.09	532 119.83	584 586.53
归属于上市公司股东的净利润	38 980.19	20 098.07	21 601.70	220 996.10
经营活动产生的现金流量净额	86 176.64	11 188.26	5 399.80	50 258.46
基本每股收益	0.58	0.30	0.32	3.31

数据来源:上海家化 2015—2017 年年度报告。

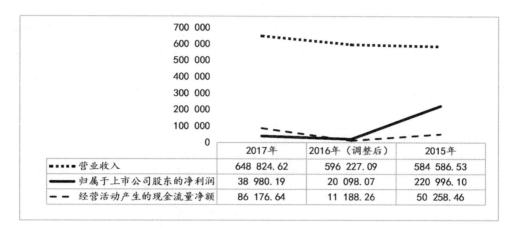

图 2-16 上海家化 2015-2017 年部分财务数据变化图（单位：万元）

（数据来源：上海家化 2015—2017 年年度报告。）

（2）生产经营方面

上海家化在 2017 年的董事长致辞中提到，公司坚持拓宽海外渠道，完成线上线下渠道融合发展；产品推陈出新且广受好评；与此同时成功收购国际知名婴童用品品牌实现市场的拓展。从财务报表中所披露的信息就可看出上海家化产品经销情况优异，具体见图 2-17、图 2-18 和图 2-19。

一、经营情况讨论与分析

2017 年度公司完成对婴幼儿喂哺类产品品牌商 Cayman A2, Ltd.（拥有 Tommee Tippee 等国际知名品牌）的 100%股权和相关股东债权的收购（下称"Tommee Tippee 收购"），按照同一控制下企业合并的相关规定，追溯调整了 2017 年资产负债表期初数、2016 年度利润表相关比较财务数据；另公司于 2017 年度终止代理花王部分产品业务。公司实现了 64.88 亿元收入，3.90 亿元净利。

分产品	营业收入	营业成本	毛利率（%）	营业收入比上年增减（%）	营业成本比上年增减（%）	毛利率比上年增减（%）
护肤类	2 270 735 667.89	438 451 601.61	80.69	16.13	0.54	增加 2.99 个百分点
洗护类	2 588 518 393.11	1 053 843 332.58	59.29	-19.91	-33.23	增加 8.12 个百分点
家居护理类	165 284 761.59	76 780 738.95	53.55	74.64	100.64	减少 6.02 个百分点
婴幼儿喂哺类	1 439 053 275.83	704 427 049.31	51.05	124.48	122.63	增加 0.41 个百分点

续表

分产品	营业收入	营业成本	毛利率（%）	营业收入比上年增减（%）	营业成本比上年增减（%）	毛利率比上年增减（%）
其他	23 669 696.06	1 442 144.83	93.91	-37.99	-82.50	增加 15.49 个百分点
合计	6 487 261 794.48	2 274 944 867.28	64.93	8.82	-4.31	增加 4.81 个百分点

图 2-17　上海家化 2017 年经营情况讨论与分析（单位：元）

（数据来源：上海家化 2017 年年度报告。）

渠道创新

上海家化的渠道战略是全渠道、全覆盖，线上与线下相融合，渠道与品牌相匹配共同发展。公司八大渠道包括：线下销售为经销商分销、直营 KA、母婴、化妆品专营店、百货、海外；线上销售为电商、特渠。

报告期内，公司持续推进门店拓展。截止到本报告期末，公司进入商超门店 19.6 万家、百货及药房 2048 家、化妆品专营店 1.17 万家、母婴店 3000 万家。

公司各渠道经营策略为：对于经销商分销渠道，公司的驱动政策是抓单产、产品升级；公司与各大 KA 系统形成合作，优化产品结构，将符合消费升级趋势的产品引入 KA 渠道，加强跨品牌、跨品类联合促销；母婴渠道进行门店拓展并提高单产，同时将启初的高端新系列舒缓系列以及汤美星系列产品快速引入；确定化妆品专营店渠道增长模式，进行渠道梳理，持续加强门店覆盖，重点关注门店单点提升；百货渠道进行终端形象优化、门店单产提升和应收有效控制；海外渠道挖掘欧洲市场增长潜力，并在北美、非洲市场进行突破，机场酒店业务快速提升。

报告期内，公司对电商进行了优化，将京东和天猫超市两大平台从经销模式转变到直营模式，提升了平台控制力，可更直接地收集消费者数据，为将来的精准传播打下基础；与其他各个平台的合作更加紧密，更精准地推送适合各平台销售的产品；引入电商行业内的优秀机构、人才及经验，提升渠道运作能力，同时更加注重消费者体验和感知，提升店铺转化率、运营能力和费用效率。特殊渠道实质上是公司的一个公开的多用途电商平台，公司可以通过该平台进行新品推广、试用测试，并作为企业福利和团购平台，进一步拓展消费体验。

图 2-18　上海家化 2017 年渠道创新情况

（数据来源：上海家化 2017 年年度报告。）

分地区	营业收入	营业成本	毛利率（%）	营业收入比上年增减（%）	营业成本比上年增减（%）	毛利率比上年增减（%）
江苏	530 076 059.00	187 428 550.56	64.64	-12.73	-35.67	增加 12.61 个百分点
广东	476 341 066.33	177 540 338.59	62.73	-2.33	-17.86	增加 7.04 个百分点
北京	602 531 732.39	123 170 656.95	79.56	0.92	-18.11	增加 4.75 个百分点
上海	382 050 486.01	120 991 926.32	68.33	-32.69	-48.06	增加 9.38 个百分点
浙江	316 028 895.07	115 932 368.42	63.32	-19.76	-38.40	增加 11.10 个百分点
山东	307 202 203.63	91 821 687.13	70.11	3.64	-13.57	增加 5.95 个百分点
湖北	264 871 964.40	83 800 405.59	68.36	-2.65	-9.88	增加 2.54 个百分点
安徽	209 389 438.27	61 382 579.70	70.68	2.12	-25.39	增加 10.81 个百分点
四川	223 286 109.38	62 179 292.94	72.15	-3.60	-25.82	增加 8.34 个百分点
河南	247 447 711.86	74 982 020.11	69.70	31.47	13.69	增加 4.74 个百分点
其他	1 511 141 385.48	475 568 868.69	68.53	2.57	-13.64	增加 5.91 个百分点
海外	1 416 894 742.66	700 146 172.28	50.59	121.02	121.28	减少 0.06 个百分点
合计	6 487 261 794.48	2 274 944 867.28	64.93	8.82	-4.31	增加 4.81 个百分点

图 2-19　上海家化 2017 年分地区收入与成本分析（单位：元）

（数据来源：上海家化 2017 年年度报告。）

对于制造行业的公司来说，持续的研发投入是企业未来经营是否能向好发展的评判指标。上海家化 2017 年董事长致辞中提出："上海家化高度重视自主创新，科研投入持续增长""跨越工厂也将在今年投产运营，新工厂引入国际先进的自动化生产线……跨越工厂未来生产能力在未来几年都没有瓶颈……"这两段话语向信息使用者提供的"潜台词"即是：公司有意愿也有能力创造实打实的利润，并将利润用于研发投入创新之中，推动公司后续更好地发展。这从上海家化 2017 年研发投入支出数据（表 2-6）中也能得到证实。

表 2-6　上海家化 2015—2017 年研发投入表

单位：万元

项　目	2017 年	2016 年	2015 年
研发支出	16 114.99	12 617.18	13 056.58
研发投入总额占营业收入比例（%）	2.48	2.34	2.23

数据来源：上海家化 2017 年年度报告。

2017年，上海家化董事长致辞中同样提到了"上海家化跨越工厂也将在今年投产运营……跨越工厂未来生产能力在未来几年都没有瓶颈"，在之后的管理层讨论与分析披露当中，有关新工厂的开工以及生产能力预测信息也被披露出来，可以看出上海家化之后的未来部署线路清晰且付诸了实际行动，如图 2-20、图 2-21 所示。

生产基地建设

为适应和支持公司未来发展，以更高的效率和更快速地响应提供给客户更高质量的产品，公司在青浦工业园区新建了占地面积约 209.5 亩，建筑面积约 10 万平方米的全新制造工厂，新工厂目前正在调试生产中，整个厂区由膏霜车间、液洗车间、中草药提取车间、综合楼、污水处理站等建筑单体组成，生产能力达到 6 亿件/年，是原有中央工厂产能的 5 倍。新工厂在设计阶段引入绿色建筑标准，并取得美国绿色建筑协会颁发 LEED 金奖；采用了先进的 MES 系统，并结合 SAP 系统，引进国际先进的自动化生产线和现代化的物流仓储设施；设定了关键工序智能化，关键岗位机器化，生产过程信息化。突出数字化和数据化管理，提升劳动生产率和降低产品生产周期；结合清洁生产，水循环利用，太阳能项目，降低污染物排放；通过标准化和规范化生产，提供高质量的产品，让质量保证体系贯穿到整个工厂。

图 2-20　上海家化 2017 年生产基地建设

（数据来源：上海家化 2017 年年度报告。）

（5）产能与开工情况

√适用　□不适用

主要厂区或项目	设计产能	产能利用率（%）	在建产能及投资情况	在建产能预计完工时间
中央工厂（盈港东路1118号）	1.2 亿件/年	80	无	无
海南工厂	6500 万件/年	75	无	无
青浦新建工厂（在建）	6 亿件/年		未投产	2018 年
东莞工厂	3000 万件/年（多品类）	93	无	
英国工厂	1400 万件/年（尿布压缩塑料膜）或 80 万件/年（尿布处理桶）	84	无	
摩洛哥工厂	1300 万件/年（奶瓶）	80	无	

生产能力的增减情况

√适用 □不适用

青浦新建工厂完成后，公司生产能力将大幅提高，详见上表。

图 2-21　上海家化 2017 年产能与开工

（数据来源：上海家化 2017 年年度报告。）

总体来看，上海家化 2017 年披露董事长致辞的目的主要有以下方面：一是使用积极的语言对上海家化 2017 年优秀的财务成果进行总结性陈述，向信息使用者清晰简明地传达向好发展的信号，稳定和增强投资者信心。二是向信息使用者展示公司是如何凭借深厚的企业文化底蕴和强大的管理创新能力克服困难，走出 2016 年的低谷，提升公司品牌和声誉。三是对公司过去的经营成果进行总结，对未来的总体发展提出新的目标，充分发挥和管理层讨论与分析一样的非财务信息传递功能，但内容更精练简洁，便于把握重点。

2.3.3.2 "董事长致辞"对利润质量评估的影响

利润质量是一个公司利润本身价值的体现。企业利润的形成过程以及利润的成长性、稳定性、可变现性和匹配性都是利润质量的体现。高质量的企业利润应当表现为资产运转状况良好，企业所开展的业务具有较好的市场发展前景，企业有良好的购买能力、偿债能力、交纳税金及支付股利的能力。高质量的企业利润能够为企业未来的发展奠定良好的资产基础。

从上海家化 2015—2017 年的财务表现以及年度财务报告中可知，2015 年和 2017 年上海家化都在年报中发表了董事长致辞的内容，唯独在营收减少、净利润减少、整体利润质量低和因经营状况调整导致业绩下滑的 2016 年并未发表董事长致辞。从最开始对董事长致辞的分析中，我们了解到董事长致辞更像是管理层讨论与分析的简写版本，其中的内容更倾向于以积极的方式披露出来，以此达到吸引投资者的目的。

至于董事长致辞对利润质量评估的影响，虽然从表面的情况来看，仿佛董事长致辞会影响利润质量评估，但实则不然。董事长致辞属于时点信息，它往往是在年度报告快要披露，当年经营任务已经基本完成时才会撰写，但利润质量从本质上来说是时段信息，它反映了公司一年来经营成果在利润上的体现，两者本质上没有关联，其影响程度也只是微乎其微，因为董事长致辞更多只是传递信息，信息使用者还是要通过对财务报表中的其他会计信息进行分析证明，才能得出最接近真实情况的利润质量评估信息。

2.3.3.3 评价"董事长致辞"与公司年报质量之间的关系

"董事长致辞"与公司年报质量之间没有直接关系。根据企业会计准则可知,年报质量通常要求真实、准确、完整、及时地披露信息,不得有虚假记载、误导性陈述或者重大遗漏。[①]"董事长致辞"本质上是对年报信息的总结陈述,其内容并不会影响到年报中其他重要信息在相关质量要求上的披露,因为年报的编制环节与审计环节并不是由"董事长致辞"来决定。

大多数上市公司的"董事长致辞"往往采用积极的语气向投资者传递公司年报中的信息,但"董事长致辞"态度积极是否真的预示着年报的质量优秀?年报质量优秀与否在很大程度上源自公司的实际经营状况。以上海家化的例子来看,上海家化2015年与2017年年报中都披露过"董事长致辞",而公司这两年的业绩也确实做出了可圈可点的成绩。但也会有公司存在"董事长致辞"提到的积极向好态势与实际年报质量相差甚远,以獐子岛公司为例,在2019年的年报中也披露了"致股东的一封信",如图2-22所示。可以看到"致股东的一封信"中语气积极,处处展现公司内共克难关的坚定决心。但我们都知道獐子岛已经因为多次信息披露违法违规而在2020年遭到证监会的处罚。

致股东的一封信

尊敬的各位股东朋友:

　　当您看到这封信时,我们刚刚发布了2019年年报,这也是獐子岛第一次给股东朋友们发出的信。感谢您对公司上市14年来的关注与支持,感谢您与獐子岛风雨同舟、并肩前行!公司自1958年成立以来,一直走在一条改革创新与困难险阻交织着的道路上,而这一走就是60余载。回首最激动人心的时刻,莫过于公司于2006年9月在深圳证券交易所挂牌上市的那一刻,历经了多年的积蓄与准备,让这个来自黄海深处的小岛,终于具有了资本化、市场化的元素,也正是从那一刻,我们又多了数万名最亲近的事业伙伴,我们的股东朋友。

　　我们携手共同见证了公司从小到大,从一隅到迈向全国走向世界,成为一家知名海洋食品企业。我们一起分享过收获和成长,更一起背负过困难和挑战,是您们在公司发展中为我们加油鼓劲,是您们在公司困难时与我们并肩前行。

　　再次感谢你们,我们至诚至信,至敬至爱的伙伴们!

　　开源节流,强化经营。2019年,内外部复杂的环境,增加了产业发展的难度,放大

---

① 资料来源:中国证券监督管理委员会 http://www.csrc.gov.cn/csrc/c100028/c1002922/content.shtml。

了企业运营的风险。公司一面养护资源、强化技术，一面抢抓订单、紧盯市场。通过密切关注国民饮食结构的调整趋势，适应消费者饮食习惯，为不同消费群体定向研发"獐子岛味道"新品，提供精细化服务，全力推动市场开拓和业务扩增。在努力"开源"的同时，加快实施"瘦身计划"，努力盘活各类低效资产，合理处置生产设备、土地、海域及闲置资产，保障了企业的现金流安全。

不测风云，共克难关。2019年海洋牧场再一次遭受的重大灾害，面对各方的质疑，面对公司受损严重的品牌形象，是股东伙伴的理解、信任、包容与支持，给予了我们克服困难的决心与勇气，支撑着我们渡过了难关，稳定了经营，使我们的资源端、技术端、市场端、管理端在艰难的发展环境下，依然取得了较大进步，公司实现了营业规模及相关市场的稳定，实现了与供应商、客户、银行等合作伙伴关系的稳定，实现了各业态经营和员工队伍的稳定。

痛定思痛，积极求变。公司围绕海洋牧场灾后重建的核心要务，积极"调整组织架构、转变发展模式"，对海洋牧场相关单元的海域、业务、人员等经营要素资源进行了再调配，进一步关闭海上敞口风险，压缩虾夷扇贝底播面积，剥离了部分环境复杂的海域。有效地提升了海参、海螺、鲍鱼、海胆等原产地土著资源的养护能力，并初步实现了三倍体牡蛎产业的转型发展，目前成效渐显。

砥砺奋进，创新引领。公司"积极夯实生物技术，持续放大苗种创利能力"，2019年共完成立项33项，与产学研单位共同获得了"国家科技进步二等奖"和"国家技术发明二等奖"等科研荣誉。通过聚焦三倍体优势技术，加速助推国内牡蛎产业升级，培育的三倍体牡蛎苗种年内销量较上年增长155%，获得了广大养殖业户的广泛认可。

敬畏自然，吸取经验。如今，喜忧参半的2019年已经过去了，但这一年留给獐子岛人的教训，却值得铭记于心。从肆虐美国加利福尼亚的山火，到席卷中国沿海的利奇马台风，再到獐子岛海洋牧场天灾，一次次灾害用血淋淋的创痕告诉我们，敬畏自然、尊重规律、保护生态永远都是人类的必修课。虽然在股东伙伴们、公司员工、经销商、供应商、客户和各相关单位的共同努力下，公司暂时渡过了危机，但持续加强对海洋生态的系统性认知和技术性创新，才是规避风险、少走弯路的根本途径，这也将是我们现在和未来要常抓不懈的重要任务之一。

獐子岛人不忘来时路，致力于为股东创造更有价值的未来。

当前，无论是海洋牧场的灾难还是疫情冲击，带来的"危"与"机"并存。是"危"也是"机"，取决于我们的选择和行动。

迎接挑战，践行责任。面对新的生存环境，獐子岛集团防疫情、稳复工；抓生产、促销售，不断加强线上营销，继续缩减海域面积，持续压缩运营成本，取得了良好的开局。2020年一季度，公司在稳定经营的同时，努力支援湖北疫区抗疫，先后捐献善款16万余元，以及价值近50万元的獐子岛淡干海参和价值311万元的各类海产品，积极履行龙头企业的社会责任。

夯实基础，重新出发。股东伙伴们，"艰难困苦，玉汝于成"。2019年的困难没有动摇我们无畏的决心，2020年的挑战也不能阻挡我们前行的脚步！面对疫情带来的冲击和影响，面对复杂的经济形势与市场环境，公司将以变应变，加快转型，继续探索内部资源整合，探索产品渠道、网络直播营销的新潮流，探索更加有利公司发展的业务模式，脚踏实地地走好每一步；继续在海洋牧场建设的道路上坚守初心；继续在海洋食品的行业里抢抓市场、加速放量；继续在企业管控与运营中提质增效、开源节流；继续秉承着"好产品、好品牌、好服务"的运营宗旨，继续为广大消费者舌尖上的安全保驾护航。

  坚定信心，携手同行。信心比黄金重要！希望伙伴们能够一如既往地支持公司的成长与发展，诚恳地欢迎广大股东朋友们继续为公司建言献策，亲临公司体验指导，我们将竭诚为大家服好务、尽好力，大家团结起来共克时艰。

图 2-22　獐子岛 2019 年年度报告中致股东的一封信

（资料来源：新浪财经

http://vip.stock.finance.sina.com.cn/corp/view/vCB_AllBulletinDetail.php? stockid=002069&id=6230613。）

  事实上，獐子岛已经因为多次信息披露违法违规而在 2020 年遭到证监会的处罚。这更能证明"董事长致辞"与年报质量之间没有任何的关系，甚至有的"董事长致辞"可能会对投资者产生误导。因为这部分内容大多空泛化、模板化，只凭借管理层的语言文字而非任何实际的证据证明公司的实际经营状况，作用不大。

2.3.4　讨论

  本节针对上海家化 2017 年年报中披露的"董事长致辞"进行分析，讨论了"董事长致辞"的目的、与利润质量评估和年报质量评估的关系。从目的来看，"董事长致辞"一方面通过简短精练的文字，总结公司上一年度经营状况并展望未来发展方向，另一方面则是通过字里行间透露出的积极态势，来增强投资者对公司向好的预期，且后者是公司披露此部分内容的主要目的。我们认为，"董事长致辞"与利润质量评估和年报质量都没有关系。因为利润质量和年报质量很大程度取决于公司上年度的经营状况，两者的质量需要靠年报中大量的财务信息和非财务信息共同提供的证据体现出来，而不是靠空泛模板化的"董事长致辞"来体现。同时，"董事长致辞"的语气通常都是积极进取的，主要内容也无外乎经营业绩的好坏、因何原因以及发展安排等部分，这些文字信息并不能公允地反映一个公司的整体发展态势，反而会给投资者营造出发展良好的"假象"，等到实际"暴雷"时才发现公司发展早已出现问题。

2.4 小结

企业会计准则是用来规范会计执业的各项制度和标准。国际会计准则主要包括四部分：国际财务报告准则前言、编报财务报表的框架、国际财务报告准则及国际会计准则。从 2005 年开始，全球有 94 个国家允许上市公司依据国际会计准则进行会计处理，但在具体执行过程中，不同国家之间的会计准则仍然有差异。我国的企业会计准则逐渐与国际会计准则相一致。截止到 2019 年年底，我国现行企业会计准则体系包括 1 项基本会计准则、42 项具体准则，以及会计准则应用指南和解释公告等。近年来，证监会发布了《上市公司信息披露管理办法》等部门规章，对上市公司的信息披露行为做出了总括性规范。同时，上市公司非财务信息以及社会责任承担等信息的披露也有相应的要求。

规范、完整的会计准则可以在很大程度上提高会计信息的披露质量。本章节通过研究隐瞒财务信息进行财务舞弊和非财务信息的两个案例，来更进一步解释会计信息的披露方式是否会影响公司的年报质量。通过分析我们认为，隐瞒关联方以及关联方交易属于年报披露不完整、不真实，是许多公司进行财务舞弊的惯用手段之一，但资深的信息使用者完全可以通过对年报中的其他财务信息，例如重要的报表项目进行横、纵向对比分析来进行判断。"董事长致辞"作为年报中的非财务信息，只是对年报信息更简洁的提炼总结，并不会对公司年报质量产生任何影响。但是，由于"董事长致辞"往往语气积极、态度诚恳，还可能会产生一种迷惑作用，使信息使用者误以为公司年报质量与经营状况良好，致使信息使用者做出错误的决策。因此，会计信息的披露是否完整、真实和准确，都会影响会计信息的质量高低，进而影响信息使用者的决策过程，而会计信息的披露形式有时候只是"无用的"甚至是具有误导性的，信息使用者必须仔细判断哪些才是自己真正需要的财务信息。

第三章 财务数据分析技术

3.1 主要知识点回顾

本章的知识点框架如图 3-1 所示：

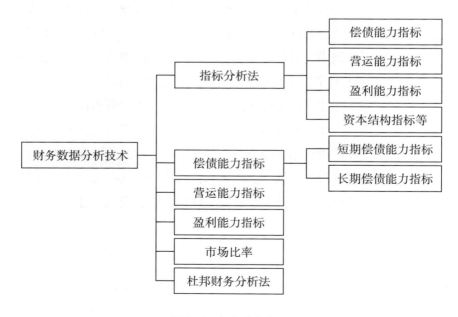

图 3-1 知识点框架图

3.1.1 指标分析法

指标分析法主要指的是通过对财务报表上不同种类重要项目的相关数据进行比较，借助其绝对值或相对值，综合、全面地分析企业偿债能力、营运能力和盈利能力，以及企业历史、当前和未来状况的财务分析方法。指标分析法由于其简便性、可理解性以及直观性，成了财务分析最基本的工具而被广泛使用。

指标分析法既可以应用于某一企业对其各年经营状况的评估，也可以用于比较多家企业间的差距。在应用指标分析法时要着重注意以下几点：财务指标在符合客观性、可靠性和相关性的基础上，还要满足可比性的要求，在使用时也要注意各指标的局限与应用条件；财务指标具有口径一致性，比率的分子分母不仅要有逻辑关联，在时间上还要有一致性；在利用财务指标分析企业偿债、营运和盈利等能力时，还需要根据被分析企业所处的行业，以及其当前产品所处的生命周期，科学地选择各个指标的标准值，因为标准值或是标杆值选择的不同，数据分析结果会截然不同；尽管指标分析法应用广泛，但切忌将其与企业其他信息割裂开来，纯定量容易忽略背后的逻辑关系，纯定性则又缺乏说服力，因此应该将定量分析与定性分析相结合。只有有机地发挥指标分析法的优势并弥补其不足，才能实现分析的准确性。

财务指标分析法在使用中需要结合其他统计学中常见的方法，综合使用，才能使数据分析更有意义。比如，共同比计算、比较分析、趋势分析等。一般而言，通常使用的财务指标有偿债能力指标、营运能力指标、盈利能力指标、资本结构指标等。

3.1.2 偿债能力指标

偿债能力指标是债权人最为关注的一类指标，也在一定程度上反映了企业的融资能力。根据企业债务的长、短期划分，偿债能力分析也可以从短期偿债能力和长期偿债能力两个角度去分析。

3.1.2.1 短期偿债能力分析指标

营运资本、流动比率、速动比率、现金比率均属于存量分析指标，现金流量比率属于流量分析指标。对短期偿债能力的分析除了从以上比率入手外，还有一些其他因素需要额外分析，一是可动用的银行授信额度，二是可快速变现的非流动资产，三是过往偿债的信用。这些因素虽然不体现在资产负债表中，但相关信息的获取有利于对企业短期偿债能力做出精准判断，因此必须加以关注。

各财务指标的计算公式如下：

营运资本＝流动资产－流动负债

流动比率＝流动资产÷流动负债

速动比率＝速动资产÷流动负债

现金比率＝货币资金÷流动负债

现金流量比率＝经营活动现金流量净额÷流动负债

3.1.2.2 长期偿债能力分析指标

资产负债率、产权比率、权益乘数、长期资本负债率属于存量分析指标，利息保障倍数、现金流量利息保障倍数、现金流量与负债比率属于流量分析指标。对长期偿债能力的分析除了从以上比率入手外，还有一些其他因素需要额外关注，一是债务担保，二是未决诉讼。这些因素虽然不直接体现在资产负债表中，但相关信息的获取有利于对企业长期偿债能力做出精准判断。

各财务指标的计算公式如下：

资产负债率＝总负债÷总资产

产权比率＝总负债÷股东权益

权益乘数＝总资产÷股东权益

长期资本负债率＝非流动负债÷（非流动负债＋股东权益）

利息保障倍数＝息税前利润÷利息费用

现金流量利息保障倍数＝（经营活动现金流量净额＋现金利息支出＋所得税付现）÷现金利息支出

现金流量与负债比率＝经营活动现金流量净额÷负债总额

3.1.3 营运能力指标

营运能力是指企业基于特定外部环境，通过整合资源运用各项资产以实现财务目标的能力，即企业经营运行能力，通常衡量企业利用资金的效率或是资产管理的效率。具体比率有：应收账款周转率、应收票据周转率、存货周转率、流动资产周转率、营运资本周转率、固定资产周转率和总资产周转率等。应收账款周转天数、应收票据周转天数、存货周转天数、总资产周转天数也可用于衡量企业的流动性或短期偿债能力。

各财务指标的计算公式如下：

应收账款周转率（次数）＝营业收入÷应收账款（通常应收账款使用期初与期末数的简单平均数表示。）

应收账款周转天数＝360÷应收账款周转率

应收票据周转率（次数）＝营业收入÷应收票据（其中应收票据通常使用期初与期末数的简单平均数表示。）

应收票据周转天数＝360÷应收票据周转率

存货周转率（次数）＝营业收入÷存货（存货通常使用期初与期末数的简单平均数表示。）

存货周转天数＝360÷存货周转率

流动资产周转率（次数）＝营业收入÷流动资产（其中流动资产通常使用期初与期末数的简单平均数表示。）

流动资产周转天数＝360÷流动资产周转率

营运资本周转率（次数）＝营业收入÷营运资本（其中营运资本通常使用期初与期末数的简单平均数表示。）

营运资本周转天数＝360÷营运资本周转率

固定资产周转率（次数）＝营业收入÷固定资产（其中固定资产通常使用期初与期末数的简单平均数表示。）

固定资产周转天数＝360÷固定资产周转率

总资产周转率（次数）＝营业收入÷总资产（其中总资产通常使用期初与期末数的简单平均数表示。）

总资产周转天数＝360÷总资产周转率

3.1.4 盈利能力指标

盈利能力是指企业创造利润的能力，也指企业通过自身资源创造价值的能力，一般表现为特定时期内企业收益的数量多少及质量水平的高低。企业能否创造利润是股东等利益相关者所共同关注的重点，只有为股东创造价值的企业才能不断吸纳更多资本的投入，才能维持企业的良好运转。通常包括毛利率、经营利润率、营业净利率、总资产净利率和净资产收益率等指标。

各财务指标的计算公式如下：

毛利率＝毛利÷营业收入

营业利润率＝营业利润÷营业收入

营业净利率＝净利润÷营业收入

总资产净利率＝净利润÷总资产（其中总资产通常使用期初与期末数的简单平均数表示。）

净资产收益率＝净利润÷股东权益（其中股东权益通常使用期初与期末数的简单平均数表示。）

基本每股收益＝普通股股东净利润÷流通在外普通股加权平均股数

3.1.5 市场比率

市场比率指标是专门针对上市公司财务报表分析时使用的指标。这一类指标是股票投资者较为关注的指标，有助于投资人进行股票投资决策。通常采用市盈率、市净率、股利支付率和股息率等衡量公司整体的价值。

各财务指标的计算公式如下：

市盈率＝每股市价÷每股收益

市净率＝每股市价÷每股净资产

股利支付率＝每股股利÷每股净收益＝股利总额÷净利润总额

股息率＝每股股利÷普通股每股市价

3.1.6 杜邦财务分析法

杜邦体系是以净资产收益率为核心指标，将其细化为总资产净利率和权益乘数两个分解因素，并且再进一步将总资产净利率分解为营业净利率和总资产周转次数两个细分因素的多层次分析体系。

其分解公式如下：

净资产收益率＝营业净利率×总资产周转次数×权益乘数
　　　　　　＝（净利润÷营业收入）×（营业收入÷总资产）×（总资产÷股东权益）

杜邦分析体系是一个多层次的财务比率体系。各层次的比率向下级分解，逐步覆盖公司经营活动的每个环节，从而达到对企业全方位的评价和比较。将净资产收益率分解为营业净利率、总资产周转次数和权益乘数，通过比较各企业分解因素的差异，可以观察分析本公司的经营和财务方针的优劣势。

杜邦分析法的局限性在于：在总资产净利率这一比率中，位于分母和分子的"总资产"与"净利润"并不完全匹配。因为，按照是否归属于不同所有者的标准来看，总资产属于全部资产提供者，而净利润则专门归属于股东，可见两项目并不匹配。另外，传统杜邦分析法并未区分企业的金融活动损益与经营活动损益。但是对一般企业来说，金融活动的主要目的是筹资，并非投资，而筹资活动主要支出净费用却不产生净利润，于是能否大而化之地将这种筹资费用归属于经营活动费用，在会计准则制定过程中存在着较大的争议，世界各国对此处理方法各有不同。

3.2 复星医药 2018 年高管薪酬是否合理？

3.2.1 背景介绍

3.2.1.1 公司背景

上海复星医药（集团）股份有限公司（以下简称复星医药，股票代码 600196）成立于 1994 年 1 月 14 日，1998 年 8 月 7 日在上交所上市。复星医药主要业务有药品制造、药品研发、医药销售、医疗健康服务、医疗器械等，在中国医药行业处于领先地位，是一家创新驱动的全球化医药健康产业集团。

2018 年复星医药的发展情况如下：2018 年复星医药的营业收入为 249.18 亿元，比上年同期增长 34.45%，复星医药坚持产品创新和管理提升、国际化发展，坚持"内生式增长、外延式扩张、整合式发展"的发展模式，不断提高创新能力，实现公司业绩持续、稳定增长；归属于上市公司股东的净利润为 27.08 亿元，比上年同期减少 13.33%，主要是因为公司加大了对创新业务的投入，另外参股企业获利水平低、较高的利息费用也是净利润下降的主要原因；经营活动产生的现金流量净额为 29.50 亿元，比上年同期增长 14.34%，复星医药销售增长、回款良好，经营活动现金流保持持续上升趋势。

3.2.1.2 行业背景

医药行业在我国国民经济中发挥着重要作用，国民健康的保护、生活质量的保障和提高、社会经济的发展和进步都依赖于医药行业的发展和完善，医药行业属于高技术行业。另外，虽然医药行业的高收益有很大的吸引力，但较高的投入和风险使得行业的进入壁垒较高。随着社会经济的快速发展，人民对医疗健康服务的要求越来越高，但高额的医药费用也令人望而却步，为了解决这一问题，国家开展了一系列政策推动医药行业供给侧改革：加大对公共医疗领域的资金支持、鼓励医疗技术的研发和创新、降低仿制药的获利水平等，且取得了一定的效果。在这一背景下，医药企业将面临更多的机会与挑战，如果企业能不断增强核心竞争力，并顺应时代和人民的要求持续创新，就能抓住这一机会，实现良性循环，而那些研发能力极低、产能低下的企业就会被市场淘汰，从而推动整个医药行业长期、健康、稳定发展。

据国家统计局数据显示（表 3-1），2018 年，中国医药行业主要产品产量整体保持增长态势，主营业务收入达到 23 986.30 亿元，同比增长 12.59%；主营业务成本 13 986.10 亿元，同比增长 7.19%；行业实现利润总额达到 3 094.20 亿元，同比增长 9.49%。2018 年我国医药行业盈利能力持续稳定，行业销售毛利率为 41.69%，比 2017 年上涨 7.58%；行业营业利润率为 12.90%，比 2017 年下跌 2.76%。

表 3-1 2018 年医药制造业收入及利润情况

单位：亿元

项 目	2017 年	2018 年
主营业务收入	21 303.30	23 986.30
主营业务成本	13 047.50	13 986.10
利润总额	2 826.10	3 094.20

数据来源：国家统计局 https：//data.stats.gov.cn/easyquery.htm？cn＝A01。

3.2.2 思考题

2018年A股上市公司董事长年薪在500万以上的有50位，1 000万以上的有11位。如表3-2所示，2018年A股上市公司薪酬最高的为方大特钢董事长谢飞鸣，年薪为3 169.67万元。复星医药董事长陈启宇的1425.04万元排在第八位，低于伊利股份董事长潘刚的1 702.58万元，比格力电器董事长董明珠的960.00万元薪酬还要多465.04万元。

表3-2 2018年A股上市公司董事长薪酬

单位：万元

证券代码	证券名称	董事长	董事长薪酬
600507.SH	方大特钢	谢飞鸣	3 169.67
002938.SZ	鹏鼎控股	沈庆芳	1 932.91
688008.SH	澜起科技	杨崇和	1 774.20
000656.SZ	金科股份	蒋思海	1 770.60
603259.SH	药明康德	Ge Li（李革）	1 764.60
300760.SZ	迈瑞医疗	李西廷	1 732.30
600887.SH	伊利股份	潘刚	1 702.58
600196.SH	复星医药	陈启宇	1 425.04
002950.SZ	奥美医疗	崔金海	1 269.59
000002.SZ	万科A	郁亮	1 253.00
000961.SZ	中南建设	陈锦石	1 026.20
600383.SH	金地集团	凌克	991.00
000651.SZ	格力电器	董明珠	960.00

数据来源：东方财富Choice数据，数据浏览-董事长薪酬。

表3-3为2018年医药生物行业上市公司披露的董事长年薪，薪酬超过1 000万元的董事长有4位，分别是药明康德董事长李革的1 764.60万元、迈瑞医疗董事长李西廷的1 732.30万元、复星医药董事长陈启宇的1 425.04万元以及奥美医疗董事长崔金海的1 269.59万元。

表 3-3　2018 年医药生物行业上市公司董事长薪酬

单位：万元

证券代码	证券名称	董事长	董事长薪酬
603259.SH	药明康德	Ge Li（李革）	1 764.60
300760.SZ	迈瑞医疗	李西廷	1 732.30
600196.SH	复星医药	陈启宇	1 425.04
002950.SZ	奥美医疗	崔金海	1 269.59
600535.SH	天士力	闫凯境	727.36
600867.SH	通化东宝	冷春生	373.48
002365.SZ	永安药业	陈勇	364.81
002252.SZ	上海莱士	陈杰	364.09
002399.SZ	海普瑞	李锂	350.09
002821.SZ	凯莱英	HAO HONG	307.88

数据来源：东方财富 Choice 数据，数据浏览-董事长薪酬。

可见，复星医药高管薪酬位居前列，且 2018 年高管薪酬总额为 9 079.66 万元，比 2017 年的 7 939.98 万元增加了 14.35%。[①]复星医药 2018 年年报披露的数据显示，公司营业收入为 249.18 亿元，比 2017 年增长了 34.45%，而净利润为 30.20 亿元，比 2017 年下降了 15.77%。可见，复星医药在 2018 年整体业绩下滑的情况下高管薪酬逆势增长，"亏了股东肥了管理层"。

对此，我们不禁产生疑问，复星医药的高管薪酬是否合理？是否与公司业绩、股东收益、高管贡献等相匹配？我们将通过下文的具体分析给出合理解释。

3.2.3 案例分析

3.2.3.1 高管和高管薪酬

据《中华人民共和国公司法》第 216 条第（一）项的规定，高级管理人员，是指公

---

① 数据来源：东方财富 Choice 数据，数据浏览-高管年度薪酬总额。

司的经理、副经理、财务负责人，上市公司董事会秘书和公司章程规定的其他人员。[①]薪酬是组织向那些为自己提供劳务的员工或其他人员提供的报酬，有多种表现形式。高管薪酬即高管从公司所获取的各种形式的报酬和福利待遇等，可以分为以下两部分：第一，现金酬劳，主要是基本工资和奖金；第二，非现金酬劳，包括限制性股票、股票期权等长期激励方式以及工资之外给予员工的各种补贴，比如会员资格等。本篇案例在对高管薪酬进行研究时，只包括了公司披露的显性货币薪酬，即狭义上的高管薪酬，其他形式的薪酬由于不易观察和量化没有纳入考察。

根据证监会 2021 年颁布的《公开发行证券的公司信息披露内容与格式准则第 2 号——年度报告的内容与格式》（2021 年修订）第四节第三十一条内容，公司应当披露董事、监事和高级管理人员的情况，包括：基本情况；现任董事、监事、高级管理人员专业背景、主要工作经历、目前在公司的主要职责；年度报酬情况。[②]

3.2.3.2 高管薪酬公平性分析

薪酬公平就是指分配薪酬要公正、平等，企业在分配员工薪酬的过程中，一般只能实现制定公平的分配规则、确定公平的分配尺度、行进公平的分配过程，其最终的结果必然不是平均或者均等的。

亚当斯的公平理论认为，员工只有在感觉自己得到的报酬是公平的情况下，才会被激励并自觉为公司做出更大的贡献，那么员工如何衡量报酬的公平性？主要有以下两个方面，一方面，员工关注薪酬的绝对值，投入的时间、精力等是否得到了等价的薪酬，如果没有，员工将减少投入以消除这种不公平感；另一方面，员工也关注薪酬的相对值，会不自觉地将自己的投入回报比与公司内部的其他员工或其他公司的员工进行比较，来衡量自己得到的报酬是否公平，并体现在之后的工作中。

（1）复星医药高管薪酬与其员工薪酬内部公平性分析

高管薪酬的内部公平，强调的是高管工作本身对薪酬的影响，高管们不仅关心自己工作投入与公司报酬之间的回报关系，还通过对比自己与企业内部职工的薪酬来评价自身工作报酬的公平性。所以要评价复星医药高管薪酬的内部公平性，就要看到高管是公司的特殊员工，具有独特的个人天赋，处在复杂的工作环境下，承担了更大的内部与外

[①]资料来源：《中华人民共和国公司法》，中国人大网，2018 年 11 月 05 日。
[②]资料来源：《公开发行证券的公司信息披露内容与格式准则第 2 号——年度报告的内容与格式》（2021 年修订），证监会公告［2021］15 号，2021 年 06 月 28 日。

部压力，对于公司业绩的贡献要高于普通员工的特征，因而高管薪酬的内部公平，是在内部通过薪酬溢价与差异来反映出个体投入和人力资本之间的差异。相对剥削理论也提醒我们，员工可能会将自己获得的报酬与高管进行比较，应当关注高管和员工之间的薪酬差距，如果差距过大，过于不合理，会导致被剥削情绪，造成消极怠工的局面。

为了测量复星医药高管薪酬的内部公平性，将通过直接计算公司员工的平均工资与高管的平均薪酬差距来衡量薪酬的公平性。

表 3-4 复星医药和同类企业高管人员与普通员工薪酬比较分析

	项　目	2015 年	2016 年	2017 年	2018 年	2019 年
复星医药	高管人均薪酬（万元）	168.86	176.64	220.56	252.21	270.04
	员工人均薪酬（万元）	11.59	12.12	12.35	13.78	16.38
	高管人均薪酬/员工人均薪酬	14.56	14.58	17.86	18.30	16.48
奥美医疗	高管人均薪酬（万元）	—	92.21	105.69	198.72	205.51
	员工人均薪酬（万元）	11.45	5.94	6.86	7.43	8.08
	高管人均薪酬/员工人均薪酬	—	15.51	15.41	26.74	25.42

数据来源：东方财富 Choice 数据，数据浏览-高管年度薪酬总额、高管人员人数、员工人均薪酬。
注：高管人均薪酬＝高管年度薪酬总额/高管人员人数。

表 3-4 计算了高管薪酬和员工薪酬的平均值，可以发现，2015—2019 年期间复星医药员工人均薪酬与高管薪酬同步增加，且高管薪酬大约是员工薪酬的 16 倍。对比同类企业，奥美医疗高管薪酬大约是员工薪酬的 20 倍左右，对于复星医药这样一家经营较好、体量较大的投资型集团来说，这个数据是合理的。

（2）复星医药高管薪酬与可比公司高管薪酬比较分析

在研究复星医药高管薪酬的过程中，我们应该将其与同行业其他企业的高管薪酬加以比较。市场会根据当前劳动力的供应和需求情况确定一个较为合理的工资率水平，企业要实现稳定持续发展，在人才市场上获得较强的话语权和竞争力，就应该参考这一水平，这样才能实现各行业、各区域的均衡。这种均衡体现到企业就是薪酬的外部均衡，如果薪酬过低，就招募不到有竞争力的、与岗位匹配的、足够数量的员工，现有员工队伍也会丧失工作积极性，高素质人才的流失可能给企业带来难以估量的损失；如果薪酬过高，人力资源成本将相应提高，企业的营运资金大幅减少，不利于创新战略的实施，可能影响企业核心竞争力，丧失竞争优势。本部分选取了医药生物行业的三家企业与复星医药进行对比分析。

表 3-5 复星医药与可比公司董事长薪酬比较

单位：万元

年 份	公司简称	董事长薪酬	董事长薪酬增长率（%）	净利润	净利润增长率（%）	薪酬占净利润比率（%）
2015 年	药明康德	—	—	68 377.82	−15.39	—
	迈瑞医疗	—	—	94 050.46	−32.57	—
	复星医药	790.00	23.82	287 066.09	21.13	0.28
	奥美医疗	—	—	15 259.93	−20.71	—
2016 年	药明康德	—	—	112 097.34	63.94	—
	迈瑞医疗	—	—	161 218.46	71.42	—
	复星医药	890.00	12.66	322 134.18	12.22	0.28
	奥美医疗	550.00	—	24 811.77	62.59	2.22
2017 年	药明康德	1 710.76	—	129 672.05	15.68	1.32
	迈瑞医疗	1 933.44	—	260 119.11	61.35	0.74
	复星医药	1 048.96	17.86	358 525.89	11.30	0.29
	奥美医疗	657.23	19.50	23 330.76	−5.97	2.82
2018 年	药明康德	1 764.60	3.15	233 368.07	79.97	0.76
	迈瑞医疗	1 732.30	−10.40	372 574.19	43.23	0.46
	复星医药	1 425.04	35.85	301 988.21	−15.77	0.47
	奥美医疗	1 269.59	93.17	22 631.01	−3.00	5.61
2019 年	药明康德	1 805.86	2.34	191 140.94	−18.09	0.94
	迈瑞医疗	2 291.88	32.30	468 481.68	25.74	0.49
	复星医药	1 118.14	−21.54	374 352.13	23.96	0.30
	奥美医疗	983.65	−22.52	32 419.80	43.25%	3.03

数据来源：复星医药 2015—2019 年年度报告；东方财富 Choice 数据，数据浏览-董事长薪酬。

由表 3-5 可知，复星医药在 2015—2019 年，薪酬占净利润比值一直维持在 0.30% 左右，而药明康德、迈瑞医疗和奥美医疗则不太稳定，薪酬利润比值相差较多。

2017、2018 年，奥美医疗的净利润分别下降 5.79%、3.00%，但董事长薪酬不降反升,薪酬的增加和企业盈利能力并不符,尤其是 2018 年董事长薪酬增加了 93.17%。但当 2019 年奥美医疗的净利润实现了较大增长时,其董事长薪酬下调了 22.52%。而复星医药 2015—2019 年净利润稳步增加,董事长薪酬与净利润的增长速度也较为匹配。

总的来说,虽然复星医药的高管代表薪酬较高,但是放眼国内整个行业来看,其高管的薪酬水平是比较公平的。医药行业由于它本身的特殊性,薪酬的分配相对来说都是较高的。可以看到,复星医药的薪酬水平与同行业的药明康德、迈瑞医疗和奥美医疗相比都是较为公平的。

(3)复星医药高管薪酬和股东收益水平比较分析

上市公司的高管薪酬普遍较高,且在持续增长,即便有些时候公司并未实现获利,甚至出现净利润低于高管薪酬的情况,而较高的高管薪酬可能带来较低的股利支付率,虽然证监会制定了相关政策,对上市公司发放股利做出了规定,但效果差强人意。

实际上,高管薪酬激励和股利政策之间应该是协同关系,二者共同发挥作用,以提升企业价值。一方面,优秀的管理者有能力通过正式途径为公司获得收益,维持公司未来长期、良好的业绩水平,除了追求较高的货币报酬,他们更看重市场对自己管理能力的认同,看重在整个行业的管理形象和声誉,所以,优秀的管理者认为应该保护股东的利益,否则会带来较大的机会成本。另一方面,支付股利会使公司的现金流流出企业,虽然可以减少管理者盲目投资、过度投资等情况,但同时在现金流短缺的情况下,企业会通过外部融资获取新项目所需的资金,较高的投资成本可能会使管理者放弃那些获利较好的项目,进而出现投资不足的情况。此时,如果对管理者进行薪酬激励,将有利于一些研发、创新等项目的投入,从而减弱股利支付可能带来的负面影响。

表 3-6 复星医药高管薪酬和股东收益水平比较分析

项 目	2015 年	2016 年	2017 年	2018 年	2019 年
高管薪酬总额(万元)	6 079.00	6 359.19	7 939.98	9 079.66	9 721.55
高管薪酬总额增长率(%)	40.85	4.61	24.86	14.35	7.07
每股现金股利(元/股)	0.32	0.35	0.38	0.32	0.39
基本每股收益(元/股)	1.07	1.21	1.27	1.07	1.30
股利发放率(%)	29.91	28.93	29.92	29.91	30.00
股利发放率增长率(%)	-1.74	-3.28	3.44	-0.05	0.31

数据来源:东方财富 Choice 数据,数据浏览-高管年度薪酬总额、基本每股收益;复星医药 2015—2020 年年度报告。

股利发放率(每股股利/每股收益)反映每 1 元净利润有多少用于普通股股东的现金股利发放,可以衡量普通股股东的当期收益水平,较好地反映了企业的股利发放政策。如表 3-6 所示,2015—2019 年复星医药股利发放率保持在 30% 左右,高管薪酬总额和股利发放率基本保持同向变动,由此可见,复星医药普通股的获利水平较高,与其较高的高管薪酬也较为匹配。

3.2.3.3 高管薪酬的效率性分析

薪酬效率性分析是评估薪酬给公司带来的生产效率或资金利用效率情况的过程。效率是一种比率,反映了投入与产出和效益的关系。薪酬效率是评价企业高管薪酬是否合理的重要标准。因此,选取复星医药 2015—2019 年的营业收入、净利润和报告日市值的变化与其高管薪酬总额的变化进行比较,从自身的业绩分析高管薪酬的效率性,并通过其变化趋势分析复星医药高管薪酬的合理性。

表 3-7 复星医药高管薪酬效率性分析

单位:万元

项　　目	2015 年	2016 年	2017 年	2018 年	2019 年
高管薪酬总额	6 079.00	6 359.19	7 939.98	9 079.66	9 721.55
高管薪酬总额增长率(%)	40.85	4.61	24.86	14.35	7.07
营业收入	1 260 864.83	1 462 882.04	1 853 355.54	2 491 827.36	2 858 515.20
营业收入增长率(%)	4.85	16.02	26.69	34.45	14.72
净利润	287 066.09	322 134.18	358 525.89	301 988.21	374 352.13
净利润增长率(%)	35.87	12.22	11.30	-15.77	23.96
报告日总市值	5 435 763.03	5 587 180.87	11 103 333.15	5 964 242.70	6 817 310.13
报告日总市值增长率(%)	11.45	2.79	98.73	-46.28	14.30

数据来源:复星医药 2015—2019 年年度报告;东方财富 Choice 数据,数据浏览-高管年度薪酬总额、报告日总市值。

从表 3-7 可以看出,复星医药 2015—2019 年间主营业务收入、高管薪酬合计均呈现稳定的增长趋势,而净利润和市值的变动较为不稳定,但是整体变动幅度不大,不至于对公司造成巨大影响。净利润在 2018 年出现了较大幅度的下降,公司年报中的解释为:归属于上市公司股东的净利润较 2017 年下降,主要由于期内资产处置收益减少,导致非经常性收益下降，以及经常性收益的变动影响；归属于上市公司股东的扣除非经常性损益的净利润较 2017 年下降，主要受创新研发和业务布局的投入上升，部分参股企业亏损，利息费用增加，控股子公司复宏汉霖实施员工股权激励计划报告期内列支股份支付费用，控股子公司奥鸿药业利润减少，以及报告期内对控股子公司 Breas 计提商誉减值准备人民币等因素影响。

将复星医药高管薪酬总额与营业收入、净利润以及市值的增长趋势比较，可明显看出基本保持同向增长。因此，复星医药高管薪酬的增长与公司业绩的匹配性较强，虽然单独把某一年的数据提出来看时会出现不合理的现象，但是结合前后两年的经营情况可以推断其合理性。

另外，高级管理人才一直处于供不应求的局面。复星医药的高管年龄基本在 40 岁以上，受教育程度基本以硕士为主，除此以外，复星医药年报中披露的高管人员基本上都有医药行业从业背景（除从事财务工作、人力资源工作的高管人员外），均在医药行业从业多年，经验和经历相对来说都较为丰富，且复星医药高管薪酬增长的同时也实现了企业的快速发展，提高了企业创新水平。

因此从高管薪酬的效率性角度分析可以判断复星医药高管薪酬是合理的。

3.2.4 讨论

通过对复星医药高管薪酬的具体分析发现，2018 年，经济平稳向好发展，医药行业收入、利润都保持增长态势。复星医药的主营业务收入实现了较好增长，但净利润由于科研投入等增加有所下降，企业的发展情况良好且处于快速发展阶段。从公平性而言，复星医药的高管薪酬虽然偏高，但是与普通员工薪酬的差异在合理范围内，与行业内其他公司比较也没有特别突兀，且较好地实现了高管高薪酬下股东回报的高水平，是比较公平合理的。从效率性而言，我们将高管薪酬作为衡量高管投入的指标，并且将高管投入与产出进行对比可以发现，复星医药多项业务指标都保持增长，高管薪酬也保持同步增长，因此我们认为投入与产出比较匹配，高管薪酬比较合理。

综上所述，我们认为，无论是从公司高管薪酬的公平性还是效率性方面来看，复星医药的高管薪酬都具有合理性。但是这里对复星医药的高管薪酬进行分析时，只包括了显性的货币薪酬，如果考虑其他薪酬形式，如股票期权、津贴等，对于高管薪酬的衡量会更加全面。在对其他公司的同类问题分析时，由于标杆值、评价标准等选择不同会得出不一样的结论。

3.3 华电国际 2019 年资本结构分析

3.3.1 背景介绍

3.3.1.1 公司背景

华电国际电力股份有限公司（以下简称华电国际，股票代码 600027）成立于 1994 年 6 月 28 日。公司于 1999 年 6 月 30 日首次公开发行了约 14.31 亿股 H 股，并于 2005 年 2 月 3 日在上海证券交易所挂牌上市。华电国际是一家综合性能源公司，在国内占有重要地位，其主要业务是生产并向各地销售电力产品和热力产品，其电力生产方式以燃煤发电为主，同时响应国家号召，加大在太阳能、风力、水力等清洁能源发电项目的投入。

公司 2019 年年报指出，报告期内华电国际销售电力产品和热力产品收入约占主营业务收入的 86.11%；燃煤发电机组约占控股装机容量的 76%，包括燃气发电、水力发电、风力发电和太阳能发电在内的清洁能源发电装机容量约占 24%。华电国际 2019 年全年发电量完成 2 151.09 亿千瓦时，比上年重述后数据增长约 1.84%；售热量完成 1.24 亿吉焦，同比增长 13.69%。华电国际认真落实国家能源产业政策，加快现役机组节能环保改造，促进煤电高效、清洁、可持续发展。以优化调整结构、提升发展质量为重点，全年核准、备案共计 44.45 万千瓦，开工电源项目 250.79 万千瓦，新增电源项目 666.29 万千瓦。积极发展风光电、持续发展水电、有序推进气电项目发展，进一步优化了公司的资产结构、电源结构。

3.3.1.2 行业背景

电力是国民经济发展的基本动力，与我们的衣食住行息息相关。电力行业借助机械装置将自然界中的能源转化为电力，并将其提供给工业、农业、建筑业、运输业等各个部门。随着经济的快速发展，社会对电力生产和供应提出了更高的要求，电力行业需要改革和创新以适应时代的发展。近年来，我国电力生产和电力消耗量不断增长，电力供需总体平衡。

表 3-8 我国电力行业发电量和电力消费量

单位：亿千瓦时

项　目	2015 年	2016 年	2017 年	2018 年	2019 年
电力生产量	58 145.70	61 331.60	66 044.50	71 661.30	75 034.30
水电生产电力量	11 302.70	11 840.50	11 978.70	12 317.90	13 044.40
火电生产电力量	42 841.90	44 370.70	47 546.00	50 963.20	52 201.50
核电生产电力量	1 707.90	2 132.90	2 480.70	2 943.60	3 483.50
风电生产电力量	1 857.70	2 370.70	2 972.30	3 659.70	4 060.30
电力能源消费总量	58 020.00	61 205.10	65 914.00	71 508.20	74 866.10
居民生活电力消费总量	7 565.20	8 420.60	9 071.60	10 057.60	10 637.20
工业电力消费总量	41 550.00	42 996.90	46 052.80	49 094.90	50 698.30

数据来源：国家统计局 https://data.stats.gov.cn/easyquery.htm？cn=C01。

如表 3-8 所示，2015—2019 年，电力行业的发电量保持稳定增长。2019 年，我国总发电量为 75 034.30 亿千瓦时，同比增长 4.71%。从发电方式来看，目前，我国仍以火力发电为主要发电方式，2019 年水电发电量为 13 044.40 亿千瓦时，占比 17.38%；火电发电量为 52 201.50 亿千瓦时，占比 69.57%；核电发电量为 3 483.50 亿千瓦时，占比 4.64%；风电发电量为 4 060.30 亿千瓦时，占比 5.41%。2015—2019 年，火电发电量占比一直在缓慢下降，而核电发电量占比和风电发电量占比则有所增长，分别从 2.94% 和 3.19% 增长至 4.64% 和 5.41%。

据统计，2019 年电力能源消耗总量为 74 866.10 亿千瓦时，比上年增长 4.70%，其中居民生活电力消耗总量为 10 637.20 亿千瓦时，工业电力消费总量 50 698.30 亿千瓦时，二者对总量的贡献率为 81.91%。

电力行业具有规模大、资产固化比例高、回报周期长等特点，我国电力公司普遍存在资产负债率高的现象。一家电厂的建立和运营可能需要投入几百亿资金，需要国家资金的扶持，同时，电力公司的良好信用使其更偏好债务融资，从银行等金融机构进行贷款，而较少对外发行新股以募集资金，所以电力公司的资产负债率一直居高不下，财务风险较大。

3.3.2 思考题

华电国际作为一家电力能源公司，发电方式主要还是火力发电。近年来，煤炭价格的上下波动成为影响电力公司成本和利润的原因之一。2018年国家部署蓝天保卫战行动计划，以改善空气质量，在污染防治和保护环境的背景下，太阳能、水力、风力、核能等清洁能源进行发电也得到了支持与发展，加剧了电力行业的竞争。另外，自从厂网分离以来，电力行业不断发展，企业数量增多、规模增大、装机容量扩大，对资金的大量需求要求企业进行更加精细化的管理，特别是资本结构方面要做好融资管理。

电力行业企业的发展主要依靠国家资金的支持，债务融资带来资产负债率的升高，同时，国家的绝对控制也带来股权结构的单一，容易产生内部控制问题。在企业运营过程中，财务风险是客观存在的，没有负债也不能消除这一风险，但是，大量举债必然会给企业带来财务风险，带来收益的不确定性。如表3-9所示，华电国际的资产负债率一直维持在65%以上，高于电力行业的平均值。对此，我们产生疑问，华电国际的资本结构是否合理？如果不合理存在哪些问题？同时思考一下华电国际可以从哪些方面进行改进？

表3-9　2015—2019年华电国际与电力行业资产负债率对比

单位：%

项　　目	2015年	2016年	2017年	2018年	2019年
资产负债率	72.95	73.14	74.37	70.40	65.61
行业平均值	60.00	60.00	59.50	59.00	58.60

数据来源：东方财富Choice数据，数据浏览-资产负债率；东方财富Choice数据 行业数据库-电力生产业资产负债率。

3.3.3 案例分析

3.3.3.1 资本结构

资本结构，是指企业各种资本的价值构成及其比例关系，是企业一定时期筹资组合的结果。广义上，资本结构指的是企业全部资金来源的构成、组合及占总资本的比例关系，主要包括权益资本和债务资本，权益资本是公司股东的资本投入和企业积累的可动用的资金,债务资本可以分为流动负债和非流动负债,也可以分为有息负债和无息负债。狭义上,资本结构指的是长期资本,特别是长期股权资本和长期债务资本的组合和占比。在现实生活中,很难达到最佳资本结构,所以企业只能不断逼近这一理想状态,以实现资本成本最低和企业价值最大。

查阅资产负债率的有关条文,发现对于拟上市公司及上市公司并无硬性的数字指标对资产负债率做出限制,但结合《关于首次公开发行股票审核工作的指导意见》《关于拟公开发行股票公司资产负债率等有关问题的通知》可知,监管层有很长一段时间将70%作为资产负债率的"红线",对企业偿债能力的审核标准并未放松。

3.3.3.2 华电国际资本结构分析

为了分析华电国际的资本结构是否合理,选择华电国际2015—2019年年度报告作为基础研究样本,同时根据2019年发电及电网行业营业收入的排名情况(表3-10),选取了4家上市公司——华能国际、国电电力、大唐发电、中国广核,与华电国际进行对比,全面深入分析华电国际的资本结构。

表3-10　2019年发电及电网行业营业收入前五大上市公司

单位:万元

证券代码	证券名称	营业收入
600011.SH	华能国际	17 358 312.55
600795.SH	国电电力	11 659 929.22
601991.SH	大唐发电	9 545 305.50
600027.SH	华电国际	9 365 443.10
003816.SZ	中国广核	6 087 517.63

数据来源:东方财富Choice数据,数据浏览-营业收入。

(1)资本结构整体性分析

资产负债率用来衡量总负债金额占全部资产的百分比,可以反映公司的资本结构。企业的资产负债率越高,说明在总资产中来源于债务的资金越多,企业需要偿还的债务和利息就越多,可能出现现金流不足、资金短缺的情况,另外,如果不能及时偿还,企业的融资成本也会加大。

华电国际资本结构整体性情况如表3-11所示。

表 3-11　2015—2019 年华电国际资本结构

单位：%

项　　目	2015 年	2016 年	2017 年	2018 年	2019 年
资产负债率	72.95	73.14	74.37	70.40	65.61
行业平均值	60.00	60.00	59.50	59.00	58.60

数据来源：东方财富 Choice 数据，数据浏览-资产负债率；东方财富 Choice 数据 行业数据库-电力生产业资产负债率。

企业的负债水平与所处行业密切相关，金融行业、房地产行业和建筑行业都是资产负债率较高的行业。如表 3-11 所示，电力行业的资产负债率平均值在 60% 上下浮动，比较稳定，而华电国际的资产负债率相对较高，呈现出先上升后下降的趋势，2017 年与行业均值的差距最大，达到了 14.87%，2018、2019 年明显下降，这表示华电国际采取了有效措施，减轻了负债压力。总的来看，华电国际头四年的资产负债率一直维持在 70% 以上，高于资产负债率的红线，企业财务风险较大。

表 3-12　2019 年华电国际与可比公司资本结构

单位：%

项　　目	华能国际	国电电力	大唐发电	华电国际	中国广核
资产负债率	71.64	68.03	71.02	65.61	65.13

数据来源：东方财富 Choice 数据，数据浏览-资产负债率。

而将华电国际 2019 年的数据与可比公司进行比较（表 3-12），可以发现，这五家公司中资产负债率最低的是中国广核，为 65.13%，但仍高于电力行业的平均值 58.60%，华电国际的资产负债率为 65.61%，在五家企业中排名第四。可见，电力行业的整体负债压力比较大，华电国际的债务水平略有优势，但财务风险仍然较高。

（2）债务结构分析

①负债结构分析

债务结构主要是分析企业总负债中各种债务的构成与占比，通常包括流动负债占总负债的比重和非流动负债占总负债的比重。非流动负债指的是偿还期在一年以上的债务，企业借入长期债务可以在满足资金需求的同时不改变原有的股权结构，并创造收益，但非流动负债过多时，企业必须按期偿还本金和利息，可能影响股东收益，高额债务可能给企业带来破产风险。

表 3-13　2015—2019 年华电国际负债结构分析

单位：%

项　目		2015 年	2016 年	2017 年	2018 年	2019 年
华电国际	流动负债/负债合计	44.54	48.25	49.93	47.68	44.64
	非流动负债/负债合计	55.46	51.75	50.07	52.32	55.36
行业平均值	流动负债/负债合计	45.29	48.36	49.66	49.90	49.96
	非流动负债/负债合计	54.71	51.64	50.34	50.10	50.04

数据来源：东方财富 Choice 数据，数据浏览-流动负债/负债合计、非流动负债/负债合计；国家统计局 https://data.stats.gov.cn/easyquery.htm? cn=C01。

从表 3-13 可以看出，与行业均值相比，华电国际流动负债占总负债的比重略低，但相差不大。五年来，流动负债和非流动负债占总负债的比重基本保持稳定，但流动负债在 2018 和 2019 年有所减少。总的来看，华电国际更偏向借入非流动负债，非流动负债的占比有所提升。

表 3-14　2019 年华电国际与可比公司负债结构分析

单位：%

项　目	华能国际	国电电力	大唐发电	华电国际	中国广核
流动负债/负债合计	47.80	36.92	40.10	44.64	26.52
非流动负债/负债合计	52.20	63.08	59.90	55.36	73.48

数据来源：东方财富 Choice 数据，数据浏览-流动负债/负债合计、非流动负债/负债合计。

而将华电国际 2019 年的数据与可比公司进行比较（表 3-14），可以发现，在流动负债占总负债比重这个项目上，华电国际排名第二，比第一名华能国际低了 3.16%。华电国际的流动负债占比较少，公司表现出对非流动负债的偏好，也说明公司对流动负债尚未充分利用。

②债务类型分析

企业负债按照是否偿还利息可以分为有息负债和无息负债。有息负债就是需要支付利息的负债，主要包括短期借款、长期借款、应付债券等，有息负债越多，需要偿还的利息费用就越多。无息负债则只需要偿还本金，不需要支付利息，所以融资成本要低很多，企业的还款压力小，主要包括预收账款、应付票据和应付账款等，这种债务的形成建立在公司与上下游企业间良好的信用关系，所以企业应当在债务到期时及时偿还以维持这种关系。

表 3-15 2015—2019 年华电国际有息负债和无息负债占总负债的比例

单位：%

项目		2015 年	2016 年	2017 年	2018 年	2019 年
华电国际	有息负债率	68.68	65.07	76.53	72.85	75.09
	无息负债率	31.32	34.93	23.47	27.15	24.91
行业平均值	有息负债率	83.20	76.00	74.20	73.70	73.20
	无息负债率	16.80	24.00	25.80	26.30	26.80

数据来源：东方财富 Choice 数据，数据浏览-有息负债率；东方财富 Choice 数据 行业数据库-电力生产业有息负债率。

如表 3-15 所示，从 2015 年到 2019 年，华电国际的有息负债率远高于无息负债率，且在缓慢增长，2019 年为 75.09%，比 2015 年增长了 6.41%，与整个电力行业则相差不大。2017 年有息负债率显著增加，并达到五年内最高，从 2017 年年报中可以看到，这是华电国际为了偿还债券而借入大量的短期借款导致的，如图 3-2 所示。

1. 资产及负债状况

单位：千元

项目名称	本期期末数	本期期末数占总资产的比例（%）	上期期末数	上期期末数占总资产的比例（%）	本期期末金额较上期期末变动比例（%）	情况说明
应收账款	9 162 820	4.24	6 077 765	2.89	50.76	主要原因是应收电费和煤款增加的影响
预付款项	222 389	0.1	386 743	0.18	-42.5	主要原因是预付燃煤款减少的影响
递延所得税资产	310 521	0.14	204 359	0.1	51.95	主要原因是对未来 5 年内可弥补的亏损计提递延所得税资产的影响
短期借款	31 697 106	14.66	14 406 290	6.86	120.02	主要原因是债券市场成本升高，增加借款归还债券的影响
应付票据	1 346 564	0.62	2 381 024	1.13	-43.45	主要原因是应付票据到期解付的影响

续表

项目名称	本期期末数	本期期末数占总资产的比例（%）	上期期末数	上期期末数占总资产的比例（%）	本期期末金额较上期期末变动比例（%）	情况说明
应交税费	1 012 815	0.47	715 432	0.34	41.57	主要原因是煤炭销售额增加的影响
应付股利	364 560	0.17	708 751	0.34	-48.56	主要原因是所属单位宣派分红减少的影响
一年内到期的非流动负债	16 716 752	7.73	11 198 693	5.33	49.27	主要原因是一年内到期债券增加的影响
其他流动负债	6 122 951	2.83	19 785 514	9.42	-69.05	主要原因是债券市场成本升高，增加借款归还债券的影响

图 3-2　华电国际 2017 年资产、负债情况

（数据来源：华电国际 2017 年年度报告。）

总的来看，华电国际总负债中无息负债只占到了 30% 左右，而像银行借款、应付债券等这些需要支付利息的债务占到了 70%，公司对上下游资金的利用程度还不够。而与行业均值相比可以发现，行业的有息负债率一直在下降，到了 2019 年降到了 73.20%，比华电国际低了 1.89%，华电国际还有提升的空间。

（3）偿付利息能力分析

表 3-16　华电国际经营活动现金流量净额和利息保障倍数

项　目	2015 年	2016 年	2017 年	2018 年	2019 年
经营活动产生的现金流量净额（万元）	3 152 571.90	2 213 224.70	1 278 915.40	1 798 749.30	2 137 688.10
经营活动产生的现金流量净额增长率（%）	19.49	-29.80	-42.21	39.23	18.84
利息保障倍数	2.90	3.06	0.93	1.61	1.83
利息保障倍数增长率（%）	27.93	5.50	-69.61	72.96	14.01

数据来源：华电国际 2015—2019 年年度报告；东方财富 Choice 数据，数据浏览-利息保障倍数。

经营活动产生的现金流量净额,是由在经营活动中产生的现金流入减去与经营活动有关的现金支出计算出的,表示企业创造经营(纯)现金流入量的能力,这部分现金流动性很强,可以直接用来偿还债务。如表 3-16 所示,华电国际 2015—2019 年经营活动产生的现金流量净额先下降后上升,现金流收入不稳定,其主营业务市场有待进一步发展。

利息保障倍数指的是有多少息税前利润为 1 元利息费用的偿付做出保障。由于得不到准确的利息费用数据,所以这里用财务费用代替,进行计算。利息保障倍数准确讲是衡量企业偿还借款利息的能力,如果企业连利息都无法支付,那么偿还本金就更没有保证了。华电国际 2015—2019 年利息保障倍数呈现先下降后上升的趋势,2017 年最低,为 0.93,小于 1,说明企业面临亏损、偿债的安全性与稳定性下降的风险。

除了对以上数据进行分析,还要额外关注其他因素,比如财务担保和或有负债。这些因素虽然不直接体现在资产负债表中,但相关信息的获取有利于对企业偿付利息的能力做出精准判断。对外提供债务担保最大的不利影响是会削弱本企业自有资金的稳定性,一旦对方无法偿还,则须本公司垫付。华电国际 2019 年年报披露了财务担保情况,如图 3-3 所示,这也对公司财务风险形成了较大压力,提醒企业防范资不抵债的风险。除了财务担保外,公司无其他或有负债。

(二)担保情况

√适用 □不适用

单位:千元　币种:人民币

公司对外担保情况(不包括对子公司的担保)													
担保方	担保方与上市公司的关系	被担保方	担保金额	担保发生日期(协议签署日)	担保起始日	担保到期日	担保类型	担保是否已经履行完毕	担保是否逾期	担保逾期金额	是否存在反担保	是否为关联方担保	关联关系
广安公司	控股子公司	四川华蓥山龙滩煤电有限责任公司	43 575	2009年6月24日	2009年6月24日	2020年4月14日	连带责任担保	否	否	—	否	是	联营公司

续表

报告期内担保发生额合计（不包括对子公司的担保）	-75
报告期末担保余额合计（A）（不包括对子公司的担保）	43 575
公司及其子公司对子公司的担保情况	
报告期内对子公司担保发生额合计	-198 773
报告期末对子公司担保余额合计（B）	443 581
公司担保总额情况（包括对子公司的担保）	
担保总额（A+B）	487 156
担保总额占公司净资产的比例（%）	0.62
其中：	
为股东、实际控制人及其关联方提供担保的金额（C）	—
直接或间接为资产负债率超过70%的被担保对象提供的债务担保金额（D）	312 081
担保总额超过净资产50%部分的金额（E）	—
上述三项担保金额合计（C+D+E）	312 081

图 3-3 华电国际 2019 年担保情况

（数据来源：华电国际 2019 年年度报告。）

（4）股权结构

股权结构指的是公司内部股权的分布状态及相互之间的关系。从股权集中度的角度可以将公司股权结构划分为以下三种：第一大股东持股比例小于 20% 时，股权高度分散，股东没有话语权；第一大股东持股比例大于等于 20% 小于 50% 时，说明公司有相对控股的大股东；第一大股东持股比例大于等于 50% 时，股权高度集中，对公司有绝对控制权。

股权制衡是公司内部几个大股东分享控制权，相互监督，以做出决策的现象，可以通过计算第一大股东持股比例与第二、三、四、五位大股东持股比例之和的比值来衡量，反映其他股东对第一大股东的制衡情况。

表 3-17　2015—2019 年华电国际前三大股东持股比例和股权制衡度

项目	2015 年	2016 年	2017 年	2018 年	2019 年
第一大股东持股比例（%）	46.84	46.84	46.84	46.84	46.84
第二大股东持股比例（%）	17.35	17.34	17.35	18.07	18.31

续表

项　目	2015 年	2016 年	2017 年	2018 年	2019 年
第三大股东持股比例（%）	8.12	8.12	8.12	8.12	8.12
股权制衡度①	1.59	1.56	1.53	1.46	1.47

数据来源：国泰安数据库 公司研究系列-治理结构。

如表 3-17 所示，华电国际第一大股东的持股比例五年来稳定在 46.84%，公司股权相对集中，虽然第二大股东的持股比例近两年有所上升，但幅度不大，前三大股东在持股比例上有较大差距。从股权制衡度来看，华电国际的股权制衡程度有所提高，能较好地监督控股股东的决策和行为。

表 3-18　2019 年华电国际与可比公司股权结构分析

项　目	华能国际	国电电力	大唐发电	华电国际	中国广核
第一大股东持股比例（%）	32.28	46.00	35.34	46.84	57.78
股权制衡度②	0.76	5.48	0.66	1.47	2.10

数据来源：国泰安数据库 公司研究系列-治理结构。

而将华电国际 2019 年的数据与可比公司进行比较（表 3-18），发现电力行业企业第一大股东的持股比例都在 30% 以上，控股股东享有较大的话语权和控制权，中国广核最高，达到了 57.78%，公司股权高度集中，华电国际紧跟其后。从股权制衡度来看，华能国际和大唐发电的股权制衡程度较高，这说明华电国际需要进一步考虑最优的股权制衡度，既能发挥外部股东的激励作用，又能避免大股东之间的权力冲突。

3.3.3.3 华电国际资本结构存在的问题

（1）资产负债率较高

如果公司还债能力较强，利息费用的支付可以用于抵税，所以适当举债可以提高公司的收益水平。而当负债总额过高时，可能出现到期无法偿还债务，资金链断裂的情况，企业面临较高的财务风险。华电国际作为电力行业企业，具有固定资产投入多、投资回报周期长的特点，要实现资源的合理分配是不现实的，所以必须借入大量债务，债务的

---

①②股权制衡度为第一大股东持股比例与第二、三、四、五位大股东持股比例之和的比值。

支付导致公司利润的下降，华电国际一直以来资产负债率都高于行业均值，也说明公司没有对自身的资本结构进行规划。

（2）融资方式相对单一

目前，华电国际主要还是通过债务特别是向银行借款进行筹资，债券融资等筹资方式未得到广泛应用，融资渠道和融资方式都比较单一。通过银行筹集资金，能够及时解决资金短缺问题，相比发行债券，利息费用较低，且无须支付发行费用，还能与银行就借款的额度、利率等进行协商，但资金使用方面限制较多，如果公司投资于高风险高收益的项目，可能被要求还清借款。银行为了减少自身的损失，会建立有效且严格的风险控制体系，债务融资存在较多缺陷。

（3）现金流创造不稳定

华电国际资本结构不合理、财务风险较大主要还是自身盈利水平不稳定，无法创造稳定的现金流，偿付利息的能力较低。华电国际主要的发电方式还是火力发电，所以公司的营业成本很可能受到煤炭价格波动的影响，从而影响公司的获利水平，导致债务水平的提高。虽然近两年华电国际的净现金流收入实现了增长，但仍需进一步加强对现金流的管理。

（4）公司治理结构不合理

华电国际属于国有独资企业，控股股东享有较大控制权，在决策中有较大话语权，企业管理者在经营过程中容易受到上级部门的干预，管理者的自主权有限，可能无法及时、正确地应对局势的变化。另外，华电国际的股权制衡程度有待进一步提高，以保护各中小股东的利益，提高经营效率，实现企业价值最大化。

3.3.3.4 华电国际资本结构改进策略

（1）调整负债结构

改善公司债务结构是完善资本结构的主要内容之一。债务结构的评价应当同时考虑数量和质量，数量就是筹资的金额，质量就是借债成本和时效之间的关系。华电国际应当平衡好短期债务和长期债务的规模，综合考虑公司的资金需求、还款期限和还款能力，提高流动负债在总负债的比重、使借款期限与在建项目基本保持同步，并制定短期债务的还款计划，避免出现影响公司良好信用的情况；长期债务则应该结合公司的投资需求、实际所要负担的成本、增加负债中商业信用的比例来决定；另外，商业信用的合理利用能有效改善企业的债务结构，提升企业价值。在了解自身债务情况的同时，要充分考虑政策、市场和社会环境的变化，加强债务管理，防范财务风险。

（2）构建多元化的融资渠道

随着国家对电力企业融资的监管越来越严格，华电国际的融资渠道受限，难以满足基础设施建设的整体需求。根据前文的分析，华电国际最主要的融资来源是银行贷款，筹集到的资金可能面临较多限制。因此，华电国际应该考虑采用多样化的融资方式，一方面能以相对较低融资成本顺利获得所需资金，另一方面也有助于提升企业的信用意识。我国监管机构非常鼓励企业在境外发行债券，如果企业能看准时机会大大减少融资成本。资产证券化也是企业进行资产与负债管理的有效工具。

（3）提高自身创造现金流的能力

要想提升企业价值，增进现金变现能力，尤其是经营活动产生的现金流量净额非常重要。只有不断增强自身的核心竞争力，以市场为导向，最大限度满足市场需求，不断扩大销售渠道，提高销售收入，才是企业获得经营净现金流的根本渠道，是企业持续发展的保证。华电国际应当提高现有发电设备的发电效率，最大限度发挥设备效能，降低产品的单位成本。同时，公司应当进一步加大在太阳能、风力、水力等清洁能源发电项目的投资，优化生产结构，以实现盈利水平的提升。

（4）加强公司治理

华电国际第一大股东的持股比例接近50%，为了提高企业的经营管理水平，提升风险防控能力，企业必须加强内部控制体系的建设，实施全方位的内部控制，有利于公司治理作用的发挥。另外，电力行业本身受到国家股权的控制，可能受到多层级管理机构的干预，损害中小股东的权益，所以华电国际应更加注重外部股东的引入，明确股东大会的职责，完善相关制度，提高其他股东对第一大股东的制衡程度，有利于股东更好地参与企业的经营管理，在重大事项上做出较优决策。

3.3.4 讨论

通过对华电国际资本结构的具体分析，我们可以得出结论：华电国际的资本结构不合理，资产负债率太高，财务风险较大，再增加负债不利于华电国际的发展。

华电国际的资本结构存在以下问题：首先，资产负债率过高。与行业平均水平相比，华电国际的资产负债率偏高，2018、2019年二者之间的差距有所减小，这说明华电国际在有意识地降低自身的负债水平。其次，融资方式相对单一。目前，华电国际还是主要依靠债务，尤其是向银行借款进行融资，很少考虑发行债券，这说明华电国际的融资方式较为单一。再次，公司创造经营现金流的能力不稳定，现金流偿付利息能力不是很强。

最后，公司治理结构不合理。

这些问题影响企业的可持续发展，故可以针对这几个方面进行优化。了解自身的债务情况，平衡好长短期负债的比例，提高无息负债在总负债中比例，合理利用商业信用，改善债务结构；构建多元化的融资渠道，比如境外发行债券进行融资、资产证券化等；优化现有发电设备，推进高效益低成本的项目，以提升盈利能力，提高创造现金流能力；加强和完善自身的内部控制制度，强化约束。

3.4 小结

财务指标分析，是指总结和评价企业财务状况与经营成果的分析指标，可以帮助财务报表使用者更好地了解、掌握一个企业的生产经营情况，通常包括偿债能力指标、营运能力指标、盈利能力指标、资本结构指标等。需要强调的是，利用财务指标进行分析与评价时要意识到各类指标之间的内在联系，它们不是相互独立的，而是相辅相成的。企业周转能力好，获利能力就较强，则可以提高企业的偿债能力。反之亦然。熟练掌握财务数据分析技术、充分利用财务信息和非财务信息，有助于财务报表使用者对企业高管薪酬合理性、资本结构等方面做出正确分析与判断。另外，要注意到由于财务报表是由企业的财务人员根据有关的法规、制度、准则等编制，不可避免地会出现一些人为的差错和失误，甚至恶意隐瞒，直接影响着分析的结果。

第四章 资产负债表分析

4.1 主要知识点回顾

本章的知识点框架如图 4-1 所示：

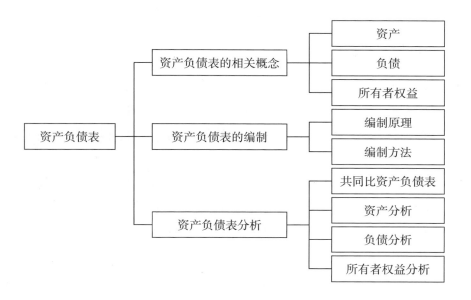

图 4-1 知识点框架图

4.1.1 资产负债表相关概念

4.1.1.1 资产负债表

资产负债表是反映企业在某一特定日期资产、负债、所有者权益及其相互关系的报表，是企业最重要的财务报表之一，也是上市公司披露年度报告里的一个重要组成部分。通常认为资产负债表的基本作用包括以下几个方面：第一，有助于判断企业的资产质量；第二，有助于评判企业的偿债能力；第三，有助于预测企业的发展趋势。

4.1.1.2 资产

资产指由过去的交易或事项形成的、由企业拥有或控制的、预期会给企业带来经济利益的资源。在资产负债表中通常按照流动性强弱列示，分为流动资产和非流动资产。

流动资产，是指预计在 1 年或超过 1 年的一个正常营业周期内变现或耗用的资产，主要包括货币资金、交易性金融资产、应收账款、预付款项、应收股利、其他应收款、存货等。

非流动资产，是流动资产以外的资产，通常是指期限超过 1 年的长期资产，应将其按照性质进行分类列示，主要包括可供出售金融资产、长期应收款、长期股权投资、固定资产、在建工程、无形资产、长期待摊费用、其他非流动资产等。

4.1.1.3 负债

负债是指企业过去的交易或者事项形成的、预期会导致经济利益流出企业的现时义务。现时义务是指企业在现行条件下已承担的义务。未来发生的交易或者事项形成的义务，不属于现时义务，不应当确认为负债。在资产负债表中按偿还期限长短分类列示，偿还期短的流动负债排列在非流动负债上方。

流动负债，是指必须在 1 年或者超过 1 年的一个经营周期内偿还的负债。企业的流动负债，一般包括短期借款、交易性金融负债、应付票据及应付账款、预收款项、其他应付款、应付职工薪酬、应交税费、应付利息、应付股利、一年内到期的非流动负债和其他流动负债等项目。

非流动负债，是指偿还期在 1 年或者超过 1 年的一个营业周期以上的债务，主要包括长期借款、应付债券、专项应付款、长期应付款、预计负债、递延所得税负债、其他非流动负债等项目。

4.1.1.4 所有者权益

在资产负债表的右下方列示，也被称为股东权益或是净资产，是全部资产扣除掉负债后由所有者享有的剩余资产所有权，包括实收资本、资本公积、盈余公积和未分配利润等。其来源包括所有者投入企业的资本、直接计入所有者权益的利得和损失以及资本增值性质的留存收益等。

4.1.2 资产负债表的编制

4.1.2.1 资产负债表编制原理

根据"资产＝负债＋所有者权益"平衡公式，在编制资产负债表时，左方列示资产，右方列示负债和所有者权益，两方期末余额相等。

4.1.2.2 资产负债表编制方法

资产负债表在编制各项目的"期末余额"时，根据从会计账簿记录中得出的相关数据，进行直接填列或者分析调整后填列。具体方法简单分类表述如下：
①根据相应总账账户的期末余额直接填列；
②根据相应总账账户的期末余额合并数值计算填列；
③根据有关总账账户的期末余额减去其备抵账户后的净额填列；
④根据结算账户的有关明细账户期末余额调整填列。

4.1.3 资产负债表分析

4.1.3.1 共同比资产负债表

共同比资产负债表是分析资产负债表的一种有用工具。共同比资产负债表将资产总额作为一个共同的分母，将表中各项目除以资产总额，并以百分数形式列表。绘制共同比资产负债表一方面便于企业自身对各期资产发展状况进行比较，另一方面有利于与其他不同规模的公司的资产情况进行纵向比率的分析。

4.1.3.2 资产分析

货币资金质量分析：第一，资产规模或业务收支规模。一般而言，企业资产总额越大，业务收支频繁且绝对数额大，需要的货币资金也就越多。第二，企业所在行业特征。行业特点也是影响货币资金规模的重要因素，例如，相同总资产规模条件下的银行保险业与工业企业，由于其经营特点的不同，其货币资金规模必然存在差异。第三，对货币资金的运用能力。停留在货币形态的货币资金只能用于支付，如果企业的货币资金规模过高，就会挤占用于投资环节的资金，如果企业善于控制货币资金规模，合理调度，则能有效提高企业的资金运用能力和使用效率。因而，报表中货币资金规模如果偏高，可能暗示着企业投资不足或者生财无道。

交易性金融资产质量分析：第一，交易性金融资产的流动性和获利性。企业持有交易性金融资产的主要目的，是利用暂时闲置的资金进行短期投资，以获取高于同期银行存款利率的收益。在对资产负债表进行分析时，应重点关注此项资产的获利能力和变现能力。第二，交易性金融资产的规模。正常情况下，企业只是利用暂时闲置的资金购买债券或股票等交易性金融资产，若此项占用资金规模过大，则会影响企业的正常生产经营，报表使用者要提请留意，综合多方因素具体分析。第三，交易性金融资产的计量及披露。第四，交易性金融资产的投资质量。

应收票据与应收账款质量分析：信息使用者在辨别盈余质量时需要重点关注坏账准备。主要是因为企业对于坏账准备金率的估计具有较大的主观性，易于操纵盈余。此外，坏账准备估计值的确定一方面会影响资产负债表的应收账款估值，进而影响资产总额；另一方面影响利润表中"资产减值损失"，进而影响企业的净利润。分析师应该对与销售水平和应收账款总额相关的坏账准备的数额变动以及过去计提惯例的调整有所警觉。

存货质量分析：一是存货的物理质量，即存货的自然状态是否完好。二是存货的时效利用状况，应当关注价值与时间联系较大的企业存货的流动性和时效性。

长期股权投资质量分析：对长期股权投资进行构成分析，主要针对企业长期股权投资的方向、投资规模、持股比例，然后分析企业投资对象的经营状况和效益，判断企业投资的质量；对比投资收益的现金流匹配程度，分析利润表中股权投资收益与现金流量表中因股权投资收益而收到的现金之间的差异；长期股权投资期末减值准备的估计也是容易产生盈余操纵的一个项目，分析时也要特别关注。

固定资产质量分析：结合固定资产的技术状况、市场环境和使用目的等因素综合分析，看其资产使用效率。因为企业持有长期资产的目的之一就在于使用，而不是出售，因而，就要看其是否得到了有效的利用，是否为企业创造了效益和现金流。

无形资产质量分析：一是无形资产的规模和构成。具体来说，专利权、商标权、著作权、土地使用权、特许权等无形资产的价值易于鉴定，质量较高；而若非专利技术占比较大，由于其不受法律保护，很容易产生资产的"泡沫"。二是研究与开发支出确认的正确性。出于谨慎性的考虑要特别警惕某些企业将一些不符合无形资产确认条件的支出资本化，从而达到虚增利润和资产的目的。三是无形资产摊销政策分析。报表使用者在进行无形资产质量分析时，应注意无形资产的摊销方式是否符合会计准则有关规定，尤其是无形资产预期经济利益期限判断是否正确，使用寿命是否确定，有无混淆两类无形资产；摊销方法的选择上是否考虑了经济利益的预期实现方式；摊销方法和年限有无变更、变更是否合理，相关情况是否予以恰当披露等。四是无形资产减值。分析时要关注无形资产是否有减值迹象，是否要计提减值准备；无形资产减值准备一经确认，不得任意转回。

4.1.3.3 负债分析

流动负债质量分析：分析流动负债的构成结构，判断企业流动负债主要来自何方，分析其性质和数额、偿还紧迫程度如何，衡量企业的财务风险，同时结合企业的性质、经营形势加以分析。此外还要同企业的流动资产相联系，来判断其短期偿债能力的变化。

非流动负债质量分析：①注意长期借款是否与企业固定资产、无形资产的规模相适应，是否与企业的当期收益相适应；关注长期借款费用处理的合理性；②关注长期应付款的数额、增减变动及其对企业财务状况的影响；③关注预计负债的合理性。

4.1.3.4 所有者权益分析

企业应当重点关注资本公积的变动情况，因为企业通常虚增资本公积提高信用评级或是套取银行信用，财务人员通过虚构经济业务增加资本公积，如伪造银行进账单、以借款或信贷资金注资、抽逃注册资本等。同时，分析师或是信息使用者，应该通过上市公司及时披露的公告等信息获得相关回购股票的信息，帮助判断企业有无调整股权结构或是盈余的动机。此外，企业在编制合并资产负债表、合并利润表时必须明确少数股东权益。要根据少数股东的股权比例确定应享有的净资产份额，在这一过程中应注意关联交易等影响。

4.2 康美药业财务造假与正中珠江事务所受罚

4.2.1 背景介绍

4.2.1.1 公司背景

康美药业股份有限公司（以下简称康美药业，股票代码 600518）成立于 1997 年 6 月 18 日，并于 2001 年 3 月 19 日在上交所上市。作为大型的医药企业，其主要生产的产品为中药饮片、化学原料药和制剂，同时从事生产和研发药品以及药品、医疗器械的营销。

康美药业主要业务为生产和销售中药饮片，并且利用互联网技术将中医药行业的每个环节联系在一起，同时打造以三大核心产品（即"智慧药房、智慧药柜及药葫芦"）为主的"智慧+"大健康的服务平台，进而实现了由"药"到"医"。在当前国内的中医药行业中，康美药业属于拥有比较完整的业务链条、丰富的医疗健康资源以及较强的整合能力的企业之一，并且已经形成了成熟的产业版图和产业体系，其业务体系极广，几乎涵盖了中医药行业的上中下游的产业链，其中上游的主要业务为道地中药材的种植和资源整合；中游的主要业务为中药材的经营、贸易，各种中药材相关产品以及医疗器械的生产与销售等；下游则主要是包含了医疗机构资源、智慧药房药柜、OTC 零售等各项业务的多层次营销网络。

此外，康美药业在房地产投资，电子产品，五金，交电，建筑材料，百货，针、纺织品销售等领域均有涉及。

广东正中珠江会计师事务所（特殊普通合伙）（以下简称正中珠江），前身之一是广州会计师事务所，其主要业务为审计和会计咨询。2013 年，由多家会计师事务所的注册会计师共同发起，设立广东正中珠江会计师事务所，成为一家具有多项执业资格（如证券期货相关业务、金融相关业务、资产评估业务等）的大型会计师事务所。

4.2.1.2 行业背景

近几年来中国医药行业市场需求旺盛，终端规模持续上升，医药行业持续高增长。但我国药品领域"供给侧"矛盾突出，主要体现在细分产品市场供需关系均未达到均衡。一方面，高端的好药新药严重不足，不能满足国民的需求，需要大量进口。另一方面，低端的仿制药过剩，供给远远超出市场总需求。

中国人口老龄化呈逐年上升趋势，到 2050 年中国老龄人口将达到总人口的三分之一。随着人口老龄化加剧，中国医药市场需求急剧增加，同时中国政府将大力支持医疗、医疗保险及医药联动改革的推进。这一改革的推进将会使得"健康中国"战略落地的速度大大加快，医药行业、医药市场或将发生重大变革。中国医药行业在未来将会发生重大变化，市场制度将随着政策的调整变得更加完善和规范，进而促进市场供给的提升。

4.2.2 思考题

康美药业于 2018 年 12 月 28 日发布关于收到中国证券监督委员会立案调查通知（编号：粤证调查通字 180199 号）的公告，调查原因为公司涉嫌信息披露违法违规。

康美药业于 2019 年 4 月 30 日发布《关于前期会计差错更正的公告》，公告内容主要是对其自身 2017 年的财务报表进行重述。康美药业 2017 年财务报表需要进行重述的主要原因是其营业收入、营业成本、费用及款项收付等方面存在着账实不符的问题。首先在营业收入、营业成本及费用的确认方面，由于出现错误导致 2017 年康美药业的营业收入和营业成本分别多计了 88.98 亿元和 76.62 亿元，同时销售费用和财务费用分别少计了 4.97 亿元和 2.28 亿元；其次是在对公司的业务进行会计处理时发生差错，从而导致公司的合并现金流量表中的多项现金项目出现了多计或少计，比如购买商品、接受劳务支付多计了 73.01 亿元，购建固定资产、无形资产和其他长期资产支付的现金项目少计了 3.52 亿元；最后康美药业仍是由于会计处理错误导致公司的应收账款少计 6.41 亿元，货币资金多计 299.44 亿元等。同年 5 月 9 日，为康美药业提供审计相关业务的广东正中珠江会计师事务所，因涉嫌违反证券相关法律法规，被证监会立案调查。

2019 年 5 月 17 日，证监会发布关于康美药业案的调查进展，其调查结果主要是康美药业披露的 2016—2018 年的财务报告存在重大虚假，涉嫌违反《证券法》第 63 条等相关规定。一是使用虚假银行单据虚增存款，二是通过伪造业务凭证进行收入造假，三是部分资金转入关联方账户买卖本公司股票。

2020 年 5 月 13 日，证监会对康美药业发布《行政处罚决定书》及《市场禁入决定书》，相关结果汇总如表 4-1 所示：

表 4-1 康美药业处罚结果汇总表

	造假项目	造假细则
违法事实	2016—2018 年年报、2018 半年报虚假记载，虚增营业收入、利息收入及营业利润	累计虚增营业收入 291.28 亿元、营业利润 41.01 亿元、利息收入 5.1 亿元
	2016—2018 年年报虚假记载，虚增货币资金	累计虚增货币资金 886.8 亿元，通过财务不记账、虚假记账，伪造、变造大额定期存单或银行对账单，配合营业收入造假伪造销售回款等方式
	2018 年年报虚假记载，虚增固定资产、在建工程、投资性房地产	虚增固定资产 11.89 亿元，在建工程 4.01 亿元，投资性房地产 20.15 亿元
	2016—2018 年年报有重大遗漏，未按规定披露控股股东及其关联方非经营性占用资金的关联交易情况	累计提供非经营性资金 116.19 亿元，用于购买股票、偿还融资本息、垫付解质押款、支付收购溢价款等
处罚结果	对康美药业股份有限公司责令改正，给予警告，并处以 60 万元罚款，对 21 名责任人员处以 10 万元至 90 万元不等罚款，对 6 名主要责任人采取 10 年至终身证券市场禁入措施	

资料来源：中国证监会行政处罚决定书（康美药业股份有限公司、马兴田、许冬瑾等 22 名责任人员）文号〔2020〕24 号、中国证监会市场禁入决定书（马兴田、许冬瑾、邱锡伟、庄义清、温少生、马焕洲）文号〔2020〕6 号。

对此我们产生如下疑问：康美药业财务造假是如何识别出来的？在康美药业财务造假事件中正中珠江事务所存在着哪些失职行为？

4.2.3 案例分析

4.2.3.1 康美药业造假的主要财务数据特征

财务造假一般可以通过财务信息和非财务信息两个方面来进行判断。在财务信息方面，如果一个企业公布的资产负债表、利润表及所有者权益变动表中存在一些异常的财务信息，比如应收账款、存货异常增加，财务指标（如毛利率）与同行业其他公司或者与自身历史数据相比有明显的异常变化，则可能存在财务造假。在非财务信息方面，财务造假主要可以通过观察企业的高管更换、会计师事务所更换是否频繁以及大股东股票减持程度等方面来进行判断。在本案例中,康美药业存在的财务造假迹象主要有三个,即"存贷"双高、应收账款被关联方占用与存货异常。

(1)"存贷"双高

"存贷"双高是指一家公司的银行存款余额和银行贷款余额都非常高,公司一边需要支付极高的贷款利息,另一边又拥有大量的闲置资金,同时这些闲置资金的利用率也非常低,不去购买理财产品也不做资金管理,利息收入非常低,这是对资金的极大浪费,不符合公司的正常经营逻辑。

表 4-2 康美药业 2015—2019 年流动比率情况

年 份	流动资产(万元)	流动负债(万元)	流动比率
2015 年	2 944 771.48	1 387 917.77	2.12
2016 年	4 446 154.43	2 002 444.14	2.22
2017 年	5 238 882.17	2 579 811.97	2.03
2018 年	5 488 132.01	2 846 124.93	1.93
2019 年	4 701 307.34	2 782 306.54	1.69

数据来源:康美药业 2015—2019 年年度报告。

企业的流动资产应该大于流动负债,一般认为流动比率的正常水平在 1~2 之间。如表 4-2 所示,康美药业 2015 至 2017 年的流动比率大于 2,但在实际情况中,其偿债风险水平难以通过表中数据进行反映,主要是因为康美药业的存货与应收账款的占比较重,导致其流动资产受限程度很大。

表 4-3 康美药业上市以来募资情况

单位:亿元

项 目	金 额	占比(%)
上市以来累计募资	964.97	100.00
直接融资:	679.98	70.47
首发	2.26	0.23
配股	34.70	3.60
定向增发	81.00	8.39
公开增发	15.52	1.61

续表

项　目	金额	占比（%）
优先股	30.00	3.11
可转债	9.00	0.93
发债券融资	507.50	52.60
间接融资	284.99	29.53

数据来源：wind 数据库，数据浏览-*ST 康美［600518.SH］-上市以来募资统计。

如表 4-3 所示，康美药业自上市以来，主要通过直接融资的方式来进行募资，金额高达 679.98 亿元，占比为 70.47%，由此可以看出康美药业的货币资金十分充裕，但自 2006 年开始却进行大规模举债。从 2018 年康美药业的货币资金和发债规模来看，公司并不缺钱，但康美药业质押了非常多的股权，由此可以初步判断康美药业存在财务造假的嫌疑。

（2）应收账款被关联方占用

表 4-4　康美药业 2015—2019 年应收账款项目表

单位：万元

项　目	2015 年	2016 年	2017 年	2018 年	2019 年
应收账款及应收票据	289 899.13	331 910.64	525 905.32	625 272.53	369 446.12
其他应收款	7 825.33	14 013.11	589 414.40	1 048 158.61	1 005 054.03
普宁康都药业有限公司其他应收款	—	—	571 382.10	647 834.62	622 081.62
普宁康淳药业有限公司其他应收款	—	—	—	325 000.00	326 031.00

数据来源：康美药业 2015—2019 年年度报告。

从表 4-4 中可以看出，康美药业 2018 年和 2019 年的其他应收款几乎都被其关联方（普宁康都药业有限公司、普宁康淳药业有限公司）占用了，其中 2018 年的其他应收款普宁康都药业有限公司占了 647 834.62 万元，普宁康淳药业有限公司占了 325 000.00 万元；2019 年的其他应收款普宁康都有限公司占了 622 081.62 万元，普宁康淳药业有限公司占了 326 031.00 万元。

（3）存货异常

表 4-5　康美药业 2015—2019 年存货与营业收入情况

项　目	2015 年	2016 年	2017 年	2018 年	2019 年
存货（万元）	979 469.97	1 261 937.50	3 524 653.84	3 384 757.83	3 140 823.67
存货周转天数（天）	238.62	265.92	276.29	767.59	1 182.27
营业总收入（万元）	1 806 682.80	2 164 232.41	1 757 861.86	1 706 507.91	1 144 554.58

数据来源：wind 数据库 数据浏览-营运能力、康美药业 2015—2019 年年度报告。

由表 4-5 可以看出，康美药业的存货在 2015—2019 年期间一直在不断增长，尤其在 2017 年存货的增长率高达 179.3％，但是在 2015—2019 年期间，康美药业的营业总收入总体呈下降趋势，营业总收入明显下降时企业的存货只是略微减少甚至还有大幅度的增加。行业平均周转天数一般为 200~300 天，但是康美药业的存货周转天数逐年增长，在 2018 年突增至 767.59 天，2019 年存货周转天数已经高达 1 182.27 天，这明显高于行业平均值。基于此可以推断出康美药业为了填补短缺的货币资金，将企业的存货完全脱离于销售部门。

表 4-6　康美药业 2015—2019 年营运能力情况

单位：次

项　目	2015 年	2016 年	2017 年	2018 年	2019 年
存货周转率	1.51	1.35	1.30	0.47	0.30
应收账款周转率	7.56	7.67	7.11	3.27	2.35

数据来源：wind 数据库 数据浏览-营运能力。

存货周转率和应收账款周转率能够很好地反映公司的营运能力水平。从表 4-6 可以看出，康美药业的存货周转率和应收账款周转率自 2015 至 2019 年不断下降，这说明康美药业的营运能力在变弱，可是康美药业在这几年间仍然在扩大企业的规模，比如合并其他公司、重金打造产业园区等，忽视了对企业自身主营业务的投入。

4.2.3.2 康美药业财务造假的主要手段①

（1）虚增营业收入、利息收入及营业利润

经过康美药业自查后，对 2017 年年报进行重述，结果如下：由于会计处理发生错误导致企业对应收账款、存货和在建工程分别少计了 6.41 亿元、195.46 亿元和 6.32 亿元，同时还造成企业合并现金流量表中的现金项目出现了多计和少计的问题。由于在对营业收入和营业成本确认时出现错误，导致营业收入和营业成本分别多计了 88.98 亿元和 76.62 亿元。此外，康美药业在核算费用时也发生错误，导致企业的销售费用和财务费用分别少计了 4.97 亿元和 2.28 亿元。通过证监会的调查结果可知，康美药业主要是通过伪造相关的凭证、篡改或者虚开增值税发票等手段来实现虚增收入和利润的目的。

（2）虚增货币资金

由中国证监会发布的针对康美药业的行政处罚决定书可知，康美药业每年虚增的货币资金占当年企业总资产和净资产的比例都非常高。康美药业在 2016—2018 年间累计虚增的货币资金高达 886.81 亿元，是公司净资产的 3 倍，相当于康美药业三年造假了三个自己。在 2017 年财报更正中，货币资金多计 299.44 亿元，相当于公司在 2017 年末的财报虚增了近 300 亿元货币资金，存货少计 195.46 亿元，引起了外界质疑。在这三年间，康美药业主要是通过财务不记账、虚假记账，伪造、变造大额定期存单或银行对账单，配合营业收入造假伪造销售回款等方式来虚增货币资金。

（3）虚增固定资产、在建工程、投资性房地产

康美药业在 2018 年通过在报表内纳入前期未纳入的 6 个工程项目，对企业的固定资产、在建工程、投资性房地产的金额分别虚增了 11.89 亿元、4.01 亿元和 20.15 亿元，合计虚增资产 36.05 亿元。该项舞弊手法是通过虚增企业资产的方式美化修饰报表，达到掩盖企业真实盈利能力、欺骗投资者的目的。根据调增财务报表项目可知，康美药业调整的这 6 个项目主要为在建工程建设项目或计划出租或出售房屋土地等，也许康美药业并没有拥有这些项目的主要控制权，但是康美药业通过在财务报表中列示上述项目，变相宣告了其对 6 个项目拥有的控制权，形成虚假记述，从而虚增资产。

---

① 资料来源：《康美药业股份有限公司关于前期会计差错更正的公告》、中国证监会行政处罚决定书（康美药业股份有限公司、马兴田、许冬瑾等 22 名责任人员） 文号〔2020〕24 号、中国证监会市场禁入决定书（马兴田、许冬瑾、邱锡伟、庄义清、温少生、马焕洲） 文号〔2020〕6 号。

如果 6 个项目均成立了项目公司，则该舞弊还涉及集团企业合并报表舞弊。在集团企业合并报表舞弊方面，通过调整合并方法选择来调整被合并企业范围，从而达到虚增资产、夸大企业管理资产规模的目的，是最简单直接的合并报表舞弊方法。《企业会计准则第 33 号——合并财务报表》第二章第六至八条，明确规定了合并财务报表的合并范围应当以控制为基础加以确定，新准则在确定合并报表范围时，既重视数量标准（半数以上），包括直接拥有、间接拥有、直接加间接拥有；又强调质量标准（实质控制）。虽然，国内会计准则对于企业纳入合并财务报表范围的企业有着明确的衡量标准，但是在实际操作过程中仍有不少企业试图通过混乱概念、含糊处理等方式逃避甚至滥用准则。如果这 6 个项目均对应具体项目公司，则康美药业很可能对其持股比例未达到 50%，或者未实质控制。但是通过将该企业纳入康美药业合并财务报表，实质上将表外企业资产、收入、利润纳入表内，虚增企业实际管理资产规模、虚假提高企业利润和盈利能力，使得上市公司财务造假，其定期披露的财务年报不再发挥着"地图"的作用，而成了迷惑公司利益关联方和投资者的巨大"迷宫"，为投资者和企业股东抉择造成困扰。

（4）未按规定披露控股股东及其关联方非经营性占用资金的关联交易情况

根据 2005 年《证券法》第六十六条第六项和《公开发行证券的公司信息披露内容与格式准则第 2 号——年度报告的内容与格式》（证监会公告〔2016〕31 号、证监会公告〔2017〕17 号）第三十一条、第四十条的规定，康美药业应当在相关年度报告中披露控股股东，以及其关联方非经营性占用资金的关联交易情况，康美药业未在《2016 年年度报告》《2017 年年度报告》和《2018 年年度报告》中披露前述情况，存在重大遗漏。

但是由证监会调查结果可知，康美药业向其控股股东及其关联方累计提供了非经营性资金 116.19 亿元，并用其来购买股票、偿还融资本息等，重要的是该行为并没有通过决策审批或者授权。这是明显的大股东通过自身管理权优势，抽逃资金，侵占小股东利益的行为。根据上交所交易规定，被投资企业与管理方发生的关联交易，应当由不含该关联方以外的投资者共同审议，投票超过 50% 认定通过。但是康美药业跳过了这个内部控制的决策程序，在未经过决策审批或授权程序的情况下，利用"自身股东+管理者"的身份直接向实际控制人转移现金，给上市公司现金流带来巨大窟窿，难以弥补，也变相导致企业虚增在手货币资金的舞弊行为。

4.2.3.3 康美药业财务造假的后果及影响

（1）对康美药业的影响

在康美药业被爆出财务造假之后，康美药业被列入信用评级观察名单，经过一系列的不定期跟踪评级之后,康美药业的主体信用等级不断被下调。也正是由于康美药业的信用等级的不断下降,导致企业相关债券被停止交易,但是在债券到期日企业是需要支付高额费用的,而康美药业同时又缺乏货币资金,进而导致企业的现金流入不敷出,资金缺口极大,企业的经营面临着前所未有的压力。

表 4-7 康美药业 2015—2019 年相关财务指标变化表

单位:万元

项 目	2015 年	2016 年	2017 年	2018 年	2019 年
营业收入	1 806 682.80	2 164 232.41	1 757 861.86	1 706 507.91	1 144 554.58
营业利润	321 792.98	395 749.43	288 559.66	68 692.07	-386 906.04
净利润	275 645.63	333 675.91	214 355.64	37 004.12	-465 520.72

数据来源:康美药业 2015—2019 年年度报告。

由表 4-7 可以看出,康美药业的营业收入、营业利润以及净利润在 2015—2019 年间有着十分明显的大幅度下跌,在 2019 年营业利润和净利润均为赤字。这一结果是由康美药业财务造假事件所带来的负面影响造成的。

(2) 对投资者、中介机构的影响

由于康美药业的财务造假,中小投资者们以为其业绩一片向好,具有极好的经营状况以及较好的发展潜力,故购买大量股票进行投资,而在证监会进行披露和处罚后,康美药业市值和股价剧烈下降,给其中小投资者带来了巨大损失。

广东正中珠江会计师事务所作为给康美药业提供主要审计服务的机构,涉嫌与康美药业串通舞弊,于是正中珠江也被证监会立案调查。在 2021 年 2 月 20 日,证监会发布了关于正中珠江的行政处罚和市场禁入决定书。正是由于此事件,正中珠江作为珠三角地区拥有高知名度和高影响力的机构,其形象受到极大损害,之前许多与其建立长期友好合作关系的公司均表明立场,表示不会再与正中珠江继续合作。

(3) 对涉事人员的处罚

由证监会发布的《行政处罚决定书》和《市场禁入决定书》可知,对康美药业及其相关人员均进行相应的处罚,处罚结果具体如表 4-8 所示:

表 4-8 康美药业及相关人员收到处罚情况

当事人	处罚决定
康美药业	警告,责令改正,处以 60 万元的罚款

续表

当事人	处罚决定
马兴田	警告，处以 90 万元的罚款
许冬瑾	警告，处以 90 万元的罚款
邱锡伟（原董秘）	警告，处以 30 万元的罚款
庄义清（财务总监）	警告，处以 25 万元的罚款
温少生（副总经理）	警告，处以 25 万元的罚款
马焕洲（监事）	警告，处以 25 万元的罚款
马汉耀等（高管）	警告，处以 20 万元的罚款
张弘等（独立董事）	警告，处以 15 万元的罚款
唐煦、陈磊（总助）	警告，处以 10 万元的罚款

资料来源：中国证监会行政处罚决定书（康美药业股份有限公司、马兴田、许冬瑾等 22 名责任人员）文号〔2020〕24 号。

4.2.3.4 正中珠江事务所在康美造假事件中的失职行为

正中珠江是康美药业 IPO 时的中介机构，从 2001 年至 2019 年 6 月的 18 年间，均为康美药业年报审核会计师事务所。康美药业在 2016 年、2017 年、2018 年的财务报表中进行的会计造假，作为审计机构的正中珠江对康美药业 2016 年、2017 年的财报均出具了标准无保留意见的审计报告。2018 年，在证监会对康美药业造假问题进行调查后，正中珠江对康美药业的财务报表才开出了保留意见的审计报告，这是之前正中珠江从未出具过的意见。正中珠江在对康美药业财务报表的审计工作中主要存在的失职行为有以下三点：银行存款函证审计程序不科学，导致未能识别出康美药业银行存款虚增以及"存贷"双高的现象；有形资产的监盘程序不合理，在存货的审计上，对于规模庞大并较上年有所增加的库存商品采用抽样的方式进行监盘，且没有公布对于存货追查的比例，缺乏对存货盘点的真实性和完整性；收入确认的审计程序失当，未能识别出虚增的应收账款。康美药业通过虚增货币资金、存货以及虚增营业收入、营业成本等手段实现财务造假，财务造假常用的手段就是对收入造假，虚增收入的最直接表现就是虚增应收账款，而正中珠江却未能识别出其中的造假行为。

4.2.3.5 正中珠江事务所审计失败的原因分析

（1）注册会计师方面的原因

注册会计师缺乏审慎的怀疑态度：随着经济的不断发展，企业规模不断扩大，相较于以往的审计，目前财务报表更为复杂，需要注册会计师进行主观判断和估计的事项越来越多，需要注册会计师采取更为严谨的态度，时刻保持高度的职业怀疑精神，而正中珠江的注册会计师没有对康美药业的财务报表进行全面的审计，忽视了康美药业财务报表中可能存在的错报，例如在对存货进行盘点程序的过程中，虽然聘请了相关专家，但只是流于形式，没有对存货盘点的最终结果进行对比分析。可见，在注册会计师的审计过程中，抱有侥幸心理，没有坚持审慎的职业怀疑态度，最终导致审计失败。

银行存款的函证程序不科学：通常注册会计师进行审计要执行实质性测试，对于银行存款类的科目，注册会计师需要向银行发送函证核实银行存款的真实性，银行的回函对于审计工作识别银行存款的错报和舞弊具有重要作用，注册会计师的函证程序基本符合规定，但是康美药业货币资金比例过高，横向对比来看，康美药业的货币资金也比同行业的其他公司要高，在货币资金如此充足的情况下，康美药业还存在高额的短期借款，这种"存贷"双高的情况本身就是一个高风险点，需要注册会计师高度关注，实际情况正好相反，注册会计师只实施了一般的函证程序，并未对银行回函的真实性加以证实，或者实施进一步的审计程序对其真实性进行佐证，最终导致审计失败。

收入确认的审计程序失当：收入造假的主要手段就是对其虚增或少计，或者是调整收入确认的时点，但是康美药业利用虚增货币资金、存货来实现对收入的造假，使得从表面来看是一个正常的情况。所以，即使注册会计师对收入的确认实施了一系列的审计程序，如了解评价企业的内控制度、检查文件、发送函证、实地走访、截止性测试，但是没有去重点关注货币资金的真实性和存货的实地盘点，从而导致在收入的确认过程中都无法发现问题，最终审计失败。

资产监盘程序不合理：康美药业高比例的库存商品没能引起注册会计师的怀疑，只制订了一般的监盘计划，存货盘点流于形式，只选取了数额较大的存货进行盘点，未对存货的可靠性和真实性提出质疑。

（2）事务所方面的原因

会计师事务所审计质量控制程序未执行到位：审核质量控制，是指会计师事务所为确保审核质量符合审核标准而制定和执行的审核政策和审核程序的总称。正中珠江会计师事务所下设战略发展委员会、风险及质量控制委员会等五个委员会，而具体的审计质量控制部门却没有设立,对比同行业来看,大部分会计师事务所都会有具体的质量控制部门。由于质量控制部门的缺失,事务所发生的审计业务得不到有效监督,审计质量问题不能及时得到解决。

未对注册会计师的审计工作进行跟踪和监督,致使审计工作不能有效完成;未建立起激励机制,审计工作完成好的注册会计师应该得到一定的奖励,提高他们的工作积极性;未建立起严格的评审制度,应定期对注册会计师的审计工作进行审核和评价,及时发现存在的问题,对有不端行为的注册会计师应有惩戒措施,提高注册会计师的失职成本。

连续审计导致事务所独立性缺失:在审计中,审计质量与会计师事务所的服务时间是成反比的,审计时间越长,事务所便有更大的可能与被审计企业同声共气或放松审计要求,从而使审计工作失去公允性和可靠性。正中珠江会计师事务所为康美药业服务了近20年,在此期间,正中珠江会计师事务所获得了总计千万元的审计报酬,高额的审计报酬和长时间的服务受托关系下,极易产生内幕交易,正中珠江会计师事务所失去了自己的公允性,对康美药业审计事项流于形式,只关注自己的利益所得,而放任了康美药业的造假舞弊。表4-9对比了2015—2019年康美药业审计费用和上市公司审计费用的均值。

表4-9 康美药业2015—2019年审计费用情况表

单位:万元

项 目	2015年	2016年	2017年	2018年	2019年
康美药业审计费用	400	550	635	640	500
上市公司审计收费均值	149	152.8	155.3	165.4	166.6

数据来源:康美药业2015—2019年年度报告、2015—2019年证券审计市场分析报告。

过度依赖内部控制导致风险加剧:注册会计师在进行审计时,主要手段也包括了解和评价企业自身的内控制度,该事务所过于信赖康美药业的内部控制制度,对内控存在缺陷的地方如管理层轻视内控等方面未给予披露,影响了审计质量。

4.2.3.6 对正中珠江事务所的处罚结果及影响[①]

证监会于2021年2月20日对正中珠江的处罚如下:没收业务收入1 425万元,并处

---

① 资料来源:中国证监会行政处罚决定书(广东正中珠江会计师事务所、杨文蔚、张静璃、刘清、苏创升)文号〔2021〕11号、中国证监会市场禁入决定书(杨文蔚、张静璃、苏创升)文号〔2021〕4号。

以 4 275 万元罚款；对杨文蔚、张静璃、苏创升给予警告，并分别处以 10 万元罚款；对刘清给予警告，并处以 3 万元罚款。对杨文蔚、张静璃分别采取 5 年证券市场禁入措施，对苏创升采取 10 年证券市场禁入措施。自中国证监会宣布决定之日起，在禁入期间内，除不得继续在原机构从事证券业务或者担任原上市公司、非上市公众公司董事、监事、高级管理人员职务外，也不得在其他任何机构中从事证券业务或者担任其他上市公司、非上市公众公司董事、监事、高级管理人员职务。

正中珠江信誉受损，客户流失。康美药业财务造假数额庞大，涉及多项财务项目，同时，正中珠江近年来主要审计的上市公司财报被爆出可靠度低，经常遭受舆论，甚至被证监会立案调查，因此其出具的审计报告的可信度和可靠性受到怀疑，许多公司纷纷表示要与正中珠江停止合作，这导致正中珠江事务所客户大量流失。即便是没有选择解聘正中珠江事务所的公司也不愿按之前的收费标准进行付费，正中珠江为了留住客户不得不考虑降低审计费用。

4.2.4 讨论

本节主要针对康美药业的财务造假事件进行了分析，主要包括造假迹象、造假手段以及造假后果三个方面。在造假迹象方面，主要是通过分析企业三大报表中异常的财务信息，与同行业的其他类似公司进行比较和分析，从而找出其造假的证据。本节通过分析发现康美药业在财务数据上存在着"存贷"双高、应收账款被关联方占用与存货异常等情况。在造假手段方面，康美药业主要是通过虚增收入、利润，虚增货币资金，虚增资产以及假借关联交易转移利润、抽逃资金四个方面来粉饰其财务报表。在造假后果方面，康美药业面临巨大的资金压力，在整个资本市场中的声誉下降，营业收入、营业利润和净利润都出现断崖式下跌，总之这次造假事件给康美药业带来了巨大的损失。

关于康美药业造假动因方面，一是因为中医药行业的竞争变得越来越激烈，康美药业又想快速占据市场，从而导致康美药业没有一个成熟的发展战略而又过于激进，企业的利润不增反降。这一结果发生后，康美药业不但没有花费大量精力去思考如何改善企业经营，反而是通过财务造假等一系列手段来掩盖其自身恶化的经营状况，这完全是本末倒置。

二是因为康美药业马兴田夫妇"一股独大"以及马兴田在担任董事长的同时也兼任总经理，形成了"两权合一"的局面。这种"一股独大"和"两权合一"的情况使得马兴田可以凌驾于内部控制之上。

三是目前我国对于上市公司财务造假的违法违规处罚力度还不够。康美药业巨额的财务造假案件并没有使其退出资本市场，低廉的犯罪成本加剧了财务造假行为的发生。

最后，在康美药业财务造假事件中，作为第三方审计机构的广东正中珠江事务所，由于在对康美药业财务报表进行审计的过程中存在一系列的失职行为，从而为康美药业的财务造假创造了机会，广东正中珠江会计师事务所针对康美药业财务造假期间的财务报告连续出具无保留的审计意见，这显然是十分严重的失职行为，丧失了客观性。因此作为具有独立评判标准的外部审计机构，不能与客户产生利益关联，否则会影响独立客观性。

4.3 獐子岛 2020 年年报盈余操纵

4.3.1 背景介绍

4.3.1.1 公司背景

獐子岛集团股份有限公司（以下简称獐子岛，股票代码 002069）是一家以海洋食品为主要业务的综合性企业，于 1958 年成立。獐子岛集团在 2001 年进行了改革，并改名为大连獐子岛渔业集团股份有限公司。獐子岛集团股份有限公司于 2006 年 9 月 28 日在深交所上市，成为中国第一个百元农业股。

獐子岛集团股份有限公司是国内最大的综合性海洋食品企业，主要业务为水产增养殖，同时还进行其他一系列的业务（如海珍品育苗、增养殖、加工、贸易、海上运输等）。

相比于水产养殖行业的其他企业，獐子岛具有发展时间长，知名度高，资金雄厚，地理位置良好等优势。由于上市时间早，公司的规模与技术在行业中都遥遥领先。水产养殖上，有亚洲最大的海洋牧场，在韩国美国加拿大等国有独立养殖基地。水产销售上，有遍布全球的销售网络。水产加工上，在大连、山东等地有超 6 家水产深加工基地，全程加工可追溯。技术创新上，与水产界著名科研院所深度合作。

4.3.1.2 行业背景

如图 4-2、图 4-3 所示，从宏观环境来说，2010 至 2014 年我国国内生产总值不断增加，经济整体从 2008 年的全球经济金融危机中恢复过来。2010 年我国采取积极的财政政策和"适度宽松"的货币政策，经济开始回升且向好势头更加巩固。同时全球经济总体保持复苏态势，但外部需求恢复增长需要较长时期。总体体量增长，增速放缓，进入经济发展新阶段。2015—2019 年国内生产总值不断增加，提高了将近 30 万亿元，GDP 增速趋于稳定，中国经济规模不断扩大，经济进入新常态。

从政策导向来看，渔业在经济发展的环境下也处在一个规模扩大、不断发展的阶段，下一步的要求是可持续发展和科技发展，也就是公司向绿色化和科技化转型。这对于渔业企业来说既是机遇也是挑战，因为中国农业集约化水平不强、科技化程度低，转型需要大量资金技术支持，同时绿色发展可能会让企业牺牲一部分短期利润。

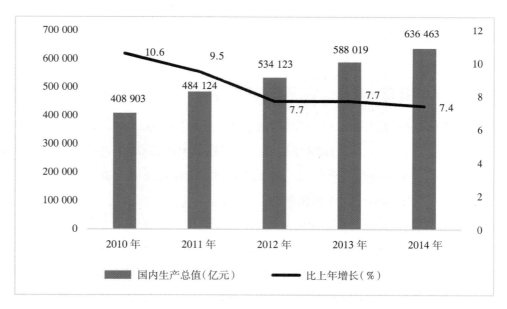

图 4-2　2010—2014 年国内生产总值及其增长速度

（数据来源：国家统计局《2014 年国民经济和社会发展统计公报》。）

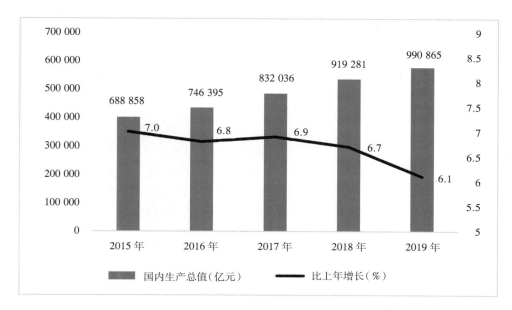

图 4-3　2015—2019 年国内生产总值及其增长速度

（数据来源：国家统计局《2019 年国民经济和社会发展统计公报》。）

从行业的发展情况来看（图 4-4），全国渔业总产值在 2014—2018 年基本一直保持增长状态，增速没有大幅度变化，到 2017 年总产值达到 247.62 百亿元，从结构来看，渔业工业与渔业服务业发展不断向好，占比不断扩大，说明在政策引导下渔业确实出现了结构转型趋向。从渔民人均收入以及收入构成来看（图 4-5、图 4-6），在 2018 年达到了人均 19 885 元，且家庭经营收入占比高达 90.57%，人均收入不断上涨，说明行业发展比较理想。从海水养殖来看[①]，2015—2019 年我国海水养殖产量逐年上升，从 2015 年的 1 796.56 万吨上升到了 2017 年的 2 000 万吨，共增长约 15%，复合增长率达到 3.5%。如果用产量除以养殖面积来衡量海水养殖的生产效率，可以发现 2015—2019 年海水养殖的生产效率逐年提高，从 2015 年的 7.75 吨/公顷提升到了 2019 年的 10.37 吨/公顷。海水养殖规模和效率都在上升。

---

①资料来源：2021 年中国水产养殖行业市场现状与产品结构分析海水养殖效率提高_行业研究报告－前瞻网（qianzhan.com）。

图 4-4 2014—2018 年全国渔业经济总产值及构成（单位：百亿元）

（数据来源：《2019 中国渔业统计年鉴》。）

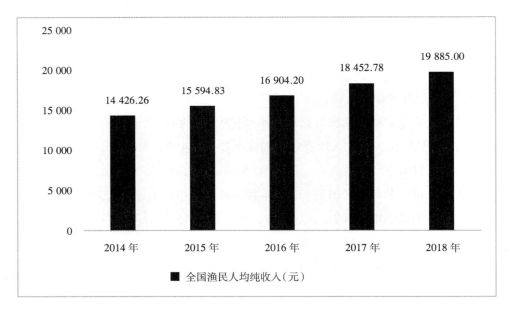

图 4-5 2014—2018 年全国渔民人均纯收入

（数据来源：《2019 中国渔业统计年鉴》。）

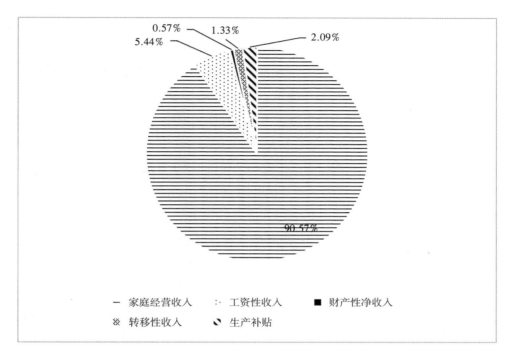

图 4-6　2018 年全国渔民家庭人均总收入构成

（数据来源：《2019 中国渔业统计年鉴》。）

4.3.2 思考题

獐子岛在其上市之后的 5 年，公司营收规模和业绩保持强劲增势。2012 年，獐子岛的辉煌戛然而止。当年，公司实现营业收入 26.08 亿元，净利润 1.06 亿元，同比分别下降 11.20% 和 78.78%。自 2012 年起，獐子岛业绩日渐下滑。①

2017 年 10 月 25 日，獐子岛集团股份有限公司在披露的《关于 2017 年秋季底播虾夷扇贝抽测结果的公告》中称，公司于 2017 年 9 月 26 日启动的秋季虾夷扇贝抽测活动的结果显示，公司 2014—2016 年底播预估到 2017 年 10 月末，未收货的 135 万亩海域中的虾夷扇贝尚不存在减值的风险。但仅在三个月后，2018 年 1 月 31 日公司公告巨额亏损，称大量扇贝突然死亡。②

---

①数据来源：獐子岛 2012 年年度报告。
②资料来源：獐子岛《关于 2017 年秋季底播虾夷扇贝抽测结果的公告》《重大事项停牌公告》。

而 2017 年 11 月 13 日至 12 月 19 日，獐子岛集团股东和岛一号投资基金分四笔卖出獐子岛股票 199.85 万股，套现约 1 612 万元。有三笔交易均在 7.9 元左右，与该公司 2016 年买入价格相差无几。一般大股东减持通常是在逢高减持，得到相应获利。在没有获得任何收益的情况下去减持，那很有可能是为了规避风险。因此可以合理猜测，獐子岛集团虾夷扇贝并未像 10 月 25 日公告中所说尚不存在减值风险，有信息造假的可能。①

2020 年 6 月 24 日，证监会发布了关于獐子岛的行政处罚和市场禁入决定书，处罚结果如下：对獐子岛集团股份有限公司给予警告，并处以 60 万元罚款；对吴厚刚、梁峻等相关责任人员处以 30 万元至 3 万元不等的罚款，对作为主要责任人员的吴厚刚、梁峻、勾荣和孙福君采取 5 年至终身证券市场禁入措施。

在宏观层面上，獐子岛相比于行业内其他企业有更丰富的历史和更好的地理环境。在盈余操纵之前，公司在行业中已处在前列，占据龙头优势，享受政府与国家的资金扶持。从数据来看，渔业行业在 2015 年后确实也得到了一定发展，行业规模、行业技术水平都有所增长，虽然出于市场饱和、需求趋于稳定等原因增速在放缓，但总体处于向好发展阶段。而此时已经具有科技领先优势和行业领先地位的獐子岛，却被爆出财务造假，公司信誉与股价大跌。是什么导致了獐子岛的造假，獐子岛又是怎么做的呢？我们将通过下文的具体分析，给出合理解释。

4.3.3 案例分析

4.3.3.1 獐子岛盈余操纵的主要财务数据特征

（1）毛利与净利润的比较

将獐子岛公司 2012 至 2019 年的营业收入、营业成本、毛利和净利润汇总至表 4-10：

表 4-10 獐子岛 2012—2019 年相关财务指标情况表

单位：万元

项目	2012 年	2013 年	2014 年	2015 年	2016 年	2017 年	2018 年	2019 年
营业收入	260 828.41	262 085.78	266 221.15	272 678.02	305 210.19	320 584.60	279 799.74	272 886.92

---

① 资料来源：獐子岛《关于大股东股份减持计划实施完成的公告》。

续表

项目	2012年	2013年	2014年	2015年	2016年	2017年	2018年	2019年
营业成本	196 612.92	204 158.79	229 221.86	240 608.16	259 036.89	272 060.46	233 035.83	236 724.03
毛利	64 215.49	57 926.99	36 999.29	32 069.86	46 173.3	48 524.14	46 763.91	36 162.89
净利润	10 358.58	9 730.28	−119 521.72	−24 543.90	7 571.45	−72 576.74	3 398.69	−38 489.06

数据来源：獐子岛 2012—2019 年年度报告。

将表 4-10 中的数据做成折线图得到图 4-7：

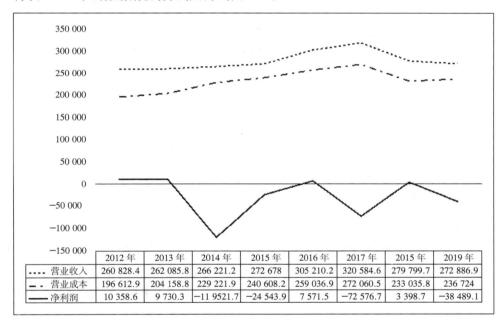

图 4-7　獐子岛 2012—2019 年毛利润与净利润对比折线图（单位：万元）

（数据来源：獐子岛 2012—2019 年年度报告。）

根据图 4-7 可以看出，獐子岛公司 2012 至 2019 年的毛利润（营业收入−营业成本）波动不是很大，而其净利润的波动极大，呈现出几年微利（亏）与巨亏的情况。这说明獐子岛公司各年之间在酌量性费用的计提上差异较大。这显然是不合理的，有盈余操纵的嫌疑。

(2) 主营业务成本

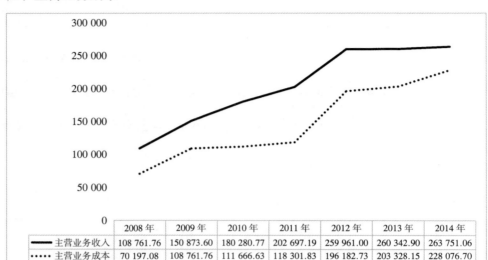

图 4-8 獐子岛 2008—2014 年主营业务收入(成本)对比折线图(单位:万元)

(数据来源:獐子岛 2008—2014 年年度报告。)

由图 4-8 可知主营业务成本在 2009 至 2011 年增速低于主营业务收入,这将会导致毛利率异常变动。根据毛利率的计算公式(即毛利率=毛利/销售收入×100%)可知獐子岛存在虚减营业成本的造假嫌疑。

(3) 存货周转天数

在对獐子岛、同行业其他企业以及行业标杆均值数据进行表格化后,发现獐子岛存货周转天数的趋势变动和数量变动两方面都存在异常状况。

首先是趋势变动方面(图 4-9),在 2009 至 2013 年,獐子岛存货周转天数呈不断上升趋势,然而,獐子岛 2014 年存货周转天数却大幅下降,降至 344.83 天,降幅高达 107.83 天。同时期同行业其他企业存货周转天数小幅增长(*ST 东洋大幅增长,后爆雷),2014 年后獐子岛存货周转天数与同行业企业变动趋势也不一致,背离同行业发展趋势,存在因存货数据造假而导致存货周转天数趋势变动异常的嫌疑。

其次是数量对比方面(图 4-10),对比 2009 年至 2019 年獐子岛与行业标杆均值存货周转天数可知,十年间,獐子岛存货变动幅度远高于行业标杆均值。对于水产养殖企业而言,存货周转天数一般变动幅度较小,而獐子岛存货周转天数与同行业企业对比,也存在明显异常状况。

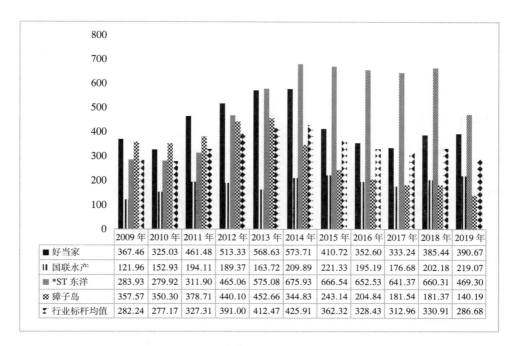

图 4-9　獐子岛与同行业其他企业存货周转天数对比图(单位:天)

(数据来源：wind 数据库 数据浏览—营运能力。)

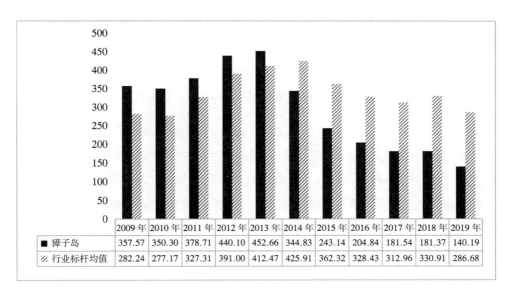

图 4-10　獐子岛与行业标杆均值存货周转天数对比图(单位:天)

(数据来源：wind 数据库 数据浏览—营运能力，行业标杆均值为图 4-9 中 5 家企业存货周转天数平均值。)

因此，无论是从趋势变动方面，还是数量变动方面。獐子岛存货周转天数与同行业其他企业对比，都存在明显异常状况。獐子岛作为一家养殖类企业，其主要产品扇贝的售卖周期却不是很稳定，有时是一年，有时是一年半甚至是两年。这表明獐子岛有极大可能对存货造假，存货周转天数也存在异常状况。

（4）资产减值损失

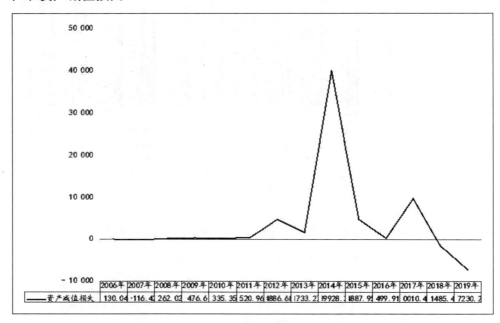

图 4-11　獐子岛资产减值损失变化趋势图（单位：万元）

（数据来源：獐子岛 2006—2019 年年度报告。）

由图 4-11 可知：獐子岛 2006 至 2013 年几乎没有计提资产减值损失，而在 2014 年，大规模计提资产减值损失，金额高达 39 928.30 万元，高于同时期同行业所有企业计提资产减值损失之和，过于离谱。然而獐子岛对资产减值损失的"解释"如下：2014 年受冷水团影响，扇贝大规模"冻死"；2016 年，扇贝在存量抽测中未发现重大异常，疑似纷纷"回家"；2017 年，扇贝大规模"饿死"；2019 年，海洋牧场灾害持续影响扇贝生长。獐子岛资产减值损失数据异常波动，数据造假明显。

4.3.3.2 獐子岛盈余操纵的主要手段

獐子岛主要是通过影响利润表中的具体项目从而影响最终的净利润，第一是通过存货成本的结转来影响利润表中的营业成本，第二是通过存货的核销处理来影响利润表中的营业外支出，第三是通过计提存货跌价准备来影响资产减值损失。存货在一般情况下不会影响利润表，只有在对存货计提跌价准备和存货成本结转或核销时才会影响利润。具体的操作方法就是利用生物性资产审计难度大的特点，对营业成本、营业外支出和资产减值准备进行虚增虚减，从而达到操纵利润增减的目的。

表4-11　獐子岛2011—2018年度的存货情况表

单位：万元

项　　目	2011年	2012年	2013年	2014年	2015年	2016年	2017年	2018年
存货跌价准备计提数	0.00	3 013.87	1 305.71	34 814.59	3 310.15	65.74	9 036.03	1 556.70
其中：消耗性生物资产	0.00	0.00	240.87	31 124.61	3 195.12	0.00	6 072.16	0.00
存货跌价准备转回转销数	0.00	0.00	2 732.50	30 157.47	5 363.31	3 749.99	0.00	7 183.70
消耗性生物资产转回转销数	0.00	0.00	0.00	28 734.06	2 631.42	3 195.12	0.00	4 601.07
资产减值损失	520.96	4 886.68	1 733.27	39 928.30	4 887.95	499.91	10 010.42	-1 485.47
其中：存货跌价损失	0.00	3 013.87	1 305.71	34 483.69	3 310.15	65.74	9 036.03	-1 556.70

数据来源：獐子岛2011—2018年年度报告。

（1）2014年存货减值分析

通过分析表4-11和前文的表4-10可知，在2014年公司的净利润为-119 521.72万元，公司处于亏损的状态，而当年獐子岛的存货跌价准备共计提了34 814.59万元，其中消耗性生物资产计提的存货跌价准备占总存货跌价准备计提数的89.4%。根据《企业会计准则第5号——生物资产》（财会〔2006〕3号）第二十一条：消耗性生物资产减值的影响因素已经消失的，减计金额应当予以恢复，并在原已计提的跌价准备金额内转回，转回的金额计入当期损益。企业通常会借此进行盈余管理。

由前文图4-11可知，2014年獐子岛计提了高额的资产减值损失，但是在之后几年资产减值损失的计提数又大大降低，2015年计提了4 887.95万元，2016年计提了499.91万元。另一方面，2011年獐子岛的存货跌价准备计提数为0，然而獐子岛当年有着大量的存货堆积，尤其是保质期限较短的海鲜产品，因此对这些存货没有计提相应的存货跌价准备显然是异常的；同时在 2012 年和 2013 年，獐子岛的存货跌价准备计提数相较于同行业的其他企业仍然是较低的。由此可以推断出獐子岛 2014 年资产减值损失的大规模计提，极大程度是企业在处于亏损状态时仍然计提巨额存货核销和存货跌价准备，在以后年度做转回的一种"洗大澡"的盈余管理方式。

（2）2016 年存货减值分析

由表 4-10 和表 4-11 可以看出，獐子岛在 2015 年的净利润仍然是负的，企业处于亏损的状态，而獐子岛 2016 年存货跌价准备计提数突然大幅度下降，由 2015 年的 3 310.15 万元降至 65.74 万元，同时当年还转回转销了 3 749.99 万元，其中消耗性生物资产转回转销数占了绝大部分，为 3 195.12 万元，但是 2016 年獐子岛并未对消耗性生物资产计提任何的存货跌价准备，即使 2016 年獐子岛将先前已计提存货跌价准备的消耗性生物资产全部出售，根据谨慎性原则，也应对企业仍未出售的消耗性生物资产进行相应的存货跌价准备的计提，獐子岛的这一行为显然是异常的，极大可能是为了提高企业自身的利润。

（3）2017 年存货减值分析

由表 4-11 可知，2017 年獐子岛的存货跌价准备计提数又高达 9 036.03 万元，其中消耗性生物资产相关的存货跌价准备为 6 072.16 万元，从而导致企业当年的净利润又是负的，再次陷入亏损。

表 4-12 獐子岛 2011—2018 年度的营业收入及应收账款

单位：万元

项目	2011 年	2012 年	2013 年	2014 年	2015 年	2016 年	2017 年	2018 年
营业收入	293 741.07	260 828.41	262 085.78	266 221.15	272 678.02	305 210.19	320 584.60	279 799.74
应收账款	19 345.85	17 218.26	18 014.16	20 193.98	25 495.49	34 877.32	43 668.79	36 528.19

数据来源：獐子岛 2011—2018 年年度报告。

对獐子岛 2011—2018 年营业收入及应收账款的变化情况（表 4-12、图 4-12）进行分析可以发现，应收账款的增长幅度在 2014—2017 年间均比营业收入的增长幅度明显，尤其是 2015 年和 2016 年，两者的增长率分别相差了 23.83% 和 24.87%。

2016 年应收账款大幅增多，是因为獐子岛公司放宽了对赊买人信用条件的标准。2016 年信用情况较差的应收账款在 2017 年未能收回，属于公司对赊买人信用审核工作不到位而造成的损失。而公司为了避免承担来自监管机构及市场的指责，便将这一部分亏空转移到资产减值损失上，利用资产减值损失进行盈余操纵，导致 2017 年资产减值损失大幅增加。

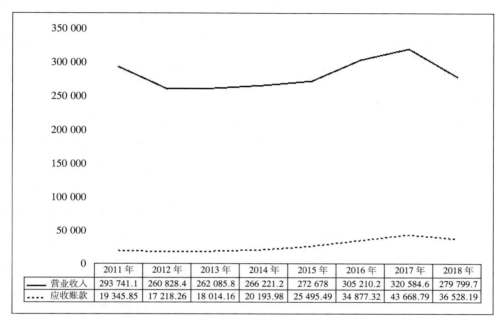

图 4-12　獐子岛 2011—2018 年度营业收入与应收账款变动折线图（单位：万元）

（数据来源：獐子岛 2011—2018 年年度报告。）

因此，2017 年必须增加存货跌价损失以调低净利润为负，从而为以后年度的正收益创造条件。

4.3.4　讨论

本节主要对獐子岛盈余操纵的证据及手段进行了分析。关于盈余操纵证据分析，主要是通过毛利与净利润的比较、主营业务成本、存货周转天数以及资产减值损失四个方面进行相应的分析，发现獐子岛的财务数据存在着明显的造假行为。关于盈余操纵手段方面，獐子岛主要是通过对利润表中的具体项目进行操纵，从而影响最终的净利润，主要包括利用存货成本的结转影响营业成本、利用存货的核销处理来影响营业外支出以及利用计提存货跌价准备来影响资产减值损失，这些手段都能使獐子岛达到操纵利润增减的目的。

此外，獐子岛之所以能够进行盈余操纵有以下三个原因：

一是獐子岛为海底养殖类企业，主要为消耗性生物资产，这类资产十分容易受到环境的影响，无法预测的气候条件因素，成了獐子岛"扇贝逃跑"的理由；同时獐子岛的海底存货难盘点，如果在对存货的盘点过程中没有进行严格的监督和复核，那就很容易导致存货的采捕记录不准确、结转的成本不真实等问题，从而极易导致企业出现调整营业成本的行为。此外，内外部人员对于存货的监管力不从心，对于审计人员而言，在对獐子岛的存货进行审计时，其存货的数量是很难去查清的。

二是獐子岛的信息披露延迟且不充分。在证监会的调查报告中有这样的相关说明[①]：不晚于 2018 年 1 月初，獐子岛公司财务总监勾荣已知悉公司全年业绩与原业绩预测偏差较大，并向吴厚刚进行了汇报。2018 年 1 月 23 日至 24 日，獐子岛公司陆续收到增殖分公司、广鹿公司等 16 家公司的四季度收益测算数据。根据 2005 年《证券法》第六十七条第二款第十二项、《上市公司信息披露管理办法》第七十一条第二项和《深圳证券交易所股票上市规则（2014 年修订）》第 11.3.3 条规定，獐子岛公司应及时披露业绩预告修正预告，该信息在 2018 年 1 月初，勾荣将全年业绩与预期存在较大差距情况向吴厚刚汇报时触及信息披露时点，应在 2 日内进行信息披露，但獐子岛公司直至 2018 年 1 月 30 日才予以披露，导致信息披露未及时传递到外部，为盈余操纵制造了时间。

三是獐子岛管理层变动异常，内部控制缺陷整改迟缓。高管频繁的离职势必对公司经营造成不良影响。獐子岛公司与存货相关的控制活动明明存在重大缺陷，但监事会、审计委员会却疏于内部控制实施的监督工作，给盈余操纵的发生提供了机会。存货的日常监管不到位，保护监督措施形同虚设。

[①] 资料来源：中国证监会行政处罚决定书（獐子岛集团股份有限公司、吴厚刚等 16 名责任人员）文号〔2020〕29 号、中国证监会市场禁入决定书（吴厚刚、梁峻、勾荣、孙福君）文号〔2020〕9 号、《獐子岛集团股份有限公司关于监事辞职的公告》公告编号 2016—102、《獐子岛集团股份有限公司关于公司高级管理人员辞职的公告》公告编号 2017—57、《獐子岛集团股份有限公司关于公司董事、董事会秘书、高级管理人员调整的公告》公告编号 2019—66、《獐子岛集团股份有限公司辞职公告》公告编号 2019—76。

4.4 小结

资产负债表分析的几个要点：首先要浏览资产负债表的主要内容，从而对企业的资产、负债及股东权益的总额及其内部各项目的构成和增减变化有一个初步了解；然后要关注资产负债表的一些重要项目，特别是当一些项目的期初与期末数据变化很大或者出现大额红字时要保持警惕，做进一步的分析，比如流动资产、流动负债等，对一些项目进行分析时要结合行业特征；最后一点是计算基本的财务指标来分析企业财务各方面的合理性。此外，资产负债表仅仅反映的是企业某一方面的财务信息，分析师想要对企业有一个全面的认识，还必须结合财务报告中的其他内容进行分析。

第五章 利润表及所有者权益变动表分析

5.1 主要知识点回顾

本章的知识点框架如图 5-1 所示：

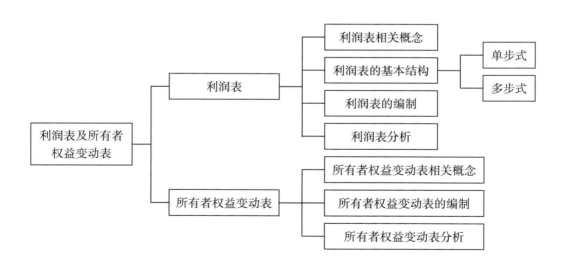

图 5-1 知识点框架图

5.1.1 利润表

5.1.1.1 利润表相关概念

利润表是反映会计主体在一定会计期间内经营成果的财务报表。利润表应当按照利润的计算顺序对各项目进行分类分项列示，是财务报表的重要组成部分。

营业收入是指会计主体在会计期间内从事主营业务而取得的资金流入，是衡量企业业绩的重要指标。在对营业收入进行质量分析时，要明确营业收入的增长究竟是因为产品销量增长还是产品价格的提升，或是两者共同作用的结果，上市公司销售增长（或下降）的原因会在企业年报中的经营情况讨论与分析部分披露，分析师可以结合重点披露情况进行分析。

营业成本是指为生产、销售商品或提供服务过程中发生的成本。质量分析时主要关注营业成本与营业收入的比率（即营业成本率）。

毛利是营业收入与营业成本的差额，与净利润相对，毛利没有任何税息的调整，可以初步反映企业的销售政策的正确性、经营成果的大小。通常以毛利率作为衡量行业或者企业盈利水平的指标。

营业费用是指企业日常活动过程中为生产产品、提供服务而发生的必要的支出，主要包括管理费用、销售费用、财务费用和研发费用。

营业利润是指企业日常经营活动中实现的利润，是衡量企业盈利能力的重要指标之一，通常被用来区分企业不同来源经济利益流动的依据。通常以营业利润率反映企业当期的收入情况、评价企业的盈利能力。

利润总额是营业利润和营业外收支净额共同作用的结果，表明企业生产经营活动最终的财务成果，又称为"税前利润"。其中，营业外收益是指营业外收入和支出相互抵减的差额。营业外收入和支出是与日常经营无关的，直接计入当期利润的经济流入与流出，包括：罚款收入与支出、部分补助款、某些关联交易等。

净利润是利润总额扣除所得税费用后的余额得到的，也称税后利润，是在考虑了所有的收入和费用基础上得到的，是利润表中的最终利润。报表分析者要注意结合以往年度信息、年报披露信息和行业形势，发现利润的畸形变动或其他收支损益项目的异常变动。

资产减值损失是由于企业资产负债表日资产的账面价值大于其未来可收回金额，基于会计处理谨慎性原则，计提的损失。

公允价值变动收益，主要反映了企业金融资产等在会计期末因公允价值变动带来的收益或亏损，通常在年末进行结转，在利润表中单独列示，包括：交易性金融资产公允价值变动、以公允价值计量且其变动计入当期损益的金融资产公允价值变动等。

5.1.1.2 利润表的基本结构和编制

国际通用的利润表有两种基本结构：单步式利润表和多步式利润表，在列报时多有不同。多步式利润表计算了毛利、营业利润和税前利润等数个中间利润衡量值，单步式利润表不对收入和费用的性质进行区分，而是用所有的收入去扣减费用来得出当期的净利润。

在编制利润表时主要是依据"收入－费用＝利润"的会计平衡公式和收入与费用的配比原则。企业进行日常生产经营活动的过程中，通过销售商品或提供劳务获得的各项收入，减去相关活动或服务过程中发生的费用就得到了利润。企业的收入和自身发生的费用可以反映企业的经营情况。当企业因经营决策或市场变动等因素导致年度收入难以弥补费用支出时，便构成了经营亏损；反之，企业就能取得一定的利润。根据规定，企业主体需要在年末或中期末核算企业的经营成果，并将核算结果编制成财务报表（年度报表或中期财务报表），这就形成了利润表。

5.1.1.3 利润表分析

为便于对利润的结构和变化情况进行分析，通常会编制共同比利润表，它是一个重要的分析工具。在编制时以营业收入为分母，用利润表中各项目分别除以营业收入的百分比额，能够体现各收入和费用项目相对于营业收入的重要性，使用者可在此表基础上结合附注分析利润变动情况及原因。

营业收入质量分析：单纯的营业收入增长并非形势大好，企业需要明确营业收入的增长究竟是因为产品销量增长还是产品价格的提升，或是两者共同作用的结果，这对后续年度销售、生产方案的制定至关重要。一般来说，企业的营业收入增长率应当是产品价格（通货膨胀期）和销量提升共同作用的结果。企业一个重要的经营目的在于：销售量保持平稳增长、价格的增长应不低于通货膨胀的速度。上市公司销售增长（或下降）的原因会在企业年报中的经营情况讨论与分析部分披露，分析师可以结合重点披露情况进行分析。

营业成本质量分析：在各费用中，营业成本通常占比最大，营业成本作为收入的抵减项，故在评价企业利润时格外关注营业成本与营业收入的比率即营业成本率。要注意的是营业成本率的高低并非单纯由营业成本决定,销售价格的差异也会导致其变动,因此,在分析营业成本率和毛利率等指标的变动原因时,要考虑是否是由于销售价格的变动引起的。阅读报表和分析时,务必注意披露数据是原始数值还是百分比。

营业费用质量分析:①如果管理费用的共同比变化打破了往年的稳定,分析师应当质疑这一现象的原因,不能排除企业和管理层可能通过减计费用来增加利润,分析师应当结合年报其他披露事项进行判断。同时,当管理费用大幅下降时,不仅要考虑企业的机构精简、费用控制等有利因素,也应当考虑利润操纵。②对于研发费用的分析,可以关注研发费用构成的明细分类及性质,另外了解研发费用按项目的支出情况,最后了解企业研发费用的资本化处理情况,以评价相关资本化处理的合理性。③销售费用的变动在一定程度上反映了企业的销售能力。企业投入销售费用会带来市场营销、信誉和形象的改变,提高产品销量;但过高的销售费用会造成利润的下滑。④财务费用可以在一定程度上反映企业的负债程度,过高的财务费用可能警示企业负债结构和偿还危机;过低的财务费用又提示管理者,企业可能没有合理地利用财务杠杆进行负债经营。

净利润质量分析:对待净利润,分析师必须格外小心,通常企业财务舞弊案例的实质都是为了粉饰报表利润,即净利润。因此,分析师不能只拘泥于报表的"形式大好",结合以往年度信息、年报披露信息和行业形势,发现利润的畸形变动或其他收支损益项目的异常变动,都有助于分析师识别虚增的利润。

5.1.2 所有者权益变动表

5.1.2.1 所有者权益变动表相关概念

所有者权益变动表是反映公司本期(年度或中期)内至截止期末所有者权益变动情况的报表。通常,所有者权益变动表包含以下信息:当期所有者权益总量的变动情况、所有者权益变动的结构性项目披露、直接计入所有者权益的利得或损失。

实收资本是企业实际收到的投资者投入的资本额,又称股本。按照投资主体性质不同,可以分为国家资本、法人资本、个人资本和外商资本。实收资本增加的原因主要包括企业接受来自投资者的货币资金或实物投资、发行股票、通过资本公积或盈余公积转增资本,可转换公司债券转为股本、债务重组等活动。

资本公积是指企业收到投资者出资额超出其在注册资本(或股本)中所占份额的部分,以及直接计入所有者权益的利得和损失等,包括资本溢价和直接计入所有者权益的利得和损失等。

盈余公积是指企业从净利润中提取的留存于企业内用于日后生产经营的税后利润，其实质是一种特殊的利润积累，包括法定盈余公积、任意盈余公积、公益金。

未分配利润是企业留待以后年度分配或是等待分配的利润。从数量上看，未分配利润是期初未分配利润加上本期实现的净利润，减去本期提取的各种盈余公积金和已经分配掉的利润后的剩余金额，是所有者权益的重要组成部分。它是联系资产负债表与利润表的重要项目，负数表示未弥补的亏损。

少数股东权益简称少数股权，在母公司拥有子公司股份不足100%，即只拥有子公司净资产的部分产权时，子公司股东权益的一部分属于母公司所有，即多数股权，其余一些仍属外界其他股东所有，由于后者在子公司全部股权中不足半数，对子公司没有控制能力，故被称为少数股权。

5.1.2.2 所有者权益变动表的编制

由于所有者权益变动表反映一定期间的综合收益，故其编制原理为"综合收益=净利润+直接计入所有者权益的利得（损失）"。编制时，应当根据"实收资本（股本）""资本公积""盈余公积""库存股""利润分配"等科目的上期末余额、本年年初余额、本期发生额和本年年末余额等分析填列，列示数额应当区分正负，增加金额以正数填列，减少金额以负数填列，根据所有者权益（股东权益）变动的性质，分别按照当期净利润、直接计入所有者权益的利得和损失项目、所有者投入资本和向所有者分配以及所有者权益内部结转等情况分析填列。

5.1.2.3 所有者权益变动表分析

在对所有者权益变动表进行分析时通常关注以下几点：第一，股本的变动情况。通过股本的变动情况可以判断企业的财务状况，如果股本呈正向变动，说明企业财务状况良好，发展规模在不断扩大，反之则表明企业财务状况恶化。第二，资本公积的变动情况。资本公积转增股本能够在一定程度上说明企业具有稳健、持续发展的潜力。第三，盈余公积的变动情况。如果盈余公积减少，分析者要通过财报注释了解到减少的原因，并且要看解释是否合理。假如不合理，那么要警惕企业有可能把钱挪作他用。

5.2 政府补贴对长安汽车创新能力的影响

5.2.1 背景简介

5.2.1.1 公司背景

重庆长安汽车股份有限公司(以下简称长安汽车,股票代码000625)是中国汽车四大集团阵营企业,成立于1996年10月31日,在重庆市工商行政管理局注册登记,取得营业执照,于1996年11月8日在深圳证券交易所上市。长安汽车坚持"以我为主,自我发展"的创新之路,拥有"24小时不间断"的研发体系。公司经营范围包括汽车(含轿车)制造、新能源技术研发、汽车发动机系列产品、配套零部件、IT等,其中新能源汽车的研发方面已经走到世界前列。

长安汽车始终坚持以"引领汽车文明,造福人类生活"为使命,秉承"节能环保、科技智能"的理念,大力发展新能源和智能汽车,致力于用科技创新引领汽车文明,努力为客户提供高品质的产品和服务。

2017年,长安汽车进一步增强科技创新实力,通过对标,持续完善、优化项目管理体系、精益过程管控、聚焦重点,全年研发投入36.31亿元,全力推动400余个科研项目顺利开展。长安汽车全球研发中心开工建设,投资33亿元,建成后将成为全球研发体系总枢纽。2018年,长安汽车"归零"再出发,正式发布了"第三次创业——创新创业计划",以创新为驱动,将效率打造成为组织核心竞争力,致力于向智能出行科技公司转型。2018年投入38.23亿元用于产品和技术项目开发,持续打造行业领先的研发实力。①

5.2.1.2 行业背景

21世纪初,世界各国开始发展新能源汽车产业,并将新能源汽车产业提上议事日程

---

① 资料来源:长安汽车2017—2018年年度报告。

纳入产业发展规划，为发展新能源汽车奠定了一定的技术基础（表5-1）。我国还没有正式出台专门针对新能源汽车产业发展的财政补贴政策，也没有安排相应的财政补贴资金，整体来说行业处于探索阶段。

表 5-1 2001—2008 年政府政策相关文件及目的

年　份	政策文件或内容	意义或影响
2001 年	列入"十五"期间的"863"重大科技课题①	新能源汽车产业正式落地启动
2004 年	《汽车产业发展政策》②	着重提升环保可持续发展的汽车生产技术
2005 年	《产业结构调整指导目录（2005 年本）》③	优化汽车产业结构，促进发展清洁，电动汽车
2006 年	《关于汽车工业结构调整意见的通知》④	
2007 年	《新能源汽车生产准入管理规则》⑤	为新能源汽车的上市销售奠定基础
2007 年	《产业结构调整指导目录（2007 年本）》⑥	新能源汽车正式进入国家鼓励的产业目录
2008 年	《关于进一步加强节油节电工作的通知》⑦	新能源汽车被列入政府采购清单

注：作者根据以下政策文件自行整理。
①国家"863"计划电动汽车重大专项已启动（sina.com.cn）。
②《汽车产业发展政策》（中华人民共和国国家发展和改革委员会令第 8 号）国家发展和改革委员会（ndrc.gov.cn）。
③《产业结构调整指导目录(2005 年本）》(2005 年第 40 号令)国家发展和改革委员会（ndrc.gov.cn）。
④国家发展改革委员会《关于汽车工业结构调整意见的通知》（scio.gov.cn）。
⑤《新能源汽车生产准入管理规则》(2007 年第 72 号公告)国家发展和改革委员会（ndrc.gov.cn）。
⑥《产业结构调整指导目录（2007 年本）》 豆丁网 （docin.com）。
⑦国务院《关于进一步加强节油节电工作的通知》（2008 年第 22 号国务院公报）中国政府网（www.gov.cn）。

如表 5-2 所示，2009 年首次开始实施新能源汽车的发展战略，同时为新能源汽车的产业化提供大量的资金支持；2016 年的"双轨制"管理，也再次表明国家对新能源汽车发展的支持力度是很高的。新能源汽车产业的发展已经上升为国家战略层面，中央和地方财政出台大量财政补贴政策，高强度财政补贴的刺激带来了我国新能源汽车产业突飞猛进。

表 5-2 2009—2015 年政府政策相关文件及目的

年 份	政策文件或内容	意义或影响
2009 年	《关于开展节能与新能源汽车示范推广工作试点工作的通知》①	明确了对电动汽车的财政补贴，积极推动了新能源汽车产业发展
2010 年	《关于开展私人购买新能源汽车补贴试点的通知》②	决定向私人乘用车领域给予财政补贴
2011 年	《中华人民共和国车船税法》③	符合条件的免征或减半征收车船税
2012 年	《节能与新能源汽车产业发展规划（2012—2020 年）》④	推出一系列相关扶持政策措施
2014 年	《关于免征新能源汽车车辆购置税的公告》⑤	免征新能源汽车的车辆购置税
	《关于新能源汽车充电设施建设奖励的通知》⑥	有效推动新能源汽车充电设施建设
2015 年	《中国制造 2025》⑦	突出汽车低碳化，信息化，智能化核心等发展战略

注：作者根据以下政策文件自行整理。
① 《关于开展节能与新能源汽车示范推广试点工作的通知》（www.gov.cn）。
② 四部门发布《开展私人购买新能源汽车补贴试点通知》（www.gov.cn）。
③ 《中华人民共和国车船税法》（chinatax.gov.cn）。
④ 《国务院关于印发节能与新能源汽车产业发展规划（2012—2020 年）的通知》（www.gov.cn）。
⑤ 《关于免征新能源汽车车辆购置税的公告》（chinatax.gov.cn）。
⑥ 《关于新能源汽车充电设施建设奖励的通知》（caam.org.cn）。
⑦ 《国务院关于印发〈中国制造 2025〉的通知》（国发〔2015〕28 号）政府信息公开专栏（www.gov.cn）。

根据 2017 年公布的补贴退坡日程安排（表 5-3），2017—2018 年较 2016 年降低 20%，2019—2020 年较 2016 年降低 40%，2020 年全部取消（2020 年 4 月 3 日财政部官网公布新能源汽车财政补贴政策延长至 2022 年底）。

表 5-3 2016 年底—2018 年政府政策相关文件及目的

年 份	政策文件或内容	意义或影响
2016 年底	《关于 2016 年—2020 年新能源汽车推广应用财政支持政策的通知》①	逐步采取补助退坡机制倒逼新能源汽车产业的发展
2017 年	退坡日程公布②	逐年削减财政补贴，直至全部取消
	乘用车企业平均燃料消耗量与新能源汽车积分并行管理办法③	实行"双轨制"管理，指明新能源汽车将逐步取代燃油车

续表

年 份	政策文件或内容	意义或影响
2018年	更新补贴标准④	鼓励新能源汽车续航能力的提升

注：作者根据以下政策文件自行整理。
① 《关于2016—2020年新能源汽车推广应用财政支持政策的通知》中国政府网（www.gov.cn）。
② 《新能源汽车补贴退坡开启2017年或步入调整期》车城网（checheng.com.cn）。
③ 《乘用车企业平均燃料消耗量与新能源汽车积分并行管理办法》中国政府网（www.gov.cn）。
④ 四部委《关于调整完善新能源汽车推广应用财政补贴政策的通知》（miit.gov.cn）。

总体而言，世界各个国家对环境保护、技术进步和能源安全越来越重视，传统的化石能源逐渐被其他能源所替代。政府持续有力的政策激励机制也促进了新能源汽车行业的发展，企业创新水平大为提升，如比亚迪在2010年初不断加大有关新能源汽车的研发投入，生产高质量的新能源汽车产品，从而使企业得到了很快的发展，如今已是新能源汽车行业中的龙头企业。此外，在政府补贴的加持下，其新能源汽车创新质量、专利技术与新能源汽车销售一直处于行业领先水平。

5.2.2 思考题

表 5-4 是对长安汽车 2014—2018 年年度财务报告中政府补贴金额的统计情况，并计算出同比增长以及占净利润的比例，以观察长安汽车在研究期间政府补助的规模和变化情况。

表 5-4 长安汽车 2014—2018 年政府补贴情况表

单位：万元

项 目	2014年	2015年	2016年	2017年	2018年
政府补贴	33 900.18	44 192.66	86 425.90	161 334.32	287 319.21
政府补贴增长率（%）	44.62	30.36	95.57	86.67	78.09
与经营活动相关的政府补贴	21 017.66	36 398.31	79 075.11	263 731.89	297 207.67
经营活动现金流入小计	4 759 778.53	6 824 047.07	8 047 653.60	8 897 389.27	8 199 697.02
净利润	751 797.89	992 255.35	1 027 659.47	720 843.73	72 335.94
政府补贴占净利润比例（%）	4.51	4.45	8.41	22.38	397.20

数据来源：长安汽车 2014—2018 年年度报告。

由以上数据可知长安汽车连续五年获得政府补贴，持续性良好；累计获得超过 60 亿元的政府补贴资金，属于政府核心补助对象。总体上看来，长安汽车获得的政府补助规模不断扩大，保持持续增长的趋势。从表 5-4 可以明显看出，长安汽车公司在 2014—2018 年每个年度中都获得了高额财务补助，并且呈现增长的趋势，政府补贴占净利润的比例也在快速增长，由 2014 年的 4.51%增长至 2018 年的 397.20%。此外，2014—2018 年期间，长安汽车与经营活动相关的政府补贴的金额以及占经营活动现金流入的比例在不断增长，说明政府补贴对长安汽车的经营活动的贡献在不断增大。

虽然长安汽车在 2014—2018 年的政府补贴金额一直在不断增加，但是由于国家自 2016 年开始对补贴政策进行调整，未来的补贴力度将会下降，而政府补贴与企业的利润是息息相关的，所以长安汽车对于政府补助的依赖程度还是很高的。

表 5-5 长安汽车 2014—2018 年政府补贴与总资产关系表

单位：万元

项 目	2014 年	2015 年	2016 年	2017 年	2018 年
总资产	6 968 735.29	8 941 398.87	10 651 047.37	10 612 511.46	9 348 885.41
总资产增长率（%）	27.60	28.31	19.12	-0.36	-11.91
政府补贴	33 900.18	44 192.66	86 425.90	161 334.32	287 319.21
政府补贴占总资产比例（%）	0.49	0.49	0.81	1.52	3.07

数据来源：长安汽车 2014—2018 年年度报告。

由表 5-5 可以看出，长安汽车在 2014—2018 年企业总资产的变化与行业趋势大体一致，稳步增长，速度迅猛，特别在 2014—2016 年这三年间，企业总资产在较大基数上保持了较高的增速，企业规模增至千亿级别，三年翻番。

通过计算政府补贴占总资产的比例可以发现，虽然政府补贴占企业总资产的比例很小，但是从 2014 年的 0.49%到 2018 年 3.07%，其增长幅度却不小，这说明政府补助对于长安汽车企业规模的影响程度在不断加强，促进了企业规模的增长。

2017 年，长安汽车在政府补贴金额增长近一倍的前提下，企业总资产不增反降，政府补贴占总资产比例也达到了历史最高水平，政府补贴在一定程度上缓解了总资产下降幅度，这说明长安汽车的发展在 2017—2018 年遇到了一定的瓶颈。这与长安汽车转型升级、产销增速较上年大幅放缓有关，而政府在长安汽车转型升级的过程中给予了极大力度的支持，借助政府补助金额维持了长安汽车较为稳定发展的态势。

此外，长安汽车自 2014 年来受到补贴政策的支持力度是很高的，其每年都会获得较高金额的政府补贴，同时补贴的形式也是多样的，由长安汽车年报可知对汽车及相关产品的研发资金补贴、研发费用补贴是占政府补贴的核心补贴项目，其次是企业发展补贴与新产品补贴；另外在其他一些新能源汽车的相关项目上，也都获得了政府补贴。

对此，我们产生疑问，政府补贴如何影响长安汽车的创新能力？我们将通过下文的具体分析给出合理解释。

5.2.3 案例分析

企业创新对于企业的可持续发展是十分重要的，它影响着企业发展的速度、规模以及方向。同时，企业创新应当存在于企业的方方面面，不论是企业整体的管理还是每一个业务的具体实施，每个方面的创新都不是相互独立的，它们之间有着很强的联系，因此在对某一项创新进行考虑时要关注到企业整体的发展趋势。本文将从创新投入和创新产出两个方面对长安汽车创新能力进行具体分析。

5.2.3.1 政府补贴对创新投入的影响

（1）研发投入分析

表 5-6　长安汽车 2014—2018 年研发投入情况表

单位：亿元

项　目	2014 年	2015 年	2016 年	2017 年	2018 年
长安汽车研发投入	20.12	25.63	32.03	36.31	44.65
长安汽车研发投入增长率（%）	23.66	27.39	24.97	13.36	22.97
汽车制造业研发投入	787.2	904.2	1 048.7	1 164.6	—
汽车制造业研发投入增长率（%）	15.73	14.86	15.98	11.05	—
政府补助	3.39	4.42	8.64	16.13	28.73
政府补助占研发投入比例（%）	16.85	17.25	26.97	44.42	64.34

数据来源：长安汽车 2014—2018 年年度报告、2014—2018 年全国科技经费投入统计公报。

从表 5-6 可以看出长安汽车研发投入的情况，2014—2018 年长安汽车研发投入的金额与增长率整体呈上升趋势，整体来说企业在技术研发领域投入不断加大，展示了企业在新能源汽车领域技术革新的决心和能力。然而 2017 年行业政府补贴普遍下滑，政府补贴占研发投入的比重也大幅下降，但长安汽车 2017 年和 2018 年的政府补贴仍然稳定增长，占研发投入的比重也上升至最高点 64.34%，说明政府对长安汽车技术研发的支持力度不仅没有减弱，反而力度更大，长安汽车在研发方面的投入资金对政府补助的依赖也在增大。

分析长安汽车的经营情况①发现，在开始实施"香格里拉计划"之后，2017 年，长安汽车加强对企业研发创新的重视程度，全年研发投入 36.31 亿元，并且全力推动 400 余个科研项目顺利开展，长安汽车在新能源汽车领域的创新力度的确在持续增强。由此我们可以看出，政府补贴虽然在整个行业退坡迅猛，但是对于有规模、有核心竞争力的企业依旧在积极鼓励，说明政府补助在退坡阶段对于补助对象有一定的选择性。

（2）研发投入资本化分析

表 5-7　长安汽车 2014—2018 年研发投入资本化金额及比例

单位：亿元

项　目	2014 年	2015 年	2016 年	2017 年	2018 年
研发投入资本化金额	6.10	6.49	9.45	10.15	12.80
增长率（%）	18.45	6.39	45.61	7.41	26.11
资本化研发投入占研发投入的比例（%）	30.32	25.32	29.50	27.94	28.67

数据来源：长安汽车 2014—2018 年年度报告。

由表 5-7 可以看出，长安汽车公司研发投入资本化金额基本呈稳步增加态势，由 2014 年的 6.1 亿元增加至 2018 年的 12.8 亿元，累计增加了 109.84%，其中 2016 年研发投入资本化增长最快，同比增长了 45.61%。但是我们也可以看到资本化研发投入占研发投入比例近年来呈波动式变化，这是因为一个企业的研发投入不可能在其投入当年就能全部资本化，研发工作具有周期性的特点。长安汽车总体研发投入资本化的比重是比较高的，这也正是长安汽车能够在新能源汽车行业中占据重要位置的原因，因为在创新技术十分重要的行业，只有拥有别人无法复制或模仿的技术，才能避免因竞争对手借助技术封锁而陷入危机。

（3）研发人员数量及人员占比分析

研发投入与研发产出是息息相关的，研发投入能够直接影响企业未来的研发产出量。长安汽车的研发投入主要集中在研发活动所需资金以及研发人员的人力资源两方面，研

---

① 资料来源：长安汽车 2017 年年度报告。

发活动则主要集中在研发新技术、设计新产品以及拓展新产业等方面。因此，研发人员是反映企业研发投入程度高低的一个重要衡量标准，它能够反映长安汽车对研发创新的知识方面的投入程度。

①员工教育程度

表 5-8 员工教育程度

单位：人

	2014 年	2015 年	2016 年	2017 年	2018 年
硕士及以上	1 192	1 664	2 058	2 070	2 461
本科	9 713	11 052	11 188	11 187	11 831
大专及以下	23 355	24 741	27 927	25 881	21 737
总计	34 260	37 457	41 173	39 138	36 029

数据来源：长安汽车 2014—2018 年年度报告。

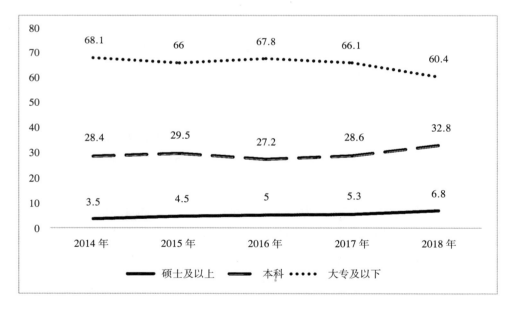

图 5-2 长安汽车 2014—2018 年员工教育程度变化率（单位：%）

（数据来源：长安汽车 2014—2018 年年度报告。）

从表 5-8 及图 5-2 可以看出，长安汽车公司从 2014 至 2018 年规模略有壮大，但变化不大。员工总人数呈现波动式上升，但总体上升幅度较小，从 2014 年的 34 260 人扩张到 2018 年的 36 029 人，整体扩张了 5.2%，其中基数最大的是大专及大专以下教育程度的员工,影响最大的也是大专及大专以下员工变化幅度。可以看出,大专及大专以下人数总体呈现波动式下降趋势,本科学历人员从 2014 至 2018 年基本保持稳定,在 2018 年有较为明显的增加,达到占比 32.8%,硕士及以上人员在 2014 至 2018 年间不断增长,从 2014 年 1 192 人至 2018 年 2 461 人,翻了一番,说明近年来长安汽车公司有在积极引进高学历人才,不断优化其人员结构,提升员工整体素质,但我们也可以看出,长安汽车的高学历人才占比很小,且公司规模改变不大,说明长安汽车的人力资源配置还要进一步提高。

②员工专业构成

表 5-9 员工专业构成表

单位:人

	2014 年	2015 年	2016 年	2017 年	2018 年
生产人员	20 799	22 805	26 424	23 950	20 440
销售人员	1 260	1 283	1 034	1 046	1 160
技术人员	6 688	7 674	8 777	9 354	9 888
财务人员	372	153	349	305	385
行政人员	2 226	717	561	513	471
管理人员	2 915	4 825	3 313	3 165	3 685
总计	34 260	37 457	41 173	39 138	36 029

数据来源:长安汽车 2014—2018 年年度报告。

从表 5-9 及图 5-3 可知,长安汽车的员工专业主要分为 6 种,其中生产人员占比最大,2014—2018 年生产人员占总员工数量的比例在 60% 左右波动,2016 年所占比例最高,为 64.2%,但是在随后的 2017 年和 2018 年开始有小幅度下降,分别为 61.2% 和 56.7%。结合前文的表 5-8 和图 5-2 可以知道,2016 年来,长安汽车具有大专及以下学历的员工人数也出现了一定幅度的下降,其比重由 67.8% 降至 60.4%,由此可以看出,长安汽车自 2016 年起对低学历生产人员的数量进行了一定程度的削减。其次,员工专业占比第二的为技术人员,因为企业创新的效率和质量与技术人员是分不开的,从表 5-9 及图 5-3 中也可以很明显地看出来,长安汽车自 2014 年起大力增加技术人员的人数,由 2014 年的 6 688 人增至 2018 年的 9 888 人,占比也由 19.5% 提升至 27.4%。管理人员作为公司员工的第三大类,其规模变化呈现波动式上升趋势,管理人员要求高学历、高素质人才,这与之前长安汽车公司研究生及以上学历人员增长相符。销售人员与业务量紧密相关，长安汽车销售人员整体变化不大，且略有下降，这与 2016 年以来长安汽车业务量减少有关。行政人员呈现明显的逐年下降趋势，说明长安汽车在精减行政人员，优化人员构成。财务人员为辅助性人员，占比较小且变化幅度不大，总体规模较稳定。

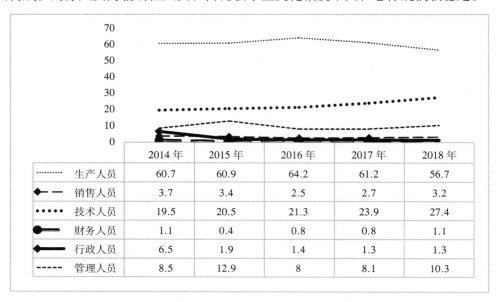

图 5-3　员工专业构成变化图（单位：%）

（数据来源：长安汽车 2014—2018 年年度报告。）

5.2.3.2 政府补贴对创新产出的影响

（1）创新效益分析

①新能源汽车销售情况

表 5-10　长安汽车 2014—2018 年总销售情况表

单位：万辆

	2014 年	2015 年	2016 年	2017 年	2018 年
销售数量	254.41	277.65	306.34	287.25	207.46
市场占有率（%）	10.84	11.30	10.90	9.95	7.39

数据来源：长安汽车 2014—2019 年年度报告。

由表 5-10 可以看出，长安汽车的新能源汽车销售数量呈现递增趋势，但是在总行业中的销售量占比却在下降，由 10.84% 下降到 7.39%，市场占有率减少，说明新能源汽车竞争压力大，销售情况不理想。

②新产品

表 5-11　长安汽车 2016—2018 年新产品研发情况说明

2016 年	2017 年	2018 年
全年完成 19 款车型研发，成功上市，其中有奔奔—纯电动、新逸动、CS15、CX70 等经典车型。CS15、CX70 两款车型均月销突破万辆	新品 CS55 上市后持续热销，上市第二个月销量便达到 1.5 万辆，CS75 8—12 月月均销量 2.4 万辆，其中 9 月销量一度达到 2.7 万辆	第二代逸动、逸动 DT、第二代逸动 XT、CS35PLUS、新 CS75、新 CS55、科尚、CS75PHEV、逸动 EV460 等新品按时投产上市。2018 年，CS55 销售 16.5 万辆；CS75 系列销售 14 万辆；CS35 系列销售 13 万辆；逸动系列销售 12.6 万辆

资料来源：长安汽车 2016—2018 年年度报告。

由表 5-11 可以看出，长安汽车的研发创新产品产出集中在 2016 至 2018 年，这三年间，新型产品不断推陈出新，产品更新速度很快，证明长安汽车的研发创新能力强劲，实力雄厚，并且各自在市场上取得了较好的销售成绩，消费者对长安汽车的信赖程度较高且接受良好。

③新战略

表 5-12　长安汽车 2017—2018 年新战略准备与实施情况说明

2017 年	2018 年
10 月 13 日，长安汽车启动了"第三次创业——创新创业计划"	正式发布了"第三次创业——创新创业计划"，致力于向智能出行科技公司转型
提出新能源全新战略——"香格里拉计划"，旨在通过"千亿行动""万人研发""伙伴计划""极致体验"四大战略行动，至 2020 年完成三大新能源专用平台的打造；2025 年全面停售传统意义燃油车，实现全谱系产品电气化	"香格里拉"计划加速推进，注册成立重庆长安新能源汽车科技有限公司；"香格里拉"联盟初具规模

资料来源：长安汽车 2017、2018 年年度报告。

如表 5-12 所示，长安汽车以创新为驱动，围绕创新创业、前瞻技术等领域开展战略研讨，进一步厘清战略思路和战略举措，于 2017 年和 2018 年开始实行"第三次创业——创新创业计划"和"香格里拉"计划等新型技术发展战略，并将战略执行强力推进，将"创新"打造成为组织核心竞争力，实现产品创新、品牌升级。

④新技术

表 5-13　长安汽车 2016—2018 年技术开发情况说明

2016 年	2017 年	2018 年
实现智能化 0 级、1 级技术国内首发、智能互联系列产品 in-call2.0/3.0+实现全部车型推广搭载、在线地图功能国内首发，在国内首次完成 2000 公里长距离自动驾驶实路测试	加快传统汽车向智能汽车的转型步伐，已掌握智能互联、智能交互、智能驾驶三大类 60 余项智能化技术，打造六大体系平台、五大核心技术，分四个阶段逐步实现汽车从单一智能到全自动驾驶	突破能量流优化等 5 项关键技术，全新纯电动产品百公里电耗低至 10 度；逸动 EV460 以带电状态完成 80 公里/小时追尾测试，实现行业首发
掌握新能源五大核心技术，通过 ISO26262 功能安全认证，取得国内行业三个第一		L2 级集成式自适应巡航、全自动泊车技术实现中国品牌首量产；L3 级有限自动驾驶技术完成工程化，进入量产开发；L4 级无人驾驶实现国内首次示范运营，处于行业领先地位

资料来源：长安汽车 2016—2018 年年度报告。

长安汽车的技术发展速度很快，新型技术更新迭代，研发创新成果显著，技术研发稳步推进，打造"3+N"技术标签，在国内本行业中，部分技术领域处于行业领先地位，领跑我国新能源汽车行业，如表 5-13 所示。

（2）创新成果分析

①发明专利

表 5-14　长安汽车公司发明专利申请情况

单位：件

项　目	2015 年	2018 年
已申请专利数	455	401
截止报告期末累计获得专利数	508	1 225

数据来源：长安汽车 2015、2018 年年度报告。

长安汽车在 2014 至 2018 年的 5 年中，只有 2015 年和 2018 年披露了公司发明专利的情况（表 5-14），从截止报告期末累计获得件数来看，2015 年的 508 件增长到 2018 年的 1 225 件，平均每年增长 239 件发明专利，数量的增长速度非常快，专利申请数量较多，表明该企业的创新能力很高很有活力，长安汽车有着较强的专利技术研发精神，技术发展活动活跃，创新能力可见一斑。

②无形资产分析

表 5-15　通过内部研发形成的无形资产占无形资产年末账面价值的比例

单位：%

	2014 年	2015 年	2016 年	2017 年	2018 年
比例	33.15	26.78	35.74	46.04	50.41

数据来源：长安汽车 2014—2018 年年度报告。

如表 5-15 所示，从 2014 年到 2018 年，长安汽车通过内部研发形成的无形资产，占无形资产年末账面价值的比例总体上呈现上升趋势，且幅度很大，说明长安汽车内部研发实力强劲，研发成果显著，这与其数额庞大的研发投入密不可分。

③荣誉

表 5-16　长安汽车 2016—2018 年荣誉情况

2016 年	2017 年	2018 年
"汽车主被动安全关键技术研究与应用"和"汽车车身结构与声学包装轻量化设计方法研究与应用"项目荣获中国汽车工业科技奖一等奖，成为唯一获得两个一等奖的企业	被评为"国家级工业设计中心"和"国家技术创新示范企业"，并再度入选央视"国家品牌计划"，继续领跑中国品牌汽车	在国家发改委公布的国家企业技术中心 2017—2018 年评价结果中，长安汽车以 96.4 分位列全国第三、行业第一，研发实力连续 5 届 10 年位居中国汽车行业第一
在 2016 中国汽车年度盛典上，长安汽车获得高度认可，荣膺年度企业大奖		获批重庆市 2018 年度优秀创新型企业、重庆市智能网联汽车技术创新中心
在人民日报社主办的中国品牌论坛中，长安汽车荣获中国品牌创新奖。创新开展无人驾驶第一试，以最高 120 公里/小时的车速，行驶两千公里，创造中国整车企业行程最长的无人驾驶测试记录		"汽车双离合器自动变速器（DCT）关键技术及产业化""新能源汽车功能安全技术开发及应用"等项目获得汽车工程学会科技进步奖 9 项大奖，获奖总数排汽车行业第一

资料来源：长安汽车 2016—2018 年年度报告。

由表 5-16 可以看出，长安汽车在该行业的地位受到广泛认可，荣获多项名誉称号，研发实力连续 5 届 10 年位居中国汽车行业第一，再一次印证了长安汽车的研发创新产出卓有成效。

5.2.4 讨论

通过以上对长安汽车的研究发现，政府补助逐步加强了对长安汽车创新能力的影响程度，从 2014 至 2018 年，政府补贴由 3.39 亿元增长至 28.73 亿元，补贴增长约 8.47 倍；研发投入由 20.12 亿元增长到 38.23 亿元，研发投入增长约 1.9 倍；从员工受教育程度看，本科、硕士及以上的人员占比由 31.9%增加到 39.6%；累计专利技术也由 2015 年的 508 件增长到 1 225 件，平均每年增长约 239 件发明专利，增长速度很快。从这些数据可以看出，在高额的政府补贴之下长安汽车的创新能力显著增强，创新成果非常显著。同时，政府补助促进长安汽车总资产规模的扩张，长安汽车借助政府补助得到了稳定的发展。从 2017 年之后国家政策的调整来看，政府补助开始大幅度退坡，但是长安汽车仍然不断增加研发投入，对新能源汽车相关技术与产品不断进行创新，从而得到了政府的大力支持，在整体行业补助金额降低的形势下，政府对长安汽车的补贴支持力度反而加大了。

政府补助金额的不断增加一方面可以激励企业的创新能力，但是另一方面也可能会导致过剩的低端新能源汽车产能。大量的政府补助有可能会导致企业对其产生依赖，从而降低企业创新的积极性，这就使得政府补助难以发挥其作用，因此随着国家政策的调整，各家企业在后续发展中要更多地依靠自身的实力，不能完全依赖政府的支持。

5.3 济川药业轻研发重销售合理性分析

5.3.1 背景简介

5.3.1.1 公司背景

湖北济川药业股份有限公司（以下简称济川药业，股票代码 600566）的前身是江苏泰兴市制药厂，有40年发展历史，2013年借壳湖北洪城股份上市，在2015年2月26日更名为"湖北济川药业股份有限公司"。

济川药业是集中西医药、中药日化、中药保健产品研发、生产制造、商贸流通为一体的国家级高新技术企业集团，国家火炬计划医药产业骨干企业，全国制药工业百强企业。公司药品产品线主要围绕儿科、呼吸、消化等领域，主要产品为蒲地蓝消炎口服液、小儿豉翘清热颗粒、雷贝拉唑钠肠溶胶囊等。除药品业务外，公司子公司蒲地蓝日化及蒲地蓝药妆主要从事蒲地蓝牙膏、药妆等日化产品业务，康煦源主要从事保健业务。济川药业一贯秉承"品质至上"的全面质量管理理念，同时在公司管理上追求"系统管理、高效执行"的理念，实施"聚焦五大领域促发展，创新学术营销新理念"，目前公司拥有10多个剂型、210多个规格品种的国药准字号产品群。①

5.3.1.2 行业背景

近年来，随着我国医疗体系改革步伐加快，人们生活水平不断提高以及对自身健康越来越重视，药品在市场上的需求和消费的比重越来越大，医药行业保持着非常快的增长速度。根据国家统计局数据统计，2016年，医药工业规模以上企业实现主营业务收入28 062.9亿元，同比增长9%，高于全国工业整体增速4.1个百分点。各子行业中，主营业务收入增长最快的是中药饮片和医疗仪器设备及器械。而中成药的快速发展，带动中成药工业总产值从2011年的3 522亿元增长至2016年的7 223亿元，近六年复合增长率高达15.45%，中成药工业销售收入也是稳定增长，增速较前几年有所放缓，中成药行业市场发展空间广阔。②

我国医药产业整体水平不高，与发达国家的制药企业相比，我国医药企业规模小，行业集中度低，重复生产严重，并且大部分企业依靠仿制药品来取得收入。虽然仿制药需要投入的资金和时间都很少，但实质上无法保证企业的长期发展。同时，医药行业企业数量虽然多但是规模都比较小，价格方面的竞争比较激烈，这使得医药行业无序竞争现象仍然不容忽视，假冒、伪劣药品依然存在，阻碍行业发展。

医药企业创新资源最重要的是人才和资金，我国企业的规模普遍比较小并且不集中，这一特征将会导致很多企业没有足够强的实力，进而无法取得比较充足的收益或者是有

---

① 资料来源：济川药业2019年年度报告、济川药业2021年度社会责任报告。
② 资料来源：2018年中成药行业研究报告。

足够的资产取得贷款,很难投入大量的资金去进行研发创新。此外,医药研发的一大特点就是风险高,研发失败的概率极大,所以大多数企业因为自身较弱的实力也无法经受住研发失败带来的严重后果。医药行业这一特性使得医药行业轻研发重销售。随着医疗体制改革以及中医药行业规范程度加深,该现象将会得到一定程度改善,但仍有较长的路要走。

近年来,随着我国医药、医保、医疗"三医联动"改革的持续深化,各项政策陆续出台,医药医疗领域供给侧改革持续推进,长远看将带来产业格局的持续优化、行业集中度的不断提升,加速进口替代,加快我国制药行业快速向仿制药强国和创新药大国的方向迈进。[1]

5.3.2 思考题

表 5-17 济川药业 2012—2016 年研发投入情况

单位:万元

项 目	2012 年	2013 年	2014 年	2015 年	2016 年
研发投入	8 213.95	9 090.61	11 025.14	12 712.40	14 529.98
营业收入	192 013.35	244 757.76	298 641.22	376 783.64	467 789.16
研发投入占营业收入的比重(%)	4.28	3.71	3.69	3.37	3.11
行业总体研发投入强度(%)	1.63	1.69	1.67	1.72	1.73

数据来源:济川药业 2012—2016 年年度报告、2012—2016 年全国科技经费投入统计公报。

由表 5-17 可以看出,2012 至 2016 年济川药业研发投入总额不断增加,2016 年达到 14 529.98 万元,同时,济川药业研发投入占营业收入的比重高于医药制造业研发投入总体强度,但是 2012 至 2016 年该比重一直呈下降趋势,2016 年占比下降至 3.11%,比例非常低,说明公司对研发不重视。

---

[1] 资料来源:济川药业 2021 年年度报告。

表 5-18　济川药业 2012—2016 年研发投入和销售费用情况表

单位：万元

项目	2012 年	2013 年		2014 年		2015 年		2016 年	
	本期数	本期数	增长率（%）	本期数	增长率（%）	本期数	增长率（%）	本期数	增长率（%）
研发投入	8 213.95	9 090.61	10.67	11 025.14	21.28	12 712.40	15.30	14 529.98	14.30
销售费用	106 006.55	138 336.92	30.50	164 597.95	18.98	204 489.86	24.24	250 692.45	22.59

数据来源：济川药业 2012—2016 年年度报告。

表 5-19　济川药业 2012—2016 年部分利润指标

单位：万元

项　目	2012 年	2013 年	2014 年	2015 年	2016 年
营业总收入	192 013.35	244 757.76	298 641.22	376 783.64	467 789.16
营业总成本	167 717.04	203 505.61	243 225.16	302 448.82	362 997.59
净利润	23 766.75	40 272.40	51 939.26	68 311.92	93 436.48
营业总收入增长率(%)	698.49	27.47	22.02	26.17	24.15

数据来源：济川药业 2012—2016 年年度报告。

从表 5-18 和表 5-19 可以看出，济川药业的研发投入绝对数额远低于销售费用，2012 年销售费用是研发费用的 12.91 倍，2013 年为 15.22 倍，2014 年为 14.93 倍，2015 年为 16.09 倍，2016 年也达到了 17.25 倍。此外，济川药业研发投入的增速与经营状况不匹配。济川药业研发投入的增速远低于其营业总收入增长率。2012 年济川药业年营业总收入增长率为 698.49%，2013 年为 27.47%，2014 年为 22.02%，2015 年为 26.17%，2016 年为 24.15%，2016 年研发投入增长率与营业总收入增长率仍然存在 9.85% 的差距。同时，可以看到，研发投入的增长速度远低于销售费用的增长速度。

从以上分析可以得出，济川药业的研发投入增长速度与其经营状况不匹配，且远低于销售费用的增长速度。由此可见，在济川药业，研发支出远远比不上销售支出。由此，我们产生疑问，2016 年济川药业"轻研发重销售"战略是否合理？下文将围绕这一具体问题进行分析和解释。

5.3.3 案例分析

5.3.3.1 轻研发合理性分析

(1) 企业规模限制研发融资和风险承担

根据前文所述,医药行业研发具有高投入高风险的特点,若要开展集中性研发,需要大量的资金,只有像辉瑞等大型国际医药企业才有足够的实力重视研发。而我国医药企业规模小而散,企业没有足够强的实力,从而无法投入大量资金去进行研发创新,并且这些企业无法承受药品研发失败带来的严重后果。

表 5-20　济川药业 2012—2016 年总资产情况

单位:万元

项　目	2012 年	2013 年	2014 年	2015 年	2016 年
总资产	156 806.89	201 445.42	335 771.60	358 542.21	498 761.16

数据来源:济川药业 2012—2016 年年度报告。

根据济川药业 2012—2016 年年报,济川药业的平均总资产大约为 310 265 万元,2016 年的总资产为 498 761.16 万元(表 5-20)。

序号	名称	AB 股总市值	市盈(动)	细分行业	地区
1	上海莱士	1 137.16 亿	69.14	生物制药	上海
2	恒瑞医药	1 068.09 亿	41.54	化学制药	江苏
3	康美药业	877.14 亿	25.38	中成药	广东
4	云南白药	770.64 亿	24.49	中成药	云南
5	步长制药	652.07 亿	38.86	中成药	山东
6	复星医药	467.41 亿	19.33	化学制药	上海
7	天士力	444.72 亿	33.25	中成药	天津
8	同仁堂	425.02 亿	42.05	中成药	北京
9	必康股份	413.72 亿	45	化学制药	江苏
10	安迪苏	388.34 亿	18.85	化学制药	北京
11	康弘药业	382.27 亿	92.32	中成药	四川
12	东阿阿胶	353.30 亿	21.61	中成药	山东

续表

序号	名称	AB股总市值	市盈（动）	细分行业	地区
13	华东医药	349.48亿	21.93	化学制药	浙江
14	华兰生物	333.72亿	41.21	生物制药	河南
15	白云山	333.34亿	27.37	中成药	广东
16	通化东宝	309.98亿	46.45	生物制药	吉林
17	信立泰	307.53亿	22.19	化学制药	深圳
18	贝达药业	295.42亿	71.85	化学制药	浙江
19	吉林敖东	279.69亿	16.37	中成药	吉林
20	片仔癀	272.70亿	42.52	中成药	福建
21	尔康制药	267.43亿	27.76	化学制药	湖南
22	贵州百灵	267.00亿	63.71	中成药	贵州
23	智飞生物	265.60亿	2946.22	生物制药	重庆
24	人福医药	256.70亿	30.9	化学制药	湖北
25	济川药业	254.22亿	28.2	中成药	湖北
26	华润三九	241.10亿	20.8	中成药	深圳
27	科伦药业	232.85亿	32.49	化学制药	四川
28	华海药业	231.56亿	45.07	化学制药	浙江

图 5-4 2016年上市医药制造企业市值排行榜（部分）

（数据来源：生物谷 https://news.bioon.com/article/18006341e30f.html。）

由图 5-4 可以看出，济川药业 2016 年的市值为 254.22 亿元，在 173 家上市医药制造企业中排名第 25 位，位于行业中上游水平。

表 5-21 2016年市值前列医药公司与济川药业总资产对比

项　目	上海莱士	恒瑞医药	云南白药	复星医药	济川药业
市值排名	1	2	4	6	25
总资产（万元）	1 322 562.67	1 433 005.87	2 458 664.60	4 376 778.73	498 761.16
与济川药业总资产相比	2.65倍	2.87倍	4.93倍	8.78倍	—

数据来源：上海莱士、恒瑞医药、云南白药、复星医药、济川药业 2016 年年度报告。

由表 5-21 可知，在 2016 年，市值排名第一的上海莱士总资产为 1 322 562.67 万元，是济川药业的 2.65 倍，市值排名第二的恒瑞医药总资产为 1 433 005.87 万元，是济川药业的 2.87 倍，市值排名第四的云南白药总资产为 2 458 664.60 万元，是济川药业的 4.93 倍，市值排名第六的复星医药总资产为 4 376 778.73 万元，是济川药业的 8.78 倍。可见，济川药业在中国医药行业中规模较小。

与全球的医药企业相比，全球医药企业市值排名第一的为强生，市值为 3 126 亿美元，总资产为 1 334 亿美元；市值排名第二的为辉瑞，市值为 2 057 亿美元，总资产为 1 675 亿美元；排名第三的为诺华，市值为 2 038 亿美元，总资产为 1 675 亿美元；排名第五的为赛诺菲，市值 1 154 亿美元，总资产为 1 112 亿美元。[1]中国医药企业与全球的医药企业相比，无论是市值还是规模都远远落后，济川药业更是如此。

根据上述可知，济川药业规模小、自身实力不足，融资能力较差，很难投入大量的资金去研发创新，并且药品研发的风险很大，极容易失败，而济川药业难以承受研发失败的风险。

	2016 年	2015 年	变动比例
研发人员数量（人）	120	114	5.26%
研发人员数量占比	4.34%	4.61%	-0.27%
研发投入金额（元）	76 711 949.53	101 011 869.84	-24.06%
研发投入占营业收入比例	3.30%	5.02%	-1.72%
研发投入资本化的金额（元）	0.00	0.00	0.00%
资本化研发投入占研发投入的比例	0.00%	0.00%	0.00%

图 5-5 上海莱士研发投入情况

（数据来源：上海莱士 2016 年年度报告。）

从中国医药企业研发投入的对比也可以看出，中国医药企业整体规模都较小，融资能力和抗风险能力差，对研发的重视程度不足，济川药业更是如此。由图 5-4 和图 5-5 可以看出，在 2016 年，中国医药市值排名第一的为上海莱士，市值为 1 137.16 亿元，是济川药业的 4.47 倍，而上海莱士的研发投入占营业收入的比重仅为 3.30%，与济川药业的 3.10% 非常接近。

因此，济川药业 2016 年"轻研发"的策略与其自身的企业规模相适应，具有合理性。

---

[1]数据来源：2016 年《福布斯》全球上市公司 2000 强——MBA 智库百科（mbalib.com）。

(2) 研发投入产出比低

通常，一个新药需要从 5 000 至 10 000 个化合物中筛选出来，经过确定靶标分子及筛选模型、寻找苗头化合物、优化先导化合物，并确定候选药物、新药的临床前毒理学研究、新药的临床研究、新药申请上市等复杂过程，这一系列过程所花费的时间非常长，一般需要 10 年左右，同时新的药品上市之后可能大部分都无法带来良好的收益，因此医药行业的研发投入产出比非常低。

表 5-22 济川药业 2012—2016 年研发投入资本化情况

单位：万元

项目	2012 年	2013 年	2014 年	2015 年	2016 年
研发投入	8 213.95	9 090.61	11 025.14	12 712.40	14 529.98
资本化研发投入	0.00	0.00	0.00	0.00	0.00
研发投入资本化比重（%）	0.00	0.00	0.00	0.00	0.00

数据来源：济川药业 2012—2016 年年度报告。

由表 5-22 可以看出，济川药业的资本化研发投入一直为 0 元，也就是说济川药业的研发投入一直没有真正的成果实现，其研发投入产出比极低。

专利权的数额代表了企业的研发投入产出能力。从济川药业 2012—2016 年年报的无形资产部分可以看出，济川药业 2012—2014 年和 2016 年的专利权增加额均为 0 元，2015 年专利权增加额为 6 041.15 万元，数额也比较小，并且从该年的无形资产情况中可以看到，该部分的增加额并不来自企业自身的研发，而是来源于企业合并，并不能反映济川药业自身的研发能力（表 5-23、图 5-6）。

从济川药业的研发投入资本化比重和专利权增加可以看出，济川药业自身的研发实力并不强，研发投入产出比极低，即使济川药业想要加大研发投入增强企业的核心竞争力，也将耗费极大的资源，而研发能够获得产出的概率也非常低，不能带来与研发投入相匹配的研发产出。如果加大研发投入的战略实施失败，可能就会导致企业破产，企业难以承受这样的风险。

表 5-23 济川药业 2012—2016 年专利权增加额

单位：万元

项目	2012 年	2013 年	2014 年	2015 年	2016 年
专利权增加额	0.00	0.00	0.00	6 041.15	0.00

数据来源：济川药业 2012—2016 年年度报告。

项 目	土地使用权	专利权	非专利技术	软件使用权	合 计
一、账面原值					
1.期初余额	148 386 926.89			7 059 838.83	155 446 765.72
2.本期增加金额	29 553 793.58	60 411 478.03	7 716 006.29	2 089 916.59	99 771 194.49
（1）购置				1 941 873.90	1 941 873.90
（2）内部研发					
（3）企业合并增加	29 553 793.58	60 411 478.03	7 716 006.29	148 042.69	97 829 320.59

图 5-6　济川药业 2015 年无形资产情况（单位：元）

（数据来源：济川药业 2015 年年度报告。）

因此，济川药业采取"轻研发"的策略与其研发投入产出比的现状相匹配，具有合理性。

（3）主营产品特性使公司研发重要性低

公司主要产品蒲地蓝消炎口服液、雷贝拉唑钠肠溶胶囊，以及小儿豉翘清热颗粒在细分领域市场占有率位居行业前列。公司报告期内继续实施大品种战略，除蒲地蓝消炎口服液、雷贝拉唑钠肠溶胶囊、小儿豉翘清热颗粒等产品的销售收入持续增长外，东科制药的妇炎舒胶囊、甘海胃康胶囊、黄龙咳喘胶囊等产品亦实现了快速发展，产业整合初显成效，同时公司费用增长得到有效控制，业绩保持稳步增长。①

根据济川药业的主营业务情况，济川药业的主要营业收入来源是清热解毒类和消化类药品，占总营业收入的 69.13%，具体药品为：蒲地蓝消炎口服液、雷贝拉唑钠肠溶胶囊、小儿豉翘清热颗粒（表 5-24）。

表 5-24　济川药业 2016 年主营业务情况

单位：万元

主营业务	营业收入	总营业收入	占比（%）
清热解毒类	213 583.23	466 902.70	45.74
消化类	109 199.10	466 902.70	23.39
总计	322 782.33	466 902.70	69.13

数据来源：济川药业 2016 年年度报告。

---

① 资料来源：济川药业 2016 年年度报告。

蒲地蓝消炎口服液的作用为清热解毒，抗炎消肿。适用于疖肿、腮腺炎、咽炎、扁桃体炎等，成分为蒲公英、板蓝根、苦地丁、黄芩。[①]

雷贝拉唑钠肠溶胶囊适用于：活动性十二指肠溃疡；良性活动性胃溃疡；伴有临床症状的侵蚀性或溃疡性的胃—食管返流征；与适当的抗生素合用，可根治幽门螺旋杆菌阳性的十二指肠溃疡；侵蚀性或溃疡性胃—食管返流征的维持期治疗。

小儿豉翘清热颗粒功能主治疏风解表，清热导滞。适用于小儿风热感冒挟滞证，症见发热咳嗽，鼻塞流涕，咽红肿痛，纳呆口渴，脘腹胀满，便秘或大便酸臭，溲黄。成分为连翘、淡豆豉、薄荷、荆芥、栀子（炒）、大黄、青蒿、赤芍、槟榔、厚朴、黄芩、半夏、柴胡、甘草。

这些药品成分较少、生产技术水平低、制作工艺简单、技术附加值低，不需要非常大的研发投入。

济川药业主营的产品研发水平低说明企业本身就不是一个研发密集型公司，生产主营产品、获得利润不需要太高的研发投入，公司的利润来源不是密集的研发投入。并且，公司主营产品研发的低水平，说明公司的研发实力并不强，研发人才稀缺，无法通过大规模地研发投入来获得企业竞争力的提升和利润的增加。根据2016年发布的《2016中国药品研发综合实力百强榜》，济川药业在中国医药企业研发能力百强中仅排名第60位，处于行业的下游水平。

总的来说，济川药业主营产品的研发密集度低，研发投入量小，且能够给公司带来大量的利润，因此不需要通过重视研发来实现利润的增长。同时，济川药业的研发能力并不强，重视研发带来的成效并不大。济川药业"轻研发"的策略与其主营产品特性相匹配，具有合理性。

5.3.3.2 重销售合理性分析

（1）主营产品特性使公司注重销售

CFDA南方医药经济研究所的临床用药监测报告，蒲地蓝消炎通用名产品在2015年全国公立医院清热解毒中成药市场占有率为7.45%，排名第四，而济川药业独家剂型蒲地蓝消炎口服液在蒲地蓝消炎通用名产品中市场占有率为92.46%，排名第一；雷贝拉唑钠肠溶胶囊在2015年全国公立医院雷贝拉唑市场占有率为32.06%，排名第一；小儿豉

[①] 资料来源：济川药业2016年年度报告。

翘清热颗粒在全国公立医院2015年儿科感冒用中成药市场占有率为34.78%，位列首位。由此可见，济川药业的这些产品的市场占有率虽然排名较高，但是市场份额的绝对百分比依然较低，说明还有很大的市场份额可开发。①

表5-25 济川药业2012—2016年净利润和销售费用情况

单位：万元

项目	2012年	2013年	增长率(%)	2014年	增长率(%)	2015年	增长率(%)	2016年	增长率(%)
营业总收入	192 013.35	244 757.76	27.47	298 641.22	22.02	376 783.64	26.17	467 789.16	24.15
归属于母公司股东的净利润	23 767.09	40 272.40	69.45	51 939.26	28.97	68 657.12	32.19	93 418.29	36.06
销售费用	106 006.55	138 336.92	30.50	164 597.95	18.98	204 489.86	24.24	250 692.45	22.59
销售费用占营业总收入的比重（%）	55.21	56.52	—	55.12	—	54.27	—	53.59	—

数据来源：济川药业2012—2016年年度报告。

根据前文分析可知，济川药业营业收入的主要来源是研发水平较低的产品，且这些产品能够为企业带来大量的收入，没有必要再进行大规模的研发，更新现有产品的技术和提高现有产品的质量，更应该将注意力集中于增加销售费用、保持并扩大市场份额，从而提高营业收入上。

事实也证明，济川药业"轻研发重销售"的公司战略为企业带来了持续的营业收入和利润增长，由表5-25可以看到济川药业在2016年的净利润增长率达到了36.06%，销售费用占比的居高不下给济川药业带来了战略性的成功。

总的来说，济川药业"重销售"的策略符合其主营产品的特性，能够依靠大规模的

---

①资料来源：济川药业2016年年度报告—公司业务概要。

销售活动获取较高的利润，提升企业的竞争力，具有合理性。

（2）中国医药行业市场特性使公司注重销售

由于成本约束、时滞约束和有限理性，医药市场上的信息不对称本身存在，再加上药品需求弹性较低，这些因素共同导致了医药企业选择把重点放在销售上，通过各式的营销使消费者相信其产品的药效，与研发相比，注重销售显然更容易获得更多的利润。

济川药业在全国各地不断推广，并在各地区开展营销活动。由于中国医药行业市场自身的特性，使得公司倾向于加大销售费用的投入，以使公司的现有产品不断地推向市场，增加公司的销售收入和利润。

总的来说，济川药业"重销售"的策略与中国医药行业市场特性相适应，具有合理性。

5.3.3.3 "轻研发重销售"的影响

（1）给公司带来的好处

"轻研发重销售"这一策略最直观的好处就是能带来较高的营业收入及利润。

表 5-26　济川药业 2016—2018 年利润情况表

单位：万元

项　目	2016 年	2017 年	2018 年
营业总收入	467 789.16	564 200.91	720 820.58
营业利润	105 726.72	136 898.44	190 143.05
净利润	93 436.48	122 394.83	168 786.33

数据来源：济川药业 2016—2018 年年度报告。

如表 5-26 所示，通过分析济川药业 2016 至 2018 年三年的利润表可以得出，济川药业发展很快，营业总收入分别上升 20.61%、27.76%，营业利润分别上升 29.48%、38.89%，净利润分别上升 30.99%、37.90%，济川药业的营收增长可以用飞速来形容了。

（2）给公司带来的坏处

①产品单一，创新不足

公司的绝大部分利润都源自蒲地蓝系列，济川药业过于依赖蒲地蓝产品的销售，想通过只此一项产品一劳永逸，没有投入足够的资金去研发新的产品，虽然公司每年都有资金投入新品的研发，但都没有产生真正能给公司带来实际的利润的产品。这就导致了在国家药品监督管理局于 2018 年 10 月 29 日发布公告，明确对蒲地蓝消炎制剂（片剂、胶囊剂、口服液）处方药说明书增加警示语，并对【不良反应】【禁忌】和【注意事项】

项进行修订后，蒲地蓝的销量明显下滑，公司又没有其他的产品能够填补空缺，从而导致了 2019 年的营收下降。

表 5-27　济川药业 2017—2019 年利润情况表

单位：万元

项　目	2017 年	2018 年	2019 年
营业总收入	564 200.91	720 820.58	693 999.38
营业利润	143 555.40	197 678.40	189 314.63
净利润	122 394.83	168 786.33	162 297.39

数据来源：济川药业 2017—2019 年年度报告。

由表 5-27 可以得出济川药业在 2018 年营业收入较往年增长 27.76% 的情况下，2019 年营业收入反而较往年下降了 3.72%。利润总额及净利润在 2019 年较往年也分别下降了 4.23% 和 3.84%。虽然下降不算很多，但是相较于之前的高速增长，收入整体下降的趋势非常明显。

②对资产结构的不良影响

通常以销售为主的企业，存货占比都比较大，济川药业也不例外。在流动资产中，存货的流动性是最差的，特别是在如今政策变动、市场对蒲地蓝需求减少的情况下。

表 5-28　济川药业存货状况

单位：万元

项　目	2017 年	2018 年	2019 年
原材料	3 714.88	4 566.95	5 567.76
在产品	3 969.89	5 293.66	7 376.38
库存商品	16 213.09	21 467.92	19 518.97
合计	23 897.86	31 328.53	32 463.11

数据来源：济川药业 2017—2019 年年度报告。

从表 5-28 可以看出，2019 年的存货占资产比例比去年有所下降，但绝对值高于去年，从结构上看，下降的是库存产品，增加的是原材料和在产品。同时济川药业减少了原材料的采购，同时放缓了产品的生产速度，说明企业在努力降低库存，从侧面反映了济川药业产品销量下滑，需要去库存来减少过剩的库存。不难看出对于济川药业这样的企业来说，库存是一把双刃剑，其产品在市场销量很好时，高库存可以提供充足的货源，当产品销量下降，库存反而带来了额外的成本。

5.3.4 讨论

通过前文对济川药业"轻研发重销售"发展战略合理性的具体分析，我们可以得出2016年济川药业"轻研发重销售"有一定的合理性，且这一模式维持了企业近年来较高的营业收入和利润增长。

关于济川药业在当时选择"轻研发重销售"这一发展战略的原因，主要是因为医药行业十分容易受国家政策调整的影响。而我国医药行业相关政策正在不断地进行改革，这些政策的改革会促进医药行业发展得更加稳定，同时也可能会造成医药行业整体格局的巨大变化，进而影响医药行业中的各个企业。在医药行业中，由于研发、创新投入不足会使药企自主研发新药乏力，进而只能通过加大营销投入创造销售业绩，因此重销售轻研发的情况也就非常普遍。例如济川药业的销售费用率就常年居高不下，但是国家对这一方面的管控变得越来越严格，这对依赖营销生存的济川药业会有很大的风险。另外，济川药业主要以自有营销团队从事销售工作，而随着国家医药流通方面提出"两票制"的政策，济川药业的代理制营销模式将会面对较大的不确定性。

但是从长期来看，轻视研发会严重抑制企业的持续性发展和潜在竞争力。对于一家医药公司而言，能否拥有核心竞争力的产品是企业生存和发展的关键。"轻研发重销售"虽然会在短期内提升公司的营收，但在以技术和专利为主导的医药行业，很容易导致公司市场竞争力的退化，近年来因为轻研发导致破产的药企也屡见不鲜。对济川药业而言，其研发投入在同行业可比公司中处于中下水平，如果后续没有新的产品线的补充和延伸，很容易导致企业持续发展能力不足。此外，市场竞争越发激烈，仅靠单一品种很容易导致企业产品结构老化。济川药业营业收入主要来源于蒲地蓝消炎口服液、雷贝拉唑钠肠溶胶囊、小儿豉翘清热颗粒三种产品，品种单一且依赖性高，很容易使企业面临产品结构老化、加重拖累利润增长的问题。2016年这三种产品的合计销售收入占了当期主营业务收入的77.73%，上市以来济川药业也主要依靠这三种产品来实现收入，公司整体的经营很大程度上依赖这三种产品的生产和销售，因此一旦这三种产品的相关因素（如原材料的价格、产品的生产销售情况等）出现了不好的变化，那么济川药业未来的经营将会面临较大的风险。

5.4 小结

对利润表的分析，主要是对各项利润的增减变动、结构增减变动及影响利润的收入与成本进行分析。一方面可以通过利润额增减变动分析来反映利润额的变动情况，进而揭示企业在利润形成过程中的管理业绩及存在的问题；另一方面也可以通过利润结构变动情况分析来揭示各项利润及成本费用与收入的关系，反映企业各环节的利润构成、利润及成本费用水平。此外还可以通过对企业的收入、费用项目进行分析，从而判定公司的管理水平和财务状况，预测公司的发展前景。分析所有者权益变动表则主要关注以下四点：股本变化、资本公积累积情况、盈余公积的变化和未分配利润的变化。

第六章　现金流量表分析

6.1 主要知识点回顾

本章的知识点框架如图 6-1 所示：

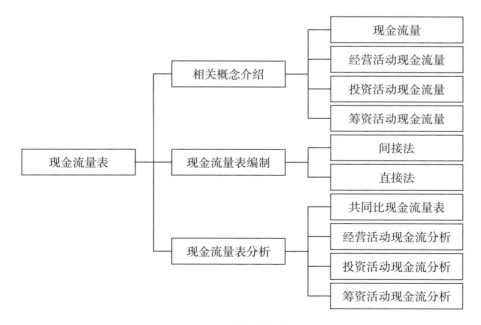

图 6-1　知识点框架图

6.1.1 现金流量表相关概念

现金流量表是指反映企业在一定会计期间现金和现金等价物流入和流出的报表，它是企业会计准则明确要求企业对外披露的一个财务报表，其所揭示的现金流量信息可以从现金角度对企业偿债能力和支付能力做出更可靠、更稳健的评价。

现金是指企业库存现金以及可以随时用于支付的存款。通常所说的现金指狭义概念，即企业的库存现金。但是，现金流量表中的现金采用广义现金概念，不仅包括企业会计账户中的"库存现金"，还包括"银行存款"账户中的其他具有即时支付功能的存款，同时，也包含"其他货币资金"账户中的外埠存款、银行本票存款、银行汇票存款、信用卡、信用证等。

现金等价物是指企业持有的期限短、流动性强、易于转换为已知金额现金、价值变动风险很小的投资。其通常容易兑换成固定数量的现金，受利率变动影响小，能在短期内变现，如期限在3个月以内的国库券等。

现金流量企业在某一时期内现金及现金等价物流入和流出的金额。现金流入来源于销售商品、提供修理修配劳务或者出售无形资产、对外出租不动产、吸收投资等；现金流出主要是源自购买材料、支付职工薪酬、外购或自建固定资产、对外投资、偿还借款本息等。

经营活动现金流量按流入和流出分别列示。现金流入项目包括：销售商品、提供劳务收到的现金；收到的税费返还；收到其他与经营活动有关的现金等。现金流出项目包括：购买商品、接受劳务支付的现金；支付给职工以及为职工支付的现金；支付的各项税费；支付其他与经营活动有关的现金等。

投资活动现金流量按流入和流出分别列示。现金流入项目包括：收回投资所收到的现金，取得投资收益收到的现金，处置固定资产、无形资产和其他长期资产而收回的现金净额，处置子公司及其他营业单位收到的现金净额，收到其他与投资活动有关的现金。现金流出项目包括：购建固定资产、无形资产和其他长期资产所支付的现金，投资支付的现金，取得子公司及其他营业单位支付的现金净额，支付其他与投资活动有关的现金等。

筹资活动现金流量按流入和流出分别列示。现金流入项目包括：吸收投资收到的现金，取得借款收到的现金，收到其他与筹资活动有关的现金。现金流出项目包括：偿还债务支付的现金，分配股利、利润或偿付利息支付的现金，支付其他与筹资活动有关的现金等。

6.1.2 关于现金流量表的编制

现金流量表编制原理：结合资产负债表中的各账户会计期末时点数或利润表中的各账户本期发生额数据，以及相关明细账户中的金额，计算分析，将其转换为解释"现金和现金等价物"变动的时期数。基本编制原理即：现金流入量－现金流出量＝现金净流量。

现金流量表通常采用直接法和间接法两种编制方法。我国《准则》第八条规定企业应当采用直接法列示经营活动产生的现金流量，因而，除了经营活动现金流量，两种方法对于投资活动和筹资活动现金流量的编制是相同的。

间接法：通过对利润表中的"净利润"项目进行调整，使其反映企业现金净流量，其本质是将一些与经营活动现金流量无关的因素剔除掉，如影响损益但不影响现金收支的业务、影响净利润但是不属于经营环节的业务。该现金流量表中的投资活动和筹资活动的披露内容与直接法下现金流量表无差异。

直接法：以营业收入为起点，通过现金流入、流出的主要类别直接反映来自经营活动、投资活动和筹资活动现金流量的一种列报方法。

6.1.3 关于现金流量表的分析

仅仅依靠利润表信息，是无法准确判断企业财务状况的。还要通过对现金流量表的分析，判断公司创造的利润是否有与其相匹配的现金流，预测企业未来获取现金的能力以及用现金偿还债务的能力等。

分析现金流量表通常要用到的一个分析工具是共同比现金流量表，就是计算各部分现金流入和流出项目对现金流入和流出总量的贡献率，从而，可以判断经营活动、投资活动、筹资活动现金流入和流出量的分布结构。

经营活动现金流分析。优质企业经营活动现金流量大致有两个特质：从横向上来看，其主要现金流应投放在主营业务上，而非本末倒置，不务正业；从纵向上来看，企业的经营活动现金流量净额应在较长期间内呈现逐步上升趋势，抑或经营活动现金流入量的增量稳定大于经营活动现金流出量的增量。但是，经营活动现金流量净额大于零也并非绝对意味着企业经营状况的良好，还需要考虑其是否足以弥补当期非现金消耗成本，只有在弥补之后仍留有剩余的现金流量才是安全的高质量的经营状态，才会保证企业长期发展的能力。

投资活动现金流分析。如果企业投资活动产生的净现金流量大于或等于零，那么这家企业要么是单纯的投资活动现金收大于支，要么是经营或筹资方面亟须资金而不得不对长期资产进行变现所导致。投资活动现金流量净额为负意味着企业正处在大力扩张、迅速发展的阶段。

筹资活动现金流分析。若企业筹资活动产生的现金流量净额为正，其筹资活动现金流入大于现金流出，通常分析企业处于初步发展阶段，正是需要资金的时候，尤其在经营活动产生的现金无法满足企业成长时，从外部筹资就成了必由之路。为了分析企业大量筹资行为是否异常，还需了解企业发展规划，判断筹资背后的动机是日常经营的正常需要，还是现金流失严重的被迫无奈。

6.2 万科净现金流与净利润巨大差异的原因分析

6.2.1 背景介绍

6.2.1.1 公司背景

万科企业股份有限公司（以下简称万科，股票代码000002）成立于1984年，经过多年的发展壮大，万科已经成为我国房地产行业的龙头企业，万科的业务及发展重点分布在我国中西部的一些重点城市以及其他经济增长速度较快的城市。2016年万科首次跻身《财富》"世界500强"，位列榜单的第356位，2017年、2018年、2019年和2020年也连续四年上榜。

万科所持有的经营理念是："始终坚持为普通人提供好产品、好服务，通过自身努力，为满足人民对美好生活的各方面需求，做出力所能及的贡献。"目前，万科在不断打造属于自己的生态体系，在住房方面，万科始终坚持房子是用来住的，坚持盖好房子、盖有用的房子。在保持公司的住房开发以及物业服务在房地产市场的标杆的基础上，万科已将自身业务扩展到了商业、度假、教育等领域。截止到2020年，万科的经营状况良好，净利润持续增长。其2020年度营业收入为41 911 168万元，处于行业领先水平，说明万科有着不错的盈利能力。万科的具体经营状况分析如下：

（1）企业拿地金额

如图 6-2，万科在疫情年投资强度并未显著下滑：万科 2018 年、2019 年拿地金额分别为 1 351 亿元和 1 550 亿元，2020 年拿地金额为 1 382 亿元，较 2019 年拿地金额下滑 11%，可见在疫情期间，万科仍保持了前两年的投资强度。

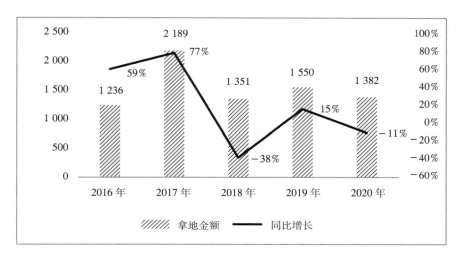

图 6-2　万科拿地金额统计（单位：亿元）

（数据来源：雪球网 https://xueqiu.com/4517687094/202064490? page=1。）

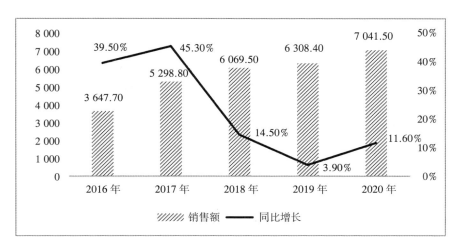

图 6-3　万科 2016—2020 年销售额变化情况（单位：亿元）

（数据来源：万科 2016—2020 年年度报告。）

(2) 企业销售额

如图 6-3，2020 年万科销售金额 7 041.50 亿元，销售面积为 4 667 万平方米，分别较 2019 年增长 13.5% 和 11.6%。所销售的产品中，住宅占 88.2%，商办占 7.9%，其他配套占 3.9%。2020 年本集团在全国商品房市场的份额约 4.03%，在 23 个城市的销售金额位列当地第一，在 14 个城市排名第二。

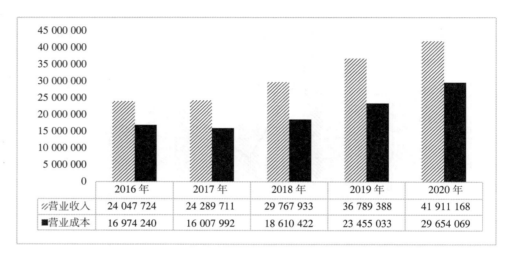

图 6-4　万科 2016—2020 年营业收入与成本（单位：万元）

（数据来源：万科 2016—2020 年年度报告。）

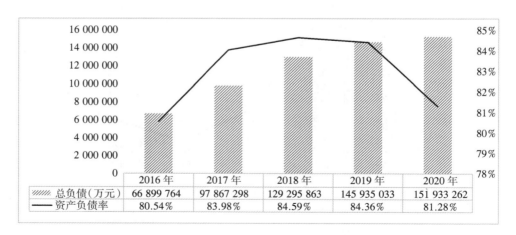

图 6-5　万科 2016—2020 年总负债及资产负债率统计

（数据来源：万科 2016—2020 年年度报告。）

（3）企业营业收入与营业成本

如图 6-4 可知，万科 2016—2020 年营业收入呈现出逐步增长态势。其中，2020 年万科营业收入为 41 911 168 万元，相比 2019 年增加了 5 121 780 万元，同比增长 13.92%；营业成本为 29 654 069 万元，相比 2019 年增长了 6 199 036 万元，同比增长 26.43%。

（4）企业总负债及资产负债率

由图 6-5 可知，万科资产负债率各年均超过 80%，处于较高水平，这主要是由于房地产行业的性质所致，即建设工期和售楼期较长，而且除了拿地和售楼外，一些设计和施工等项目均为外包，这就涉及回款的问题。另外，拿地、人员、土地储备等贷款利息，都是高负债的因素。万科 2020 年总负债为 151 933 262 万元，相比 2019 年增长了 5 998 229 万元，同比增长 4.11%，资产负债率为 81.28%。

6.2.1.2 行业背景

自 2017 年开始房地产开发、投资一直保持稳步增长的良好势头，房地产开发投资额始终保持增长，房屋新开工面积也在不断增长。疫情后尽管商品房销售恢复较快，但房地产开发投资以及新开工仍显乏力。2020 年全国房屋新开工面积 22.4 亿平方米，同比下降 1.2%，而上年为增长 8.5%；全国房地产开发投资 14.1 万亿元，同比增长 7.0%，增速比上年回落 2.9 个百分点。

2017 年起土地市场出现深远变化。全年住宅用地成交楼面均价虽同比上涨，但下半年土地成交溢价率逐步回落。2019 年土地市场供应和成交面积同比微增。2020 年疫情后各地加大土地供应，土地成交面积有所增长。

2017 至 2018 年全国商品房销售增速放缓，重点城市的新房成交面积下滑。2019 年全国商品房销售面积同比微降，但重点城市的新房成交面积有所增长。2020 年初，受疫情影响，全国商品房销售规模一度大幅下滑。随着疫情防控形势的好转，3 月后市场逐步企稳回升。

2017 至 2020 年房地产市场融资渠道逐渐趋紧，房地产贷款增速明显下降。各地在"房子是用来住的、不是用来炒的"的定位下，坚持稳地价、稳房价、稳预期，因城施策，促进市场平稳发展。为抑制行业金融风险，2020 年 8 月央行、住建部会同相关部门形成重点房地产企业资金监测和融资管理规则；12 月央行和银保监会推出房地产贷款集中度管理制度，对银行业金融机构房地产贷款、个人住房贷款占全部贷款的比重设置上限要求。

商品房预售制指房地产企业先将正在建设还未完工的房屋出售给买方，买方先付出定金和购买价款。这种方式加速房地产企业的资金周转，提高了资金使用率，降低了资金时间成本。（2018 年广东省已经限制预售制期房，并表示这一制度会逐渐取消，海南省也宣布称禁止交易预售商品房，只买现房。）如今有很多人呼吁取消预售制，这将极大地影响房地产的资金状况。

6.2.2 思考题

企业的净利润是所有收入之和减去费用后的净额，反映了企业的经营成果；经营性净现金流是由经营活动中产生的现金流入减去与经营活动有关的现金支出构成的。净利润与经营性净现金流通常存在紧密关联，二者一般会呈现出相同的变化趋势。另外，经营活动是企业生存和发展的原动力，经营活动现金流量是各项业务发展的资金源泉，通常当企业经营性净现金流大于净利润时，说明企业的净利润是有现金流支撑的净利润；而当经营性净现金流小于净利润则说明企业可能面临现金流不足、经营压力大的问题。

由表 6-1 数据可知，万科的经营性净现金流与净利润的变化趋势并不相同，经营性净现金流时高时低，变动较大，总体来看 2020 年相比 2016 年增加了 1 362 189.32 万元，增长了 34.43%。而其净利润在 2016—2020 年呈现出稳步增长的态势，由 2016 年的 2 835 025.55 万元逐步增长至 2020 年的 5 929 811.64 万元，增加了 3 094 786.09 万元，增长率达到 109.16%。同时，根据表 6-1 还可以看出，万科经营性现金流与净利润之间差额很大。其中，除了 2016 年和 2017 年经营性净现金流大于净利润之外，其余三年的经营性净现金流均小于净利润，2017—2020 年万科经营性净现金流与净利润的差额分别为 1 121 587.35 万元、4 511 444.69 万元、-1 565 411.11 万元、-944 480.51 万元、-611 009.42 万元。而对比万科的几个主要竞争对手，同万科一样，其净利润也都呈现出逐年增长的态势，并且 2016—2020 年净利润与经营性净现金流均存在很大差异。其中，保利和新城控股五年中有三年经营性净现金流小于净利润，金地和招商蛇口五年中有四年的经营性净现金流小于净利润，绿地控股近几年中有三年经营性净现金流远大于净利润。

表 6-1 万科及主要竞争对手净利润与经营性净现金流对比

单位：万元

项 目		2016 年	2017 年	2018 年	2019 年	2020 年
万科	CFO	3 956 612.90	8 232 283.42	3 361 818.34	4 568 680.95	5 318 802.22
	净利润	2 835 025.55	3 720 838.73	4 927 229.45	5 513 161.46	5 929 811.64
	差额	1 121 587.35	4 511 444.69	-1 565 411.11	-944 480.51	-611 009.42
	比值	1.40	2.21	0.68	0.83	0.90

续表

项 目		2016 年	2017 年	2018 年	2019 年	2020 年
保利	CFO	3 405 395.72	−2 926 141.70	1 189 332.14	3 915 531.57	1 515 047.76
	净利润	1 707 304.97	1 969 387.77	2 614 913.66	3 755 396.62	4 004 820.76
	差额	1 698 090.75	−4 895 529.47	−1 425 581.52	160 134.95	−2 489 773
金地	CFO	1 708 170.56	−698 873.42	−182 844.32	789 928.12	751 545.68
	净利润	857 585.01	947 729.69	1 210 466.02	1 546 501.85	1 524 063.2
	差额	850 585.55	−1 646 603.11	−1 393 310.34	−756 573.73	−772 517.52
新城控股	CFO	809 720.46	−1 048 516.36	381 699.51	4 358 018.17	38 186.83
	净利润	315 593.83	626 036.27	1 220 881.06	1 332 990.26	1 646 572.62
	差额	494 126.63	−1 674 552.63	−839 181.55	3 025 027.91	−1 608 385.79
招商蛇口	CFO	−1 337 376.34	−506 261.62	1 047 813.76	1 381 206.86	2 762 200.67
	净利润	1 215 082.46	1 544 083.67	1 946 078.06	1 885 688.22	1 691 330.21
	差额	−2 552 458.8	−2 050 345.29	−898 264.3	−504 481.36	1 070 870.46
绿地控股	CFO	−435 731.72	5 886 255.25	4 217 242.78	1 926 145.88	4 471 960.67
	净利润	939 736.05	1 357 212.34	1 602 330.85	2 095 010.96	2 113 565.95
	差额	−1 375 467.77	4 529 042.91	2 614 911.93	−168 865.08	2 358 394.72

数据来源：万科、保利、金地、新城控股、招商蛇口、绿地控股 2016—2020 年年度报告。

从理论上来说，对于一家正常经营的企业，如果社会的信用环境不存在巨大的变化，那么企业的净利润与经营性净现金流之间不会存在太大差异，并且会呈现出相同的变化趋势，通常其经营性净现金流也会大于净利润。因此，理论上来说万科作为一家经营状况良好、净利润逐年提升的企业，其净利润与经营性净现金流不会存在较大的差异，然而现实情况却并非如此。对此我们产生疑问，是什么原因导致万科的净利润与经营性净现金流出现如此巨大的差异？其经营性净现金流远小于净利润的原因是什么？我们将通过下文进行具体分析。

6.2.3 案例分析

6.2.3.1 净利润和经营性净现金流的概念

企业的净利润，是在考虑了会计期间内所有报告的收入和费用后的利润，是指企业当期利润总额减去所得税的金额，反映了企业会计期间的经营成果。经营性净现金流，是由经营活动中产生的现金流入减去与经营活动有关的现金支出构成的，企业的经营净现金流越大，说明企业经营活动创造的现金净额就会越多，企业的现金流就会越充分。

企业的净利润与其经营性净现金流通常存在着紧密关联，在用间接法编制现金流量表时，就是通过对净利润项目进行调整，使其最终反映企业经营性净现金流，其本质是将一些与经营活动现金流量无关的因素剔除掉，如影响损益但不影响现金收支的业务、影响净利润但是不属于经营环节的业务。通常会将净利润进行以下调整：

第一，已经反映在净利润中，却未发生实际的现金流动。比如：资产减值准备、固定资产折旧、油气资产折耗、生产性生物资产折旧、无形资产摊销以及长期待摊费用摊销等。这些费用按照权责发生制原则计提，且从当期收入中扣除形成了净利润，然而，基于收付实现制原则，这些计提的费用并没有引起实际现金流出，因此，应在净利润基础上增加这些金额，以反映当期经营活动产生的现金流量净额。第二，已经反映在净利润中，同时也发生了现金流动，却不属于经营活动。比如，处置固定资产、无形资产和其他长期资产的损益、固定资产报废损失、财务费用、投资损益等。这些项目虽然在计算净利润时已经考虑到了，但其本质是属于投资、筹资活动，因此，均应将这些项目调整至现金流量表中的投资活动和筹资活动，而不属于经营活动现金流量。其中，"财务费用"项目并非利润表所列示的"财务费用"，而指的仅是与投资、筹资活动相关的财务费用。第三，已经反映在净利润中，也属于企业经营活动，但这类项目的调整数为其本期变化数。主要包括：递延所得税资产的增减、递延所得税负债的增减、存货的增减、经营性应收项目以及经营性应付项目的增减。

通过对净利润与经营性净现金流的关联分析可以看出，在具体的企业经营活动中造成两者之间差异的原因多种多样。例如：折旧、计提资产减值、投资收益和财务费用的增加等，有些报表项目只影响了净利润但没有发生实际的现金流动，所以并没有影响经营活动现金流量；而有的项目对净利润产生了影响也发生了现金流动，但不是企业经营活动所产生的；还有的项目并不影响本期的净利润，只是发生了现金流动，这些都会导致企业的净利润与经营性净现金流产生差异。因此，归根结底，造成经营性净现金流与净利润的差异的本质是由现金流量表与利润表的编制基础不一致造成的。

现金流对企业至关重要，毕竟手里有钱，才有发展的底气，经营压力也小得多。而手里没钱，哪怕净利润再高，也只是有名无实的"光杆司令"，企业变现能力差，财务风险高，经营压力大。所以经营性净现金流比净利润多，我们一般认为是企业经营状况向好的表现，经营性净现金流比净利润少是企业经营状况向坏的表现。然而，现实远比我们想象的复杂，万科及其主要竞争对手的经营状况良好、净利润逐年提升，但其均出现了经营性净现金流远小于净利润的情况。所以，并不是好公司都是经营活动净现金流远大于净利润，而坏公司也并不都是经营活动净现金流远小于净利润的。

6.2.3.2 万科净利润与经营性净现金流巨大差异的原因

企业的财务报表附注中展示了"将净利润调节为经营活动的现金流量净额"的具体过程，是以净利润为起点，调整不涉及现金的收入、费用、营业外收支等有关项目，据此计算出经营活动产生的现金流量净额。其中括号内数字表示以经营活动产生的现金流量比净利润调减的项目，而正值表示以经营活动产生的现金流量比净利润调增的项目。表 6-2 罗列了万科 2016—2020 年"将净利润调节为经营活动的现金流量"中调减的主要项目。

表 6-2　万科净利润调节为经营性现金流量主要调减项目

单位：万元

项　　目	2016 年	2017 年	2018 年	2019 年	2020 年
投资收益	（501 383.59）	（624 456.17）	（678 793.45）	（498 412.68）	（1 351 187）
递延所得税资产增加	（193 879.89）	（244 336.72）	（584 663.87）	（756 654.66）	（411 626.89）
递延所得税负债减少	（5 438.26）	（11 096.81）	（51 182.45）	（25 658.41）	（5 085.74）
存货的增加	（5 340 102.73）	（10 602 483.45）	（11 112 548.28）	（10 768 949.83）	（3 816 502.93）

数据来源：万科 2016—2020 年年度报告。

企业的经营性净现金流远小于净利润，意味着在这个"将净利润调整为经营活动产生的现金流量净额"的过程中，必然是调减项目远大于调增项目的。由表 6-2 可知，万科 2016—2020 年间调减项目主要为四项，其中"存货的增加"调减数额最大，其次是"投资收益""递延所得税资产的增加"和"递延所得税负债的减少"。这四个调减项目以不同方式拉大了万科经营性净现金流和净利润的差额。其中，"存货的增加"是万科把挣的钱大量花了出去，导致了现金流的减少，其和"递延所得税资产的增加"，都主要影响了企业的经营活动现金流量而并未影响净利润；而"投资收益和递延所得税负债的减少"，都是做大了企业的净利润但不造成企业经营活动现金流入的项目。因此，导致万科经营性净现金流远低于净利润的原因就在于这些调减项目，也就是万科虽然账面上赚得多，但是其中有的利润变不了现，更何况花出去的钱也多。所以口袋里摸得到的钱，远比账面上挣的钱少！

（1）存货的增加

在企业的经营活动中，有供、产、销三个环节，其中供给和生产环节是现金的流出环节，而销售是现金的流入环节。在一个会计期间内，存货是供给和生产环节共同作用下的结果。一个企业存货的增加，表示该会计期间在供给和生产环节的现金流出增加，一个企业存货的减少，则表示该会计期间在供给和生产环节的现金流出减少。

通过分析表 6-3 可以得出，在万科的经营性现金流出中，由于存货项目的增加，导致的净利润调整为经营活动的现金流量的调减的占比较大。特别是，在 2017 年、2018 年、2019 年这三年，由存货增加导致的经营性现金流出占经营性现金流出总额比重分别为 32.13%、28.47%、25.39%。2020 年由存货增加导致的经营性现金流出占经营性现金流出总额比重相对降低，为 8.38%。而 2020 年万科的经营性净现金流与净利润的差异也有所降低。由此可以得出结论：万科对于存货项目的扩张性投入，导致经营性现金流出量过高，是万科呈现出净利润大于经营性净现金流现象的主要原因之一。

表 6-3 万科净利润与经营性净现金流对比

单位：万元

项 目	2016 年	2017 年	2018 年	2019 年	2020 年
CFO	3 956 612.90	8 232 283.42	3 361 818.34	4 568 680.95	5 318 802.22
存货增长额	5 340 102.73	10 602 483.45	11 112 548.28	10 768 949.83	3 816 502.93
经营性现金流出总额	27 326 948.67	32 993 805.26	39 033 196.44	42 416 191.25	45 517 388.93
存货流出占经营性现金流出的比重（%）	19.54	32.13	28.47	25.39	8.38

数据来源：万科 2016—2020 年年度报告。

那么，万科集团为什么存货项目的增加额如此巨大？

首先，这跟房地产行业的生产特征相关，房地产企业的生产开发周期和销售回款周期都较长，根本不可能实现"现产现卖"，所以"制造库存，销售库存"是房地产企业的经营常态；此外，这也跟行业状况紧密相关，随着我国经济高速发展，国家城市化速度也一路高歌，城市化过程中，人口大量增加并不断涌入城市，住房、基础设施等需求缺口巨大，于是房地产企业成了利润率极高、来钱容易的行业，这使得大量资金流入房地产业，房地产商疯狂拿地建楼，造成了大量的房屋库存，此外，炒房兴起，房屋的投资属性强，这进一步加强了房地产行业囤地建楼的热情，所以整个房地产企业的存货量增长速度居高不下。

（2）投资收益

投资收益是指企业进行投资所获得的经济收益，主要反映企业在一定会计期间对外投资所取得的回报，通常包括对外投资所分得的股利和收到的债券利息，以及投资到期收回或到期前转让债权得到的款项高于账面价值的差额等。也就是说，投资收益是因为投资活动所引起的，与经营活动无关，所以该项目影响净利润的变化但不会影响经营活动现金流量。

表 6-4 万科投资收益明细情况

单位：万元

项 目	2016 年	2017 年	2018 年	2019 年	2020 年
权益法核算的长期股权投资收益	493 071.60	456 916	627 991.04	379 059.82	973 965.62
处置长期股权投资的收益	(6 272.99)	94 282.50	43 388.70	85 221.82	259 662.40
可供出售金融资产在持有期间的投资收益	625.29	2 714.55	—	—	—
处置可供出售金融资产的投资收益	189.74	2 874.13	—	—	—
处置交易性金融资产取得的投资收益	—	—	3 793.62	29 029.82	69 576.28
处置其他非流动金融资产产生的投资损失	—	—	—	(1 125.16)	(387.92)
其他权益工具投资的股利收入	—	—	1 274.81	1 406.87	1 610.08
其中：与资产负债表日仍持有的其他权益工具投资相关的股利收入	—	—	1 274.81	1 406.87	1 610.08

续表

项 目	2016年	2017年	2018年	2019年	2020年
其他非流动金融资产在持有期间的投资收益	—	—	2 345.28	4 819.51	3 272.44
丧失控制权后剩余股权按公允价值重新计量产生的利得	—	27 023.65	—	—	43 488.09
取得控制权时原持有股权按公允价值重新计量产生的利得	13 769.95	40 645.34	—	—	—
合计	501 383.59	624 456.17	678 793.45	498 412.68	1 351 187.00

数据来源：万科2016—2020年年度报告。

根据万科2016—2020年投资收益的明细情况说明（表6-4），发现其投资收益金额主要来源于权益法核算的长期股权投资收益以及其处置长期股权投资、交易性金融资产所取得的投资收益等，特别是企业从长期股权投资中获得的投资收益占了整个企业投资收益的绝大部分。企业通过投资活动从长期股权投资中所获得的收益只会导致企业净利润的增加，而与企业的经营活动无关，所以不会影响企业的经营性净现金流。因此，万科的投资收益增加也是其出现净利润大于经营性净现金流的原因之一。

（3）递延所得税资产或负债的变动

由表6-5可知，万科在2016—2020年间，递延所得税资产和净利润呈现增长趋势，但是递延所得税负债变化较大。

递延所得税资产实际上是所得税的"早付"，是一项权利，而递延所得税负债实际上是所得税的"晚付"，是未来的一项义务。在其他因素不变的情况下，万科递延所得税资产的增加，意味着当期发生了一部分未计入损益的所得税支出。该支出虽然未影响净利润，但实际上它也是本期经营活动现金流出的一部分，所以会导致经营性净现金流减少，使得净利润与经营性净现金流存在差异。同样地，万科递延所得税负债的减少意味着本期实际发生、暂不支付的所得税额减少，该部分只引起了净利润的变动，而并没有实际的现金流出，所以对净利润调减后会得到实际的经营性净现金流。因此，万科的递延所得税资产的增加，以及递延所得税负债的减少，也是其出现净利润大于经营性净现金流的原因之一。

表 6-5　万科递延所得税资产和负债变动情况

单位：万元

项　　目	2016 年	2017 年	2018 年	2019 年	2020 年
递延所得税资产	719 853.30	965 100.20	1 574 920.47	2 342 758.61	2 753 543.05
递延所得税资产增加	193 879.89	244 336.72	584 663.87	756 654.66	411 626.89
递延所得税负债	50 404.82	26 529.97	53 891.24	28 232.84	23 147.09
递延所得税负债减少	5 438.26	11 096.81	51 182.45	25 658.41	5 085.74
净利润	2 835 025.55	3 720 838.73	4 927 229.45	5 513 161.46	5 929 811.64

数据来源：万科 2016—2020 年年度报告。

6.2.4 讨论

一般而言，我们认为，经营性净现金流小于净利润，是企业从经营活动创造现金流能力严重不足的表现，具有一定的财务风险，是企业经营状况不好的信号。通过万科的财务数据可以发现，其 2016—2020 年中有三年的经营性净现金流都小于其当期净利润。然而通过万科的经营状况分析，发现其无论是获利能力还是经营状况都是行业内翘楚，也就是说经营性净现金流小于净利润的信号功能失真。通过具体分析后可以发现，万科净利润之所以与经营性净现金流存在如此大的差异，直接原因是利润表与现金流量表编制的基础不同，利润表根据权责发生制编制，现金流量表根据收付实现制编制。具体来说，存货增加引起经营性现金流出过大，减少了经营性现金流量净额；投资收益的增加作为投资活动的成果，引起了净利润的增长，而与经营活动现金流无关。另外，递延所得税资产的增加和递延所得税负债的减少，也是其净利润大于经营性净现金流的原因之一。深层原因则说明企业利用会计技术可以做大利润，但是未能很好地创造经营性现金流的短板是无法掩饰的，具体表现在积压存货或是销售不畅，对外投资未能收回现金收益等。

通常我们认为当企业净利润与经营性净现金流存在巨大差异，无论是净利润大于经营性净现金流还是小于经营性净现金流都是不正常的现象，可能给企业带来巨大风险。如果经营性净现金流比净利润高很多，通常说明该企业的费用比较高，所以净利润偏低，如果企业的净利润一直偏低，甚至长期处于亏损状态，这说明企业的经营效果是很不好的，在主营业务或者成本费用上存在巨大的问题。企业最终的目标都是实现盈利，长期处于亏损状态会对外释放出消极的信号，影响债务人、投资者对企业的评价。如果净利润远大于经营性净现金流，通常说明企业只有表上利润，没有实际的现金流与之匹配，而现金流是一个企业的血液，没有现金流的公司可能会走向破产，经营性净现金流一旦为负，企业就需要通过筹资活动来维持企业的正常经营，企业会面临极大的筹资压力，甚至面临资金流断裂的风险。因此，企业在经营过程中还是应该避免经营活动净现金流与净利润之间存在巨大差异的情况，无论是净利润过小还是经营性净现金流过小都是不健康的，保持净利润与经营性净现金流的稳定与同步变动，根据企业的经营战略进行调整，会更有利于企业的经营发展。

6.3 英特集团现金股利分配分析

6.3.1 背景介绍

6.3.1.1 公司背景

浙江英特集团股份有限公司（以下简称英特集团，股票代码000411）前身为"凯地丝绸"，于1992年8月20日登记注册，并于1996年7月16日登陆A股市场，公司股票在深圳证券交易所挂牌交易。该公司是浙江省医药商业行业的重点企业之一，公司主营业务主要包括药品销售、医疗器械的批发和零售等，也就是公司先由制造和生产药品的上游企业采购药品或医疗器械，然后公司再将其批发或零售给下游的零售商、医疗机构、药店或者消费者。

（1）公司经营情况

由表6-6英特集团2015—2019年经营情况可知，英特集团的营业收入和净利润均处于逐步增长状态，企业的经营状况稳定，其中，2019年度英特集团营业收入增长到2 460 093万元，净利润达到33 767万元，整体经营水平处于医药商业行业的中游水平。

表 6-6　英特集团 2015—2019 年经营情况

单位：万元

项　目	2015 年	2016 年	2017 年	2018 年	2019 年
营业总收入	1 546 644	1 725 733	1 890 733	2 049 214	2 460 093
营业收入	1 546 644	1 725 733	1 890 733	2 049 214	2 460 093
净利润	15 390	19 188	19 145	22 386	33 767
归属于母公司股东的净利润	6 876	8 685	8 349	9 385	15 109

数据来源：英特集团 2015—2019 年年度报告。

（2）公司股权结构情况

英特集团在 2017 年之前的最大控股股东为浙江华辰投资发展有限公司，2017 年之后变更为浙江省国际贸易集团有限公司，控股比例高达 29.88%。截至 2019 年，英特集团主要股东为浙江省国际贸易集团有限公司、华润医药商业集团有限公司和浙江华辰投资发展有限公司，分别持有英特集团股份比例为 24.90%、20.00%、17.31%，总持股比例达 62.21%（表 6-7）。另外，公司实际控制人是在 2017 年发生变更，由中化集团变更为浙江省国资委。此时英特集团的性质也从央企控制下的公司转变为地方控制下的国企。

表 6-7　英特集团股权结构

十大股东前五名	持有比例（%）	本期持有股（万股）	持股变动数（万股）
浙江省国际贸易集团有限公司	24.90	6 198.61	不变
华润医药商业集团有限公司	20.00	4 978.80	4 978.80
浙江华辰投资发展有限公司	17.31	4 307.98	−161.16
迪佛电信集团有限公司	2.69	669.52	不变
全国社保基金六零四组合	2.27	565	−135

数据来源：英特集团 2019 年年度报告。

表 6-8 显示，英特集团最大的控股子公司为英特药业，英特集团作为英特药业的第一大股东拥有该子公司超半数的股权。另外，英特药业董事会 5 名董事中有 3 名都是英特集团的高层，因此英特药业从实质上是由英特集团所控制，所以英特集团在编制财务报表时将其纳入合并范围。

表 6-8 英特集团主要控股子公司

子公司名称	主要经营地	注册地	业务性质	持股比例(%)	取得方式
浙江英特药业有限责任公司	杭州	杭州	商业	50.00	非同一控制下的企业合并
浙江英磊联信息技术有限公司	杭州	杭州	信息技术服务	63.75	投资设立
浙江英特物联网有限公司	上虞	上虞	物流管理	100.00	投资设立
浙江英特药谷电子商务有限公司	杭州	杭州	电子商务	100.00	投资设立

数据来源：英特集团 2019 年年度报告。

6.3.1.2 行业背景

2020 年，医保局提出加速推进医药行业的改革，提升行业的市场集中化程度，由此深化改革和鼓励创新成为医药行业发展的主要导向。同时，药品以及医疗器械集中化采购不断推进，医保项目的动态管理和创新药的审批上市速度不断优化，基层医疗服务水平以及医疗资源的配置水平不断提高。但是，由于新冠肺炎疫情的影响，行业整体增长速度相比前几年有所放缓，承担着经济社会发展和民生社会保障重任的医药行业，同时面临着转型升级的机遇与挑战。

（1）医药商业市场基本恢复去年同期水平

据商务部药品流通统计系统数据显示，"2020 年 1—3 季度药品流通市场销售相对于上半年持续好转，下行趋势进一步放缓；全国七大类医药商品的销售额同比下降了 0.31%，为 17 235 亿元；其中药品零售市场的销售额为 3 748 亿元，同比提升 10.87%"。医药市场发展水平的持续好转主要是得益于政府对医药卫生领域的扶持、财政投入加大以及医保的普及，另外，还与公众的健康意识提升、对药品的需求提升以及我国人口老龄化的加剧，对治疗慢性病的药品需求提升有关。未来在"双循环"新格局和健康战略全面实施下，庞大的医药内需市场将进一步激活。

（2）行业集中化速度加快

根据商务部对药品流通数据的统计显示，"2020 年前三季度医药商业行业营业收入金额为 12 812 亿元，同比增长 0.52%"。根据全国医药商业企业的年报，2020 年 1—3 季度全国医药商业排名前十的企业主要是依靠产品创新、投资并购、深化改革以及数字化转型等方式，实现营业收入平均增长 2.73%，较远超上半年（同比平均下降 2.05%）、行业平均和直报企业增长，较好地抵御了疫情冲击，市场集中度进一步提升。

（3）疫情与新技术推动商业模式转型和新兴业态培育

受到了新冠肺炎疫情的影响，"互联网+"为"医疗、医药、医保"服务带来了全面的技术变革。阿里健康、京东健康等行业巨头加速了传统医药行业与互联网企业的融合和业务的转型创新，一些新兴的商业模式不断出现。同时医药健康大数据与物流大数据也深度融合，诸如顺丰医药物流的新兴模式出现，医药行业的发展趋势变得智能化、信息化，医药企业的核心竞争力得到不断提高。另外，跨界的融合使医药服务效率大幅提高，实现了医药企业经营模式和商业模式的转型升级，通过将"商流、物流、信息流、资金流"进行深度融合，医药企业以智慧化的供应链更好地向客户提供更加专业化、多元化以及高效率的服务，极大提升了客户的服务体验。

6.3.2 思考题

股利分配是企业根据每年的盈利情况按照一定比例支付给投资者的红利，是上市公司给予股东的投资回报。表 6-9 和图 6-7 分别是英特集团的历年分红情况和其所在行业中相似水平企业的历年分红情况。从表 6-9 来看，英特集团多年来均未分配现金股利，直至 2017 年实际控制人发生变动，公司与大股东商议后，提出公司将在确保正常经营发展资金需求的情况下，尽快解决英特集团母公司未分配利润为负值的问题，才决定于 2018 年开始发放现金股利（图 6-6）。而对比同行业水平相似的几家公司可以发现，瑞康医药、嘉事堂、浙江震元基本都在 2015—2020 年进行了现金分红。而根据英特集团的经营情况，其营业收入和净利润均呈现出不断增长的趋势，公司整体的经营情况稳定，对此我们产生疑问，英特集团为何多年以来都未分配现金股利？又为何自 2018 年开始发放？我们将通过下文的分析给出合理解释。

公司经本次董事会审议通过的利润分配预案为：以 207 449 946 为基数，向全体股东每 10 股派发现金红利 1.30 元（含税），送红股 0 股（含税），不以公积金转增股本。

图 6-6　英特集团 2018 年年报利润分配披露

（数据来源：英特集团 2018 年年度报告。）

表 6-9 英特集团历年分红情况

公告日期	分红年度	分红方案（每10股）			进度
		送股（股）	转增（股）	派息（税前）（元）	
2021-5-20	2020 年	0	0	0.65	实施
2020-6-12	2019 年	0	0	0.61	实施
2019-5-21	2018 年	0	0	1.3	实施
2018-4-21	2017 年	0	0	0	不分配
2017-4-22	2016 年	0	0	0	不分配
2016-4-16	2015 年	0	0	0	不分配
2015-4-18	2014 年	0	0	0	不分配
2014-4-18	2013 年	0	0	0	不分配
2013-4-18	2012 年	0	0	0	不分配
2012-4-12	2011 年	0	0	0	不分配
2011-4-9	2010 年	0	0	0	不分配
2010-3-26	2009 年	0	0	0	不分配
2009-4-10	2008 年	0	0	0	不分配
2008-5-21	2007 年	0	8	0	实施
2007-4-21	2006 年	0	0	0	不分配
2006-4-20	2005 年	0	0	0	不分配
2005-7-21	2004 年	0	0	0	不分配
1996-8-28	1995 年	1	0	0	实施

数据来源：英特集团 2005—2021 年年度报告、网易财经 http://quotes.money.163.com/f10/fhpg_000411.html#01d05。

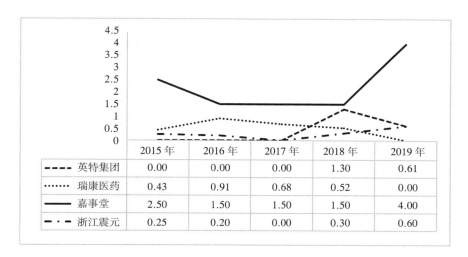

图 6-7 行业中相似水平企业历年分红情况（单位：元/10 股）

（数据来源：英特集团、瑞康医药、嘉事堂、浙江震元 2015—2019 年年度报告。）

6.3.3 案例分析

6.3.3.1 现金股利分配政策

股利分配是按股东持有公司股份的比例向其分配当期或者以前年度积累的利润，通常以现金发放，也可以是股票形式。由于现金股利是从公司实现的净利润中支付给股东的，因此支付现金股利会减少公司的留存收益。

影响企业现金股利分配政策的主要因素有企业的财务状况、现金流水平、公司治理结构和政策等。企业派发现金股利的意愿随着盈利能力和盈余稳定性的增强而提高，充足的经营现金流对现金股利支付提供强有力的支撑作用。当公司存在的投资机会越多，所需留存收益越多，从而减少用于鼓励支付的可分配利润。通常规模较大的企业由于更容易发生融资行为，不倾向利润留存；控股股东持股比例越多，采用高派现和关联交易进行利益输送的可能性会提高；另外，股权集中度越高，现金股利支付率越低。

股利分配政策是上市公司按照自身实际情况拟定的股利分配策略，主要包括：是否分配、采取什么样的分配政策和分配数目。股利分配政策是上市公司三大财政决议计划组成之一，对于公司具有十分重要的意义，影响着公司的经营和成长。适当的股利分配政策有利于稳定公司的股权结构，分配公司的盈余资金，促进公司健康发展，提高投资者信心。

21世纪初至今，我国现金股利派发的监管政策和制度安排一直处于高速发展阶段，针对上市公司分红的实际情况不断跟进和完善。2001年发布的《上市公司新股发行管理办法》，是将现金分红与公开发行等行政许可挂钩的开始，强化了上市公司分红信息披露要求。2006年发布的《上市公司证券管理办法》首次规定了发行新股时现金股利比例，即企业的现金分红应不少于近三年企业平均可分配净利润的五分之一。2008年发布《关于修改上市公司现金分红若干规定的决定》标志着监管层对上市公司分红指引的强化，不仅将发行新股时现金股利比例增加到30%，而且对现金股利分配方式和顺位、现金分红条件、现金分红时间间隔、现金分红的决策与调整机制等方面的内容做了初步规定。之后的《关于进一步落实上市公司现金分红有关事项的通知》（2012年）、《上市公司监管指引第3号——上市公司现金分红》（2013年）、《上市公司章程指引》（2014年修订、2019年修订）、《关于鼓励上市公司兼并重组、现金分红及回购股份的通知》（2015年）等皆以上述几个方面为基础完善了现金分红的政策指引。《公司法》和新《证券法》（2020年3月1日）作为最高形式的政策指引，对上市公司分红事宜做出了基础性要求。《公司法》第4条规定，"公司股东依法享有资产收益的权利"；第74条规定，"有限责任公司股东在公司不分配利润并满足法定条件时的回购请求权"。新《证券法》第91条规定，"上市公司章程设置中必须引入现金分红条款，并如实履行税后利润分配义务"；并提出了两个应当，"上市公司应当在章程中明确分配现金股利的具体安排和决策程序，依法保障股东的资产收益权；上市公司当年税后利润，在弥补亏损及提取法定公积金后有盈余的，应当按照公司章程的规定分配现金股利"。

6.3.3.2 英特集团分红情况变动分析

（1）整体财务状况

由表6-10可知，英特集团合并报表2015—2019年各年度净利润为正，且呈现逐年增加趋势。母公司的净利润变动幅度不大，但2018年净利润增长率高达940%，主要原因是投资收益从2017年的700万元增加到1.6亿元。虽然英特集团2015—2017年合并报表的未分配利润一直为正值且高达5亿左右，但2015—2017年母公司的未分配利润一直为负值且数额约为1.4亿，到2018—2019年母公司报表未分配利润才扭亏为盈，分别为3 322万元与2 206万元。

表 6-10　英特集团 2015—2019 年净利润与未分配利润

单位：万元

项　目	2015 年	2016 年	2017 年	2018 年	2019 年
未分配利润（母）	-14 512	-14 348	-12 769	3 322	2 206
未分配利润（合并）	40 503	49 187	57 536	66 552	78 789
净利润（母）	671	164	1 579	16 460	1 756
净利润（合并）	15 390	19 188	19 145	22 386	33 767

数据来源：英特集团 2015—2019 年年度报告。

由表 6-11 英特集团资产负债率及行业对比可知，英特集团资产负债率常年高达 75% 以上，变动幅度较小。五年来资产负债率分别为 75.26%、75.72%、79.03%、76.83%、72.41%，整体负债率高于行业中相似水平的企业，资金流动风险较大。根据其资产负债表来看，主要是受到短期借款和应付账款的影响，在应付账款中主要是贷款项目，占比 98% 以上，这与医药商业经营主要依靠大规模的短期银行借款现实相符。

表 6-11　英特集团 2015—2019 年资产负债率行业对比

单位：%

公司简称	2015 年	2016 年	2017 年	2018 年	2019 年
英特集团	75.26	75.72	79.03	76.83	72.41
瑞康医药	61.58	52.08	64.15	67.55	68.42
嘉事堂	62.59	60.22	65.27	65.6	62.24
浙江震元	34.03	34.87	32.26	31.93	38.87
人民同泰	66.37	65.74	66.7	64.19	66.7

数据来源：网易财经 http://quotes.money.163.com/f10/zycwzb_000411,year.html。

从上文对英特集团财务数据的分析可以看出，英特集团母公司未分配利润在不分红的年份为负且其资产负债率一直高于 75%，这两点也是英特集团多年不分红的主要原因。根据英特集团在公司章程对现金分红条件的规定（图 6-8），公司当年盈利且有可分配利润时应该进行现金分红，而如果公司当年经审计的资产负债率高于 75% 则公司当年可以不进行现金分红。英特集团多年资产负债率高于 75% 以及母公司未分配利润为负，未达到公司章程设定的现金分红条件，因此其多年都未进行现金分红。

（二）现金分红条件

公司当年盈利且有可分配利润时，公司应进行现金分红，但存在下述情况之一时，公司当年可以不进行现金分红或现金分红比例可以低于当年实现的可分配利润的10%：

1. 公司存在重大投资计划或重大现金支出等事项（募集资金项目除外）。

重大投资计划或重大现金支出是指：公司未来十二个月内拟进行投资、购买资产的累计支出达到或者超过公司最近一期经审计净资产的20%且超过5000万元。

2. 当年公司经审计资产负债率超过75%。

图 6-8　英特集团公司章程关于现金分红条件的规定

［资料来源：英特集团公司章程（2018年11月）。］

英特集团母公司未分配利润为负的主要原因有两点，第一，从历史因素来考虑，英特集团2010年起母公司每年的未分配利润都是亿元左右的亏损，而来自归属母公司的利润只有千万元左右，无法对母公司的未分配利润进行弥补。第二，考虑到英特集团自身的资本结构以及行业特征：一是自从上市以后公司从来没有在资本市场再融资，同时其主要子公司英特药业也没有进行增资扩股，因此公司正常经营所需资金主要是依靠企业积累的留存收益以及通过负债融资的方式获取。二是子公司英特药业是英特集团的主要经营实体，英特集团及子公司均处于医药商业行业，而由于医药商业行业的经营模式及特征，决定了英特集团及子公司处于供应链的中游，其上游企业和下游企业均处于强势地位。三是虽然这些年来公司营业收入稳步增长，但由于公司经营发展资金的支出以及近年大额的项目投资支出，公司并没有积累多少资金，公司主要通过短期借款和票据等负债融资的方式来满足前述对资金的需求。四是在药品商业行业近几年不断深化改革的背景下，药品商业企业开始不断整合，英特集团于2017年也并购了多家公司，同时增资控股子公司，投资额超过2亿元。从以上分析可以看出英特集团的资金一直处于"自给自足，刚刚好"的地步。

与同行业4家公司进行对比发现，在不考虑其他情况的前提下（例如公司结构、公司章程等），其他4个公司几乎每年都进行现金股利的发放，而英特集团却始终以母公司未分配利润不足以及资产负债率过高为由不进行现金股利分配。虽然短期来看，这符合英特集团目前的经营投资现状与行业特征，但从长期来看，投资者的投资收益很难得到保障。因此从2018年开始，英特集团开始积极为现金分红做准备，通过改变资本结构，增加长期股权融资，弥补英特集团母公司历年未分配利润为负的"窘境"，在降低资产负债率的同时，满足现金分红的条件。

（2）股权结构分析

①公司实际控制人变更

2014—2016年英特集团实际控制人是国务院国有资产监督管理委员会，并且由其100%控股股东"中国中化集团公司"代理控制英特集团（图6-9）。

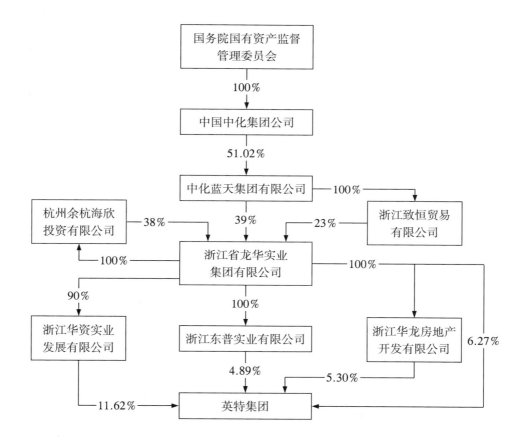

图 6-9 英特集团产权关系图

（资料来源：英特集团2016年年度报告。）

2017—2019年，英特集团实际控制人在2017年12月22日由国务院原国资委转变成为浙江省国资委，并且在2017—2019年保持这一产权结构未曾改变，公司控股股东由浙江省华龙实业变更为国贸集团，由浙江省国资委100%控股的"浙江国贸集团"代理控制英特集团（图6-10）。由于实际控制人的变更，英特集团进入新的战略发展阶段。

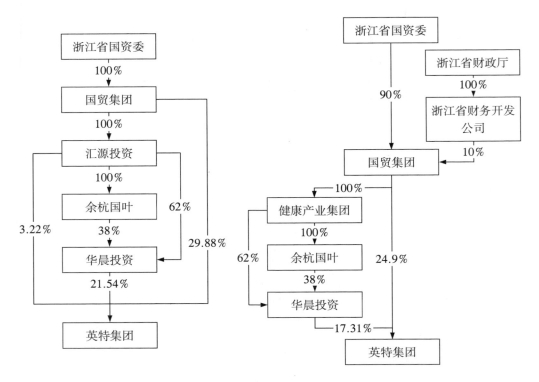

图 6-10 英特集团产权关系图

（资料来源：英特集团 2017 年年度报告。）

根据以上产权关系图变动明显可以发现，在 2017 年实际控制权转变为浙江省国资委之前，英特集团大股东数量多并且关系错综复杂，跨度从国有企业到地方性企业，从中可推断：英特集团内股东成分较复杂，因此董事会构成也较为复杂。而现金股利分配正是由董事会负责决议的一项重要工作，从这个角度可以推测，英特集团现金股利迟迟不肯下发的一个重要原因是董事会内部结构较为复杂，所代表利益各不相同，因而导致在决议是否分派现金股利时未能保持一致意见。然而，在 2017 年 12 月 22 日英特集团实际控制人由中国石化集团公司（国资委实际控制）转变成为浙江国际贸易集团有限公司（省国资委实际控制），即从国有划归成为省属后，从产权关系变动图可以发现，英特集团大股东数量少且关系较为简单，在转变实际控制人后集团股权结构明显更加集中，在转变实际控制人后的一年里（2018 年），公司调整内部各项业务与转换后各项事宜，随即在第二年（2019 年）结束"铁公鸡生涯"，开始分派现金股利。从实际控制人变更的角度，我们有理由推断，这也是英特集团由长达数年不分发现金股利到分发现金股利的重要原因之一。

②主要控股股东概况

如表6-12，2017年12月22日之前，公司实际控制人发生变更前（国资委），英特集团最大股东为浙江省华辰投资发展有限公司。

表6-12 英特集团2017年以前主要控股股东

股东名称	股东性质	持股比例（%）	报告期末持股数量	报告期内增减变动情况
浙江华辰投资发展有限公司	国有法人	21.54	44 691 447	0
浙江华资实业发展有限公司	国有法人	11.62	24 102 000	0

数据来源：英特集团2016年年度报告。

如表6-13，2017年12月22日后，公司实际控制人发生变更后（浙江省国资委），英特集团最大股东为浙江省国际贸易集团有限公司，浙江省华辰投资发展有限公司转为英特集团第二大股东。

表6-13 英特集团2017—2018年主要控股股东

股东名称	股东性质	持股比例（%）	报告期末持股数量	报告期内增减变动情况
浙江省国际贸易集团有限公司	国有法人	29.88	61 986 136	58 248 906
浙江华辰投资发展有限公司	国有法人	21.54	44 691 447	0

数据来源：英特集团2017年年度报告。

另外，如表6-14，2019年度由于股权融资，华润医药商业集团有限公司入股成为英特集团第二大股东，浙江省华辰投资发展有限公司转为英特集团第三大股东。

表6-14 英特集团2019年以后主要控股股东

股东名称	股东性质	持股比例（%）	报告期末持股数量	报告期内增减变动情况
浙江省国际贸易集团有限公司	国有法人	24.90	61 986 136	0
华润医药商业集团有限公司	国有法人	20.00	49 787 987	49 787 987
浙江华辰投资发展有限公司	国有法人	17.31	43 079 838	-1 611 609

数据来源：英特集团2019年年度报告。

以上列举了三个不同时段企业财务报表中披露的主要控股股东情况。从表中数据来看，2017年公司内部控股股东发生重大变化，从原本华龙实业集团变更为国贸集团。公司第一大股东从原本的浙江华辰投资发展有限公司变为浙江省国际贸易集团有限公司,控股比例高达29.88%。且截至2019年第一大股东仍为浙江省国际贸易集团有限公司，控股比例为24.90%，第二大股东从原本浙江华辰投资发展有限公司变为华润医药商业集团有限公司。

基于以上分析，可以看出英特集团的大股东控股现象显著，从2015至2019年主要控股股东股份合计从原本的33.16%变为62.21%。虽然各主要控股股东没有达到绝对控股，但由于其他股东的持股比例均较低，大股东掌握着公司的实际控制权，可能是其多年未进行分红的原因之一。

③股权融资情况

2018年英特集团向战略投资者华润医药非公开发行股票，发行数量为不超过公司总股本的20%，共募集约6.5亿元资金来弥补企业流动资金的不足。公司与华润医药签订了《附条件生效的股份认购协议》，根据最终的募集资金规模，华润医药将全额认购英特集团此次非公开发行的股票。如果此次发行顺利完成，按照发行数量的最大值计算，华润医药持有英特集团的股份比例将高达16.67%，成为英特集团的大股东，所以这次非公开发行股票构成了关联交易。2019年，经过中国证券会的《关于核准浙江英特集团股份有限公司非公开发行股票的批复》核准，英特集团此次非公开发行股票41 489 989股，由华润医药以现金方式进行全部认购。2019年当期，英特集团上述非公开发行股票所募集的资金已经入账，对应普通股已于2019年7月18日在深交所上市流通。

英特集团最终顺利完成此次的非公开发行股票工作。首先，此次融资行为将为公司生产经营活动及日后发展提供资金支持，同时也使得英特集团的资产负债率有所下降，使公司的资本结构得到优化。其次，此次融资行为中的战略投资者华润医药在行业中实力雄厚，已经连续多年处于医药商业行业排名前三，因此使得英特集团的治理能力和结构得到进一步优化，最终实现与华润医药的优势互补，提升公司的竞争力。最后，这次融资还一并解决了英特集团多年都没有进行现金分红的历史遗留问题，解决了英特集团多年来母公司的未分配利润都为负值的问题，使公司为股东进行现金分红成为必然。

（3）监管层政策指引及英特分红政策

英特年报中现金分红政策的制定、执行或调整的相关规定来自公司章程，公司章程关于现金分红政策的规定随证监会等监管层出台的相关政策做出修改。

英特根据监管层所出台的政策不断地修改了公司章程有关利润分配的方式、现金分红比例与时间间隔、利润分配的决策与调整机制的内容。现金股利政策在英特公司章程（2015年5月）变化显著，原因是中国证监会《上市公司监管指引第3号——上市公司现金分红》《上市公司章程指引》（2014修订）等相关规定的出台。根据英特和同业公司的公司章程，英特的修订步伐具有迟滞性。同业公司如嘉事堂、瑞康药业，在《上市公司监管指引第3号——上市公司现金分红》施行的一年内就对公司章程做出了相应修订，而英特公司对现金分红的重视程度相对较低。另外，上述两项规定在章程中明确了上市公司现金分红在利润分配方式中的优先顺序，给予鼓励性指引，对上市公司在章程中提出差异化的现金分红政策做出要求。英特2015年修订的公司章程相关内容形式上与之完全契合。英特集团公司章程（2015年5月）依据规定要求，还完善了利润分配的内部决策程序和机制的相关内容，明确了在进行分红决策时充分听取独立董事和中小股东的意见和诉求。

此外，英特集团公司章程中的现金分红政策还设有一些特殊规定。在现金分红条件的内容中，2018年及以前年度公司章程中均存在如果"当年公司经审计资产负债率超过75%"的情况时，公司当年可以不进行现金分红或现金分红比例可以低于当年实现的可分配利润的10%的规定。而查阅嘉事堂、瑞康医药、人民同泰、浙江震元等同业公司章程，均未发现同类规定。一方面，这与英特集团的实际情况相符合，如前所述，其资产负债率一直较高。另一方面，该规定是对英特不进行现金分红的"量身定制"，2015—2017年英特没有进行现金分红，资产负债率皆超过75%。可以发现，虽然相关政策不断出台，公司章程随之不断修改更新，但都仅停留在形式上，并没有对英特现金分红的行动产生实质性的约束和影响。英特年报中关于不进行现金分红的原因的说辞有着极强的适用性，使其不受证监会不断加强的指引和监管的约束。另外，英特公司章程（2018年11月）增加了子公司现金分红回报规划的内容，这也符合英特集团的实际情况。英特集团主要通过英特药业开展经营活动，英特集团主要收入和盈利都是来源于英特药业。"2017年，英特药业营业总收入和净利润占英特集团的比例均超过99%，其他两家控股子公司浙江英磊联信息技术有限公司、浙江英特物联网有限公司体量均很小。"英特通过该规定表明其正在积极推进子公司现金分红机制，因此并没有故意将企业的大额利润留存于英特药业的情况。

在英特集团2019年及以后年度的公司章程中，如果"当年公司经审计的资产负债率超过75%，则公司可以不进行现金分红或现金分红比例可以低于当年实现的可分配利润的10%"这一特殊规定消失。同时公司2018年、2019年资产负债率得到改善，2019年降至72.41%，自此英特集团也开启了现金分红的历程。在英特集团最新修订的公司章程中，进行现金分红的条件如下："公司当年盈利且有可分配利润时，公司当年度应进行现金分红，现金分红比例不低于当年公司实现的可分配利润的10%。但公司存在重大投资计划或重大现金支出等事项（募集资金项目除外）时，公司当年可以不进行现金分红或现金分红比例可以低于当年实现的可分配利润的10%。"

6.3.4 讨论

由前述分析可知，英特集团从1995年成立至2017年从未进行现金分红，在2018年首次开启现金分红历程。关于英特现金分红的情况，在财务层面，我们可以看出无论是英特集团的母公司还是合并报表的数据，2015—2017年的经营情况都处于稳步上升的状态，因此在2018—2019年具有了现金分红的财务基础。而此前公司一直提到的："母公司未分配利润为负值"也在2018年由于进行长期股权融资1.6亿元最终解决。而英特集团2017年之前的年报中对"不进行现金分红"的原因总是以"不符合公司规定"一笔带过。在2017年的年报中，英特集团对不分红原因进行了首次详细的解释与分析。主要的财务原因是：子公司由于资产负债率高，不能对集团分红来弥补母公司未分配利润为负的现状。但我们推测认为不排除以前年度有"藏富于子公司"的可能性。根据中国多年的市场情况来看，许多国有企业都以"母公司未分配利润为负""企业不进行外部股权融资""依靠银行短期借款以及公司自有资金维持公司经营""公司进行大量投资"等为由拒绝发放现金股利，比如宁夏恒力、抚顺特钢等国有企业都曾以这些理由含糊搪塞，拒绝现金分红。因此我们推测，这可能是国企的"通病"，而造成这种现象的原因的可能是：外部股权融资可能会造成国有控股公司股权被稀释，以及国有企业可能"藏富于子公司"不愿意进行现金分红。

在公司分红意愿方面，英特现金分红的意愿受内外两方面因素影响。在内部，2017年实际控制人变更和2018年非公开发行股票两件大事是最重要的影响因素。2017年公司实际控制人变更，实现了由"央控"到"省属"的转变，当年年报表示，"公司已与大股东进行沟通协商，在保证英特药业经营发展资金需求的情况下，尽快解决英特集团母公司未分配利润为负值的问题"，可推测其回归省属，实行现金分红的自主权与灵活度提高，新的实际控制人对现金分红的重视程度亦提高，筹划改变英特公司多年未进行现金分红的现状。关于2017年年报重要事项中对公司长期不分红的原因的解释，一方面其底气来自实际控制人变更，另一方面，是为2018年非公开发行股票酝酿。股权融资弥补了英特集团母公司长期以来负的未分配利润，使现金分红成为必然。

在外部，英特是在监管层的政策指引和监管行动不断加强的"窘境"下开始现金分红。监管层近 10 年间一直在加强对上市公司现金分红的指引。由英特 2017 年前年报可得，其年报关于现金分红政策披露的信息有用性较差，监管层出台的政策在其现金分红的具体行动上没有得到实质性反馈。近 3 年，监管层基于这些上市公司不积极响应分红的现状，通过约见谈话、强化年报财务审核、发监管函、召开投资者说明会、强制要求公司修改公司章程分红机制等方式继续加强监管。英特即在这样的"窘境"下开始现金分红。

通过对英特现金股利分配的分析，可以得到以下启示：首先，对于国有企业来说，为了公司以及市场的长期良好发展，应该秉持"办法总比困难多"的原则，根据公司的实际经营情况，积极进行外部股权融资，合理优化资本结构，激发国有企业活力。其次，国有企业应合理保障投资者的权益，在有能力进行现金分红时，尽量不要通过"钻制度的空子"含糊其辞，达到避免给股东分红的目的。从政策角度来看，现金股利分配的政策监管自 2001 年发布的《上市公司新股发行管理办法》至 2020 年 3 月发布的新《证券法》对上市公司分红基础性要求，20 年间我国的现金股利派发监管政策始终处于高速发展阶段，不断弥补过去的政策漏洞，日趋完善合理。在这种国家鼓励甚至说是半强制的政策背景之下，越来越多的上市公司积极响应政策导向，不分派现金股利的"铁公鸡"在近些年无处遁形，曝光在公众的视野之中，所以，上市公司在满足自身经营业绩的基础上，响应政策，积极以现金鼓励方式回馈股东，才是当今顺应时代潮流的明智之举。

6.4 小结

通过对企业现金流量表的分析，可以直观地了解到企业在一定会计期间现金和现金等价物流入和流出的情况，从现金角度对企业偿债能力和支付能力做出更可靠、更稳健的评价。在对现金流量表的三大类经济活动分类分析时，经营活动现金流量分析最为重要，它是企业其他各项业务发展的资金源泉。另外，在进行具体分析时，还要结合其他报表，识别现金流量表与利润表、资产负债表之间的勾稽关系，对企业的实际财务状况有更全面的了解。作为房地产龙头企业的万科生产经营状况良好、净利润逐年增长，但其净利润与经营性净现金流却存在巨大差异，通过对其现金流量表和利润表的分析识别，发现直接原因是利润表与现金流量表编制的基础不同，利润表根据权责发生制编制，现金流量表根据收付实现制编制。深层原因则说明企业利用会计技术可以做大利润，但是未能很好地创造经营性现金流的短板是无法掩饰的，分析师通过两张报表的整体识别，才能真实挖掘背后的原因。此外，英特集团以母公司净利润为负和资产负债率高为托词多年不进行现金分红，对其财务报表进行整体识别后，发现其存在藏富于子公司的可能性。总之，在对现金流量表进行分析的同时还需要结合利润表和资产负债表，从整体上更好地对企业经营和财务状况进行识别分析。

第七章 综合财务报表分析

7.1 主要知识点回顾

本章的知识点框架如图 7-1 所示：

综合财务报表分析，就是联系企业内外部的信息，有机结合企业内部现状及外部环境，对企业财务现状及经营情况进行整体分析，进而评价企业的优劣势及未来发展态势。

通常财务报表分析的步骤如下：第一，确定分析目标（即分析师需要明确分析的立场和目标）；第二，分析企业产业类型及未来前景；第三，了解企业的基本信息和管理状况；第四，评估财务报表信息（即选择合适的分析工具和分析方法，对流动性、经营效率、盈利能力、市场价值等方面进行分析）；第五，归纳总结企业的优势和劣势；第六，得出分析结论；第七，提示存在的潜在风险。

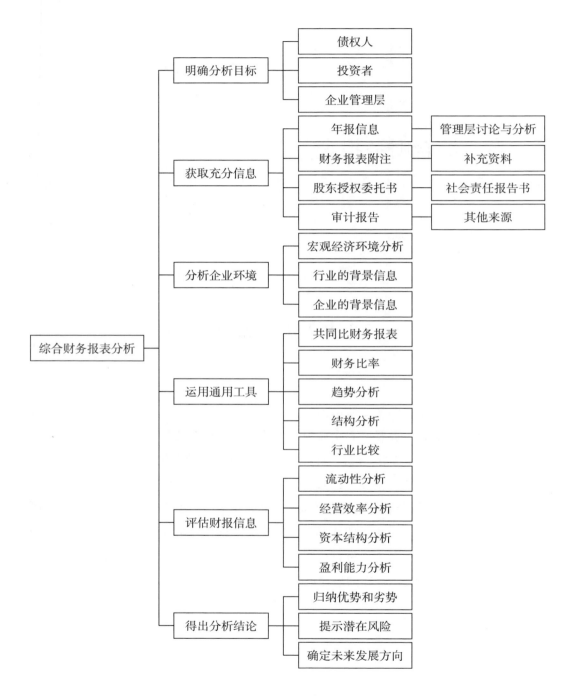

图 7-1 知识点框架图

7.1.1 明确分析目标

企业制定财务报告的最终目的是把企业日常经营活动中所产生的财务数据，通过合理的财务核算方法，计量、确认、审核与记录，最终将其转化为有利于信息使用者进行相关经济决策的信息。因而，在对企业的生产经营进行分析之前，分析师或是信息使用者应当首先明确目标，目标的确定才是分析师对财务信息进行分析的核心和依据。故财务报表分析的目标会因为信息使用者及其需求的不同而产生差异。信息使用者通常包括债权人、投资者及企业内部管理者等。

债权人或是银行等金融机构更多关注企业借款的还本和付息能力、未来潜在的借款和偿债能力等；外部投资者则将重心集中在企业的综合表现上，主要体现在获利能力及市场表现趋势，以便于决定是否买入或者售出企业的股票，或是选择其他形式的投资；此外，对于企业自身管理层而言，更多出于全局观角度考量，由于债权人或投资者为企业提供经营所需的资金，将其提出的全部问题均纳入目标之内，满足相应的需求。同时企业还应当考虑内部员工、公共媒体和政府监管者的需求。

财务报表本质是财务信息的载体，能够帮助报表使用者了解企业过往的资产状况、经营成果和未来发展战略等信息。但是，不能忽视的是财务报表是由企业编制的，因此，信息使用者和分析师需要警惕企业管理层为了达到吸引债权人、投资者或其他报表使用者的目的，而通过盈余操纵的方式影响财务报告的结果。财务报表分析中最为重要的环节是阅读和审查企业的财务报表附注、财务报告的支持材料及相关的非财务报表信息，这些信息的充分获得有助于分析师判断企业有无进行盈余操纵，进而利用真实可靠的财务信息进行分析与判断。

7.1.2 获取充分信息

在财务报表分析过程中，分析师应当选择多种数据来源、而不仅限于公司披露的财务报告本身，以确保获取充足的信息资源、识别可靠的年报信息。分析的目标不仅在很大程度上决定了分析采用的方法，也在很大程度上影响了在特定环境下需要关注哪些特定的信息资源。除了基础的年报信息、财务报表附注以外，分析师还应当关注以下信息来源，主要包括：股东授权委托书、审计报告、管理层讨论与分析、补充资料和备忘文件、社会责任报告书、其他来源等。

7.1.3 分析企业环境

企业不是孤立存在、独立运营的，其经营状况不可避免地受到社会经济发展情况、行业态势、竞争对手战略等因素的影响。因此，在分析一家企业的财务报表时，有必要先对企业运营的整体环境做出判断。但由于有限的信息资源和分析目标的差异，这种判断往往存在不确定性。也即针对不同的分析目标，信息使用者或是分析师应当尽可能地获取更多可靠全面的信息，而不只是财务信息。

从外部来看主要包括宏观经济环境信息和行业的背景信息。宏观经济环境是企业所处的国家或地区经济、财政政策与制度、社会发展等因素综合形成的大背景，这一环境可能为企业带来了潜在发展机遇（如大数据背景下物联网发展）和难以预测的风险（如2008年金融危机），企业未来规划的制订、战略的选择、组织结构的设计等都和企业所处的宏观经济环境有密不可分的关系。比如，不同时期宏观经济环境对企业资本结构选择及调整的影响；宏观经济环境与企业成本控制的关系等。行业的背景信息通常包括行业的基本信息、当前现状；行业的未来发展趋势；行业的竞争态势、竞争对手价值定位和战略等。

当然最重要的是企业背景信息分析，分析师通常需要关注以下方面，主要是企业的基本情况、生产经营能力分析；企业经营活动及其战略、企业间竞争状况和政策变化的应对策略；企业股东，尤其是控股股东的信息；企业的发展轨迹；企业高级管理人员的结构及其变动等。

7.1.4 运用通用工具和技术

为了将财务报表的数据转化为有利于评估企业财务状况和经营业绩的形式，以保证企业各年度之间、与行业竞争对手之间的可比性，分析师会使用各种工具和技术。这些工具和技术包括：共同比财务报表，即将资产负债表、利润表中各项目由绝对数转化为相对数，便于了解各项目占总资产的比重、各项目占营业收入的比重；财务比率，即通过将各项目之间的关系转化为百分比或倍数等定量形式，提高企业财务数据的可比性和标准化，主要包括：流动性比率、业务活动比率、杠杆比例、盈利能力比率等；趋势分析，要求对多个会计年度的财务数据做出评估；结构分析，关注的是企业的内部结构；行业比较，对同一项财务数据，对比目标企业和行业均值等；还包括常识和判断。

7.1.5 评估财务报表信息

在掌握企业的内外部信息后，分析师选择合适的分析工具和分析方法，对企业的流动性、经营效率、资本结构、盈利能力、市场价值等方面进行分析。流动性分析的目的是估计企业资产变现能力和短期偿还债务的能力，由于分析的目的更多是为长远的决策提供信息，故分析师不仅要利用以往年份报表数据进行分析，还必须结合当期的经营、行业的发展和过去的财务状况对未来做出合理的预期。主要通过计算流动比率与速动比率、平均收款天数与存货周转天数、资金周转天数和经营现金流量来分析。经营效率是指企业运用资产的有效程度，反映了企业资金和各项资产的周转速度，通常运用各种周转天数、周转率来衡量。

在分析中应当注重评估企业的资本结构和长期偿债能力。负债融资有利有弊，一方面固定的费用支付会给企业造成一定的财务负担；另一方面则能通过财务杠杆效益为企业带来更多的利润。故在评价企业的资本结构与偿债能力时，分析师需要时刻记得权衡负债带来的潜在收益与隐含的风险。主要通过资产负债率、产权比率、财务杠杆系数等衡量，在具体分析时通常还需要结合企业的经营活动、投资活动现金流量来综合分析造成现状的原因。盈利能力反映企业获利能力，评价指标主要包括销售毛利率、营业利润率、净利润率、总资产报酬率、净资产报酬率等。

此外，应当注意的是，财务报表分析的各部分都不应当被孤立出来单独理解与解释，它们之间是相互关联的，应当综合起来分析。短期流动性会影响盈利能力，分析盈利能力时从营业收入入手，营业收入分析又离不开流动性。资产管理的效率会影响企业负债的成本与借款的审批，这也就影响了资本结构。财务状况、盈利能力与未来发展都会影响市场上股票的价格。因而，分析师需要将各个具体报表的片段整合到一起进行分析判断。

7.1.6 得出分析结论

在对企业各项能力进行综合分析后，总结企业发展的优势和劣势，发现企业的潜在风险，确定未来发展的方向，对企业进行总体评价，最后得出判断和分析结论。但分析结论之所以不同，是因为分析之初设定的分析目标是有差异的，分析师和信息使用者在进行年报阅读和分析时始终都是围绕着各自的分析目标进行的，因为分析目标不同，所以得出的分析结论不同。

7.2 格力电器 2020 年绿色发展能力分析

7.2.1 背景介绍

7.2.1.1 公司背景

珠海格力电器股份有限公司（以下简称格力电器，股票代码 000651）成立于 1991 年，于 1996 年 11 月在深交所挂牌上市。在创业初期，公司以生产空调作为主营业务，随后进一步提升研发水平，从单一产品的生产制造发展成涵盖家用消费品和工业装备多领域、多元化的发展模式，成为全球知名的工业制造企业。在提升产品硬实力的同时积极开拓市场，现已在全球 160 多个国家进行产品的推广、宣传与销售。根据 2020 年日经社统计可知，格力电器家用空调全球市场占有率达 20.1%，位居行业第一。

2021 年上半年公司实现营业总收入 920.11 亿元，同比增长 30.32%；利润总额 109.76 亿元，同比增长 42.62%；实现归属于上市公司股东的净利润 94.57 亿元，同比增长 48.64%。在习近平新时代中国特色社会主义思想的引导下，格力电器始终坚持以消费者需求为导向，走自主创新道路，加快推动产品智能化发展，引领科技发展，为智能新时代助力！

7.2.1.2 行业背景

2021 年，全球新冠肺炎疫情仍在肆虐，家电行业步入寒冬期，面对原材料价格飞涨、市场需求惨淡等挑战，家电行业仍体现出强大的韧劲，积极应对困境。《2021 年中国家电行业年度报告》显示，2021 年我国家电行业国内累计销售额达 7 543 亿元，同比增长 3.4%；家电产品出口额达 6 382 亿元，同比增长 14.1%。

虽然家电行业取得了较好的成绩，但现有经济发展面临的需求收缩、供给冲击、预期转弱三重压力仍然存在。面对现有不利形势，政府与企业通力合作，从政策层面引领家电行业，鼓励开展 "以旧换新" "以换代弃" 等活动，推进家电合理更新，进一步推动产品技术创新、更新换代。随着政府各项政策的推动，2022年三重压力有望得到缓解，家电行业将迎来新的辉煌期。

7.2.2 思考题

格力电器现有近9万名员工，其中研发人员共有1.6万名。在国内外建立多个工业基地，其中空调基地共有15个，再生资源基地共有6个，位于郑州、芜湖、珠海等地，打造自上游生产至下游回收全流程产业链，实现了绿色、循环、可持续发展。格力电器高度重视绿色环保工作，在产品研发方面不断取得突破，也十分重视生产制造过程的能效提升，在董事长董明珠的带领下始终秉承"让天空更蓝，大地更绿"的绿色环保理念，贯彻执行"合理使用能源，提高能源利用效率"的能源方针。

作为一家大型的国有企业，格力电器积极推进绿色发展、坚持履行环境责任，一方面建立和落实了一套用于公司内部生态保护和节能环保的标准体系，并积极为国家效能标准的制定提供合理化建议，推动效能体系指标的确立。由中国标准化研究院与格力电器牵头修订的家用空调新能效国家标准《房间空气调节器能效限定值及能效等级（GB21455—2019）》于2020年7月1日起正式实施。[①]

另一方面格力电器严格遵守国家环保政策，在生产的全流程进行把控，坚持节能降耗，开展减少碳排放和废弃物的举措，尽力为社会大众营造绿色环保的社会氛围，提供绿色产品，实现社会和企业的双赢。

基于格力电器披露的年度报告和社会责任报告，了解企业绿色发展的现状。此案例围绕着该问题展开：如何分析和评价2020年格力电器绿色发展能力？从而为分析其他企业绿色发展能力提供借鉴。

7.2.3 案例分析

7.2.3.1 绿色发展能力的概念

作为一种全新的可持续发展方式，通常认为绿色发展具备以下三个内涵：一是经济

---

① 资料来源：格力电器2020年年度报告。

的发展不能以牺牲环境为代价，需高度重视环境保护；二是生态保护、经济绩效和社会长远发展要协调起来，推动和谐共进；三是实现绿色发展离不开企业，企业生产全过程与绿色发展息息相关。绿色发展的核心在于政府推动各项环保政策的制定与落实，企业将环保理念贯穿生产经营的各领域，推动建立节能环保的社会氛围，经济发展与生态环保同步推进，实现人与自然和谐共生。

7.2.3.2 格力电器的绿色发展能力

本文参照吕俊（2012）[①]、柳学信等（2021）[②]学者的研究，采用内容分析法对格力电器绿色发展能力进行分析，构建相应的指标体系，涉及环保战略及认证、环保治理、节能减排等，通过阅读企业社会责任报告和年度报告等为各个度量指标进行打分，具体指标见表7-1。在评分细则中，按照是否披露、定性、定量原则进行评分。

表 7-1 格力电器绿色发展能力评价指标和取值

一级指标	二级指标	计分规则
环境战略及认证	环保理念和目标	有数字出现视为定量描述，赋值3分，三行及以上的文字描述赋值2分，三行以下为1分，没有为0分
	环保管理制度体系	环保管理制度的个数计分，一个计1分
	是否通过 ISO14001 认证	通过计1分，未通过计0分
	是否通过 ISO9001 认证	通过计1分，未通过计0分
	是否通过其他相关环保认证	其他环保认证的次数计分，一次计1分
环保治理	污染物排放达标	通过计1分，未通过计0分
	废气减排治理情况	有数字出现视为定量描述，赋值3分，三行及以上的文字描述赋值2分，三行以下为1分，没有为0分
	废水减排治理情况	
	粉尘、烟尘治理情况	
	固废及危险废弃物处置情况	
	环保投入	是否披露环保投入数值，披露计1分，未披露计0分

---

① 吕峻. 公司环境披露与环境绩效关系的实证研究 [J]. 管理学报，2012，9（12）：1856-1863.
② 柳学信，刘祖尧，孔晓旭. 党组织治理、行业竞争与环境绩效 [J]. 济南大学学报（社会科学版），2021，31（05）：116-133，175.

续表

一级指标	二级指标	计分规则
节能减排	技改项目节能减排情况	有数字出现视为定量描述，赋值3分，三行及以上的文字描述赋值2分，三行以下为1分，没有为0分
	资源再生情况	
	环保专利申请情况	申请量较去年同期增长率超过30%，计3分，增长率为10%~30%，计2分，增长率为0~10%，计1分，降低计0分
	环保专利授予情况	授予量较去年同期增长率超过30%，计3分，增长率为10%~30%，计2分，增长率为0~10%，计1分，降低计0分

注：作者依据参考文献自行构建指标体系。

（1）格力电器大力重视环保管理工作，加强环保管理体系建设

一是推进环保体系认证。早在2009年2月，格力电器就通过了"三合一"管理体系认证，即：质量管理体系（ISO9001）、环境管理体系（ISO14001）、职业健康安全管理体系（OHSAS18001）。此后，四个基地（长沙、郑州、芜湖、石家庄）也于2016年6月通过认证机构SGS关于三合一体系（18000；14000；9000）的审核，并取得证书。2018年，格力电器组织开展了能源管理体系认证，并通过ISO50001能源体系认证。

二是推进环保管理体系建设。2015年格力电器建立了集团横、纵向全面评价指导的节能自主管理评价体系，随后为了进一步加强节能管理，格力电器在2017年建立了进取型能源管理系统GIEMS，实现对公司产线、设备能源实时消耗的可视化管理，为公司挖掘节能空间提供数据支持，同时实现从设备、产线、时间、产地等多维度进行能源统计评价，指导公司节能减排，实现能源精细化管理，提升生产制造效率和能源利用率。能源管理系统GIEMS如图7-2所示：

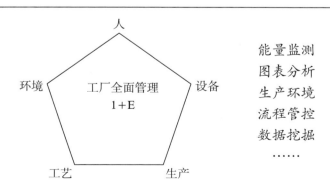

人,生产管理重要环节,通过数据挖掘、分析,找出能耗源、落后工序、设备问题等,供人决策、改进,更准确的产能评估。

设备,远程运维,确保机器健康运转,有故障及时预警,短信、邮件通知,通过设备改造、设备生命周期管理、设备运行效率分析等实现设备节能。

生产,对接生产系统,获取生产信息,通过比对能耗、生产数据,挖掘不同设备的单位能耗,同一设备不同时间、地点的单位能耗,进而挖掘能耗点改进。

工艺,挖掘改进生产工艺,优化生产运行模式,按时节能,按需节能。建立节能规章制度,建立考核指标。

环境,环境监测,提供生产环境需要的低温环境,如自动调节空调运行模式、启停等,科学用电。

图 7-2 格力电器能源管理系统 GIEMS

(资料来源:格力电器 2017 年社会责任报告。)

(2)格力电器大力开展环保治理工作,加强环境保护

格力电器及其子公司属于环境保护部门公布的重点排污单位,必须严格按照国家环境保护法律法规要求,组织开展环境保护各项管理改善工作。依据环境保护局的要求,格力电器在组织项目建设时,必须对环境影响状况进行评价,获得相应的环保批复和验收后,方可取得排放许可。

首先,积极开展"三废"治理工作。依据环保部的要求,格力电器制定环保检测方案,对于重点排污单位,保证每日检测一次废水污染物,每年至少检测一次大气污染物。工业产生的废水必须经处理达标后方可排放,格力电器污水主要来源于喷涂生产线前期处理,其中磷化工艺比较常见,由于磷化工艺中使用的是酸式磷酸盐,所以其产生的废水中含有大量的污染物磷及部分锌、锰重金属离子,同时生产过程产生的沉渣也多,需要投入大量设备及人力做清渣工作,为减少总磷及重金属离子的产生与排放,经过多年研究,2013 年格力电器成功应用环保、低污染的陶化处理工艺,逐步淘汰磷化工艺,以此消除磷化物的产生,从而降低污染物排放。

为了满足企业废水废气处理的需求,格力电器大力开展环保污染治理设备设施的建设,先后建成 4 座污水处理站、10 余套粉尘回收装置,废水处理能力每日达 1 000 多吨,废气治理能力每日约 500 万立方米,粉尘回收率高达 98% 以上。

其次,大环境治理投入、开展环境治理项目。在 2016 年,格力电器针对环保治理投入已超过 500 万,大力开展环境治理项目。如:格力电器开展两器烘干线 VOCs(挥发性有机物)废气治理项目,自主研发治理系统,总投资达 300 万,采用分子击断技术,VOCs

治理效果达 90% 以上，苯系物、颗粒物去除率达 85% 以上，该系统处理冷却回收的油每年回收 17.28 万元。此项目实施得到珠海市香洲区环保局的大力支持与认可。该废气治理系统目前已经同步推广到格力电器空调制造各基地，得到广泛应用。

此外，格力电器进一步研究环保新工艺替代技术，如激光打印替代部分丝印工艺、水性漆替代油性漆等减少 VOCs 的排放；对暂无源头替代的工艺，通过安装末端废气治理设备设施进行排放提标改善，如采取以蓄热式燃烧技术、催化燃烧技术为核心的复合废气治理工艺等，在达标排放的情况下进一步削减 VOCs 排放量，有效保护环境，使大地更绿、天空更蓝。

（3）格力电器多举措推进节能减排工作

格力电器坚持"零污染"的生产经营目标，为确保该目标的实施，格力电器采取绿色生产方式，提高资源循环利用效率，从技术领域推进节能减排。

①认真落实节能减排改造项目

格力电器大力开展节能减排改造项目，截至 2014 年，持续投入近 1 亿元资金建成了包括 10MW 太阳能光伏发电项目、0.8MW 光电建筑一体化项目、空压机余热回收项目、溴化锂空调制冷项目、区域性冷却系统集中供水项目、注塑机伺服改造项目等节能效果显著的创新示范项目，这些项目的实施，直接降低了公司运行能耗 7 997.2 吨标准煤，减少二氧化碳排放 13 667.2 吨。2014 年各项目具体节能减排情况如表 7-2 所示：

表 7-2　2014 年技改项目节能减排情况

项目名称	发电量（万度）	节电量①（万度）	节约标准煤（吨）	二氧化碳减排量（吨）
10MW 太阳能光伏发电项目	1 000	—	3 500	5 981.5
0.8MW 光电建筑一体化项目	—	71.80	251.29	429.45
空压机余热回收项目	—	148.4	519.2	887.3
溴化锂空调制冷项目	—	304.38	1 065.32	1 820.63
区域性冷却系统集中供水项目	—	115.63	404.71	691.65
注塑机伺服改造项目	—	580.77	2 032.68	3 473.85
照明系统 LED 节能改造项目	—	64	224	382.82

数据来源：格力电器 2014 年社会责任报告。

注：①节电量折算为节约标准煤和减少二氧化碳量，例：0.8MW 光电建筑一体化项目每年节约用电 71.80 万度，折合标准煤 251.29 吨，减少二氧化碳排放量 429.45 吨。

格力电器通过前期大量资金和人力的投入，于2014年取得了多个技改项目的累累硕果，节电量大大提高，为节能减排助力。斐然的成绩促使格力电器不吝资金，持续投入资金在节能项目管理上，2015年、2016年投入均超过500万，此后各年均有旧项目的完善与新项目的陆续开展，技改项目的减排红利突出表现在生产空调单台能耗的降低，标准煤的节约和二氧化碳排放量的减少，具体数据如表7-3所示。

表7-3 2014—2020年技改项目节能减排情况

项　目	2014年	2015年	2016年	2017年	2018年	2019年	2020年
生产空调单台能耗下降比（%）	7.50	8.06	2.19	3.21	3.05	3.12	—
标准煤节约量（吨）	3 170.6	3 099.71	1 796	1 299	1 195.92	1 168	1 793
二氧化碳减排量（吨）	5 418.6	5 297.4	3 069	2 221	3 133.31	3 061	4 698

数据来源：格力电器2014—2020年社会责任报告。

由表7-3可看出，2014年、2015年是技改项目节能减排效益达到顶峰，在略有回落后，继续上升。总体来看，技改项目的不断推进，为格力电器带来了较好的节能成效和社会成效。

此外，技改项目不仅能帮助企业降低能耗、提高节能减排效益，也有助于企业降低成本、带来经济效益的提升。在2015年，格力电器完成了"五期冷却系统集控技术项目、注塑工艺蒸汽代替高光技术项目及九期集中冷源控制逻辑优化项目"等核心技术项目，实现公司万元产值能耗下降了10.77%，节约标准煤3 377吨，超额完成省、市下达的公司1 882吨的年度指标，节约能源成本976万元。2017年更是通过一系列节能技改创新项目，实现年经济收益增加101万元，同时得到政府的大力支持，项目获得珠海市节能专项资金补贴36万元。政府政策的鼓励与资金支持，为格力电器开展技改创新项目、节能减排增添了信心！

②积极推进环保节能技术研发

长期以来，格力电器对绿色生产和物流的绿色建设投入较多，坚持绿色创新，主要集中于环保制冷剂的研发和节能降耗等方面开展研究。从表7-4可知：自2014年起，环保专利数量占专利总数的比重也有所提升，至2020年达到13.30%，表明格力电器给予环保的关注度正在不断提高，在环保技术创新上发力愈来愈猛。此外，2014年起环保专利申请量和授权量整体呈上升趋势，在2018年飞速增长，环保专利申请量增长率高达99.37%，有效率逐年提升，在2020年达到99.7%，格力电器环保研发无论从量还是质上都有了飞跃增长。

表 7-4　2014—2020 年格力电器环保专利申请与授予情况

年份	环保专利申请量（项）	环保专利授权量（项）	环保专利有效率（%）	全部专利申请量（项）	全部专利授权量（项）	环保专利申请量占比（%）	环保专利授权量占比（%）
2014 年	475	403	89.83	4 741	4 107	10.02	9.81
2015 年	685	574	90.77	6 039	5 135	11.34	11.18
2016 年	778	590	92.71	8 400	6 425	9.26	9.18
2017 年	797	493	98.17	8 052	5 066	9.90	9.73
2018 年	1 589	942	99.58	15 365	9 236	10.34	10.20
2019 年	1 890	1 174	99.74	16 991	10 579	11.12	11.10
2020 年	2 205	1 355	99.7	16 581	9 875	13.30	13.72

数据来源：incopat 数据库 https://www.incopat.com/。

具体来看，格力电器主要在变频调速技术、可再生能源技术等方面取得了重大突破，尤其是在磁悬浮变频风冷离心机、双级变频压缩机技术、R290 环保空调和光伏空调研发这几个方面达到国际领先，并均已投入使用，取得了显著效果。其中，磁悬浮变频风冷离心机每年可以节约电能 14 亿度，可节约资金 13 亿元，新增产值 64 亿元以上。双级增焓变频压缩机技术是空调降耗的核心，大大提高能效比。按全球 2012 年空调销量 1.05 亿台、空气能热水器销量 74.6 万台计算，全部应用格力双级增焓变频压缩机，每年可节约电能 460 亿度，相当于三峡大坝半年的发电量，减少二氧化碳排放 4 412 万吨。采用 R290 制冷剂的空调是真正的无氟空调，温室效应潜能值接近于 0。

③推进资源再生、打造循环经济产业链

格力电器将资源再生、经济循环发展与企业社会责任有机结合起来，积极践行生产者责任延伸制度，全力打造从设计制造到回收处理的绿色闭环产业链。自 2010 年起，格力电器相继在长沙、郑州、石家庄、芜湖、天津和珠海建立 6 个再生资源基地，主要从事废弃电器电子产品、报废汽车等的回收处理，以及废旧线路板、废旧塑料深加工资源化业务，通过回收拆解、循环利用等方式实现家电产业链的可持续发展。

截至 2020 年，格力电器再生资源目前拥有废旧家电拆解资质能力超 1 300 万台、汽车拆解资质能力 9.4 万辆、再生塑料加工能力 18 万吨、废线路板处理资质能力 6 万吨。通过再生资源已累计处理各类废弃电器电子产品超 3 400 万台（套），报废汽车 6 万多吨，已转化再生铜料、铁料、铝料、塑料总计 50 万余吨。据相关估算，通过格力电器的资源再生,实现减少原油资源开采约 130 万吨,节水约 330 万立方米,减少碳排放量 170 余万吨,助力碳达峰、碳中和。

成立至今,格力电器先后获得工信部授予的 2016 年"电器电子产品生产者责任延伸首批试点单位"、2017 年"2025 中国制造绿色集成系统试点单位"和 2020 年"绿色工厂"等称号,并参与 2012 年"国家高技术研究发展计划"(863 计划)、2019 年"科技部重大固废专项"等国家重大研发项目。

(4)格力电器绿色发展能力指标评分

通过对上述格力电器环保战略及认证、环保治理、节能减排三方面进行详细分析,对格力电器 2014 至 2020 年绿色发展能力体系指标进行评分,结果如表 7-5 所示:

表 7-5 绿色发展能力评分

一级指标	二级指标	格力电器							海尔智家
		2014 年	2015 年	2016 年	2017 年	2018 年	2019 年	2020 年	2020 年
环境战略及认证	环保理念和目标	1	1	1	1	2	2	2	2
	环保管理制度体系	0	1	1	2	2	2	2	1
	是否通过 ISO14001 认证	1	1	1	1	1	1	1	1
	是否通过 ISO9001 认证	1	1	1	1	1	1	1	1
	是否通过其他相关环保认证	0	0	1	1	2	2	2	0
环保治理	污染物排放达标	1	1	1	1	1	1	1	1
	废气减排治理情况	3	3	1	3	3	3	3	3
	废水减排治理情况	3	3	1	3	3	3	3	3
	粉尘、烟尘治理情况	3	3	1	2	2	2	2	2
	固废及危险废弃物处置情况	3	3	1	2	2	2	3	3
	环保投入	1	1	1	1	0	0	0	0

续表

一级指标	二级指标	格力电器							海尔智家
		2014年	2015年	2016年	2017年	2018年	2019年	2020年	2020年
节能减排	技改项目节能减排情况	3	3	3	3	3	3	3	3
	资源再生情况	3	2	2	2	2	2	3	3
	环保专利申请情况	3	3	2	1	3	2	2	0
	环保专利授予情况	3	3	1	0	3	2	2	0
总计		29	29	19	24	30	28	30	23

数据来源：格力电器2014—2020年年度报告和社会责任报告、海尔智家2020年年度报告和社会责任报告。

通过格力电器2014至2020年绿色发展能力评分数据，可以看出格力电器2020年整体绿色发展能力较强，处于稳妥态势，其中有五年的评分结果均达到或接近30分，高于海尔智家的23分，表明格力电器积极响应国家环保政策，重视绿色发展，履行环保责任、环保成效显著、企业绿色发展能力大大提升。

此外，作为连续12年蝉联全球大型家用电器品牌零售量冠军的海尔智家，是我国家电企业的王牌，对其绿色发展能力进行分析和比较，有助于更好地评价格力电器绿色发展能力。从表7-5可知：两者分数接近，但格力电器略胜一筹。首先在环保理念上，海尔智家深入贯彻落实"绿色设计、绿色制造、绿色经营、绿色回收"的海尔4-Green（4G）战略，两家公司均对绿色发展给予充分的重视。在环保管理体系上，海尔智家实施了网络化环境管理体系，格力电器则推进节能自主管理评价体系和进取型能源管理系统GIEMS的两套体系开展，虽数量上占据优势，但海尔智家胜在管理体系的全面化，渗透在整条供应链上。

其次，在环保治理上，两家公司平分秋色，均妥善处理"三废"，并未出现污染物超标情况。最后，在节能减排方面，海尔智家同格力电器一致高度重视节能技改项目，在获得绿色红利的同时提升了经济绩效。截至2020年，海尔智家全国互联工厂共落地312个降费技改项目，累计实现降废降本增值1.8亿元。通过实施降废项目，2020年海尔智家的总体单台废弃物产生为0.47千克/台，较2019年同比下降6.74%。[1]在资源再生循环

---

[1]数据来源：海尔智家2020年社会责任报告。

方面，海尔智家致力于源头处理，其品牌 GEA 将可降解、可回收及可再生材料考虑融入设计环节，截至 2020 年，GEA 已负责处理 905 317 个冰箱、44 408 个独立冷冻机和 12 057 个空气调节装置，成效显著。但海尔智家 2020 年专利申请量和授权量较 2019 年有所下降，评分较低，而格力电器 2020 年专利申请量和授权量增速均高达 15%，整体呈上升趋势。

此外，除去定量的指标外，海尔智家率先开展助力"碳中和"的绿色活动，建立了海尔全球首个实现碳中和的"灯塔基地"，从减少化石能源使用、降低单台能耗、5G 设备互联、海绵建筑等多个方面实现"碳中和"，并将该减碳模式推广覆盖至海尔各园区，预计在 2050 年内实现海尔智家中国区工业园碳中和。针对海尔智家"碳中和"展开的一系列活动，值得格力电器学习和借鉴，从而更好地提升应对气候变化的能力，提高绿色发展能力。

7.2.4 讨论

综上，通过对环保战略及认证、环保治理、节能减排三方面的指标分析，与同行业的海尔智家相比，格力电器高度重视绿色发展与环境保护，绿色发展能力体系整体评分较高，绿色发展能力较强。首先，自 2014 年起，格力电器在基础的 ISO14001、ISO9001 认证的基础上，更是开展了"三合一"管理体系认证，能源体系认证等，大大提升了环保战略及认证评分；其次，格力电器严格按照规定开展"三废"排放与处理，实现达标排放，近年相关指标呈稳定态势，同时加大环境治理投入，使得环保治理评分保持稳定的基础上有所提高；最后，七年来，格力电器从不懈怠于节能减排的推进，一方面不计成本地投入节能减排改造项目，降低能耗和二氧化碳排放量，提升再生资源利用效率，另一方面加大创新力度，环保专利申请和授予量实现飞速增长，两方面的努力实现了节能减排指标的高增长。正是由于格力电器的不懈努力，2020 年格力电器绿色发展能力指标评价达到顶峰，指标评分为 30 分。

绿色发展能力指标体系的建立，不仅帮助企业更好地评价当下绿色发展现状，更是为未来发展的关键点指路。基于评价体系，格力电器坚守技术创新理念，未来将致力于减少碳排放，为实现"碳中和"助力，同时不断细化研究，让消费者获得健康环保的产品。

7.3 光明乳业股权激励与财务绩效的关系

7.3.1 背景介绍

7.3.1.1 公司背景

光明乳业股份有限公司（以下简称光明乳业，股票代码600597）业务渊源始于1911年，拥有100多年的历史，于2002年8月在上交所挂牌上市。公司是集奶牛养殖、乳制品研发及生产加工、物流配送终端销售等一、二、三产业于一体的大型乳品企业，是中国乳业高端品牌引领者。

2020年公司实现全年营业总收入252.66亿，同比增长11.98%，主要是由于液态奶和其他乳制品收入实现了同比增长，利润总额11.57亿元，同比增长7.76%；实现归属于上市公司股东的净利润6.078亿元，同比增长21.95%。同年，公司主动出击，围绕新鲜产业全国布局战略，加速推进奶源建设，从前端保障健康品质。光明乳业与银宝集团展开合作，分别成立两家子公司。自此公司全国领鲜版图再度扩大，进一步完善华东、华北地区生产及奶源基地布局。同时，公司在宁夏中卫、安徽阜南、黑龙江富裕等地，积极加快牧场投资建设。

7.3.1.2 行业背景

我国乳制品行业起步晚、起点低，但随着消费升级、奶制品结构不断优化以及工艺高速发展，近年来行业发展迅速。根据欧睿咨询数据显示，2020年我国乳制品销售规模达到了6 385亿，较2019年增长0.9%，近14年年均复合增长率为10%左右。预计2025年我国乳制品市场规模将达到8 100亿元。

2019—2021年，中国政府加强了对乳制品行业的政策扶持力度。国务院及各级政府部门发布多项政策，鼓励乳制品行业发展与创新，并为企业提供了健康运行的生产经营环境与明确的市场指引。数据显示，自2018年以来，截至2021年前三季度，中国乳制品抽检合格率均在 99.8% 以上,已连续 12 年未检测出违法添加物三聚氰胺。

7.3.2 思考题

作为一种长期激励计划,股权激励计划不仅能有效缓解公司委托代理存在的矛盾冲突,还能大大提升经营者的积极性,为公司谋求长远发展。自 2006 年起,国资委出台一系列政策制度,推动公司积极开展股权激励方案,规范其具体运作模式。

随着股权分置改革的推进,国资委将重心转移至国有控股上市公司,故在 2010 年年初,上海市国资委率先要求将国有控股上市公司作为首批股权激励改革试点公司。光明乳业因其具备良好的治理结构、长期稳定的经营情况等优势,成为第一家试点股权激励改革的企业。

在 2010 年,光明乳业实施了第一期股权激励计划,在解锁期均达到解锁条件,取得了成功,其方案在当时乃至现在都有较好的参考价值,而其中存在的问题也为其他企业敲响了警钟,尤其在 2014 年光明乳业又推出了第二期股权激励方案,但由于未达到业绩解锁目标,在 2017 年宣布终止,因此结合这两期股权激励方案,我们提出疑问,光明乳业两期股权激励方案实施情况如何,对企业财务绩效产生了何种影响?

7.3.3 案例分析

7.3.3.1 股权激励

股权激励是上市公司为了提升员工的积极性,将本公司股票作为标的授予员工,主要针对公司的高管和技术骨干,是一种长期激励形式。员工获得股票成为公司的股东,使员工与公司利益趋向一致,增强了员工的主人翁意识。出于解锁限制性股票或是取得股票价格上涨收益的目的,企业管理层在进行经营决策时将更多出于长远视角考虑,而非短期利益。

自 2005 年我国第一部关于股权激励的管理办法即《上市公司股权激励管理办法(试行)》[①]出台,上市公司纷纷采取股权激励方案来调动企业员工的积极性,促使其为公司

---

① 关于发布《上市公司股权激励管理办法(试行)》的通知,证监公司字〔2005〕151 号,2005 年 12 月 31 日。

长远发展奋斗,从而提升企业财务绩效,带来企业价值的提高。黄虹等(2014)认为,与企业经营情况相符的股权激励计划才能有效提升企业财务绩效。[①]沈小燕(2013)认为,依据我国企业发展的现状,最适宜选用的股权激励形式是限制性股票,[②]限制性股票是指企业预先授予激励对象股票,同时设定解锁条件,只有达到预期业绩水平时,激励对象才可出售股票来获得收益。

7.3.3.2 光明乳业 2010 年股权激励方案及实施情况

(1) 光明乳业 2010 年股权激励方案

光明乳业在 2010 年推出了完整的股权激励计划并在修改通过审核后开始实施。公司主要采取限制性股票激励的方式进行定向增发股票,拟定授予股票数量不超过 815.69 万股,占公司股本总额的 0.78%,尚未超过我国股权激励授予的上限比例 10%,激励数量较少,激励力度不高。该方案主要针对公司高管和技术骨干实施激励,初期拟授予人数为 105 人,实际授予人数达 94 人。同时设置各期解锁的具体业绩条件,若达到预期设定目标,则予以解锁。具体激励方案如表 7-6 所示:

表 7-6　2010 年股权激励方案

	2010 年股权激励方案
激励方式	限制性股票
激励对象	拟授予 105 人,实际授予 94 人,包括公司高级管理人员、公司中层管理人员及子公司高管,经公司董事会认定的对公司经营业绩和未来发展有直接影响的核心营销、技术和管理骨干
股票来源	定向增发股票
授予价格	4.70 元/股
授予数量	拟授予的股票数量不超过 815.69 万股,即公司股本总额的 0.78%;实际定向发行 730.08 万股限制性股票,占公司股本的 0.7%

[①] 黄虹,张鸣,柳琳. "回购+动态考核"限制性股票激励契约模式研究——基于昆明制药股权激励方案的讨论 [J]. 会计研究,2014 (02):27-33,94.

[②] 沈小燕. 上市公司股权激励契约类型的选择 [J]. 南通大学学报(社会科学版),2013,29 (02):126-134.

续表

	2010 年股权激励方案
限制性股票授予的业绩条件	2009 年营业总收入≥79 亿元，归属于母公司所有者的净利润≥1.2 亿元，加权平均净资产收益率≥4.3%，扣除非经常性损益后的净利润占净利润比重≥75%
	第一个解锁期：2010 年收入≥94.8 亿元，净利润≥1.9 亿元；2011 年收入≥113.76 亿元，净利润≥2.28 亿元；2010 年、2011 年以扣除非经常性损益后的净利润计算的加权平均净资产收益率≥8%，扣除非经常性损益的净利润占净利润的比重≥85%
	第二个解锁期：2012 年收入≥136.51 亿元，净利润≥2.73 亿元，以扣除非经常性损益后的净利润计算的加权平均净资产收益率≥8%，扣除非经常性损益的净利润占净利润的比重≥85%
	第三个解锁期：2013 年收入≥158.42 亿元，净利润≥3.17 亿元，以扣除非经常性损益后的净利润计算的加权平均净资产收益率≥8%，扣除非经常性损益的净利润占净利润的比重≥85%①
解锁比例	第一个解锁期解锁比例为 40%，第二个解锁期解锁比例为 30%，第三个解锁期解锁比例为 30%

资料来源：光明乳业股份有限公司 A 股限制性股票激励计划（草案再修订稿）。

注：①三个解锁期内的业绩考核指标中的净利润为扣除非经常性损益后的净利润，净资产收益率指以扣除非经常性损益后的净利润计算的加权平均净资产收益率。

（2）光明乳业 2010 年股权激励实施情况

如表 7-7 所示：2009 年业绩表现均达到授予指标，故根据公司股东大会决议、董事会决议，将 2010 年 10 月 18 日作为第一期股权激励方案的授予日，实际授予 730.08 万股限制性股票，占公司总股本的 0.7%。①授予对象实为 94 人，其中中层管理人员，营销、技术及管理骨干人员所持比例高达 78.09%，授予价格为 4.70 元/股。

该激励计划有效期为自授予日起的 48 个月，分三期解锁。若达到解锁条件，激励对象可分三次申请解锁，分别自授予日起 24 个月后、36 个月后、48 个月后各申请解锁授予限制性股票总量的 40%、30%、30%。

---

①数据来源：光明乳业限制性股票授予完成公告。

表 7-7　光明乳业 2010 年股权激励授予情况

2009 年	营业收入	归属于母公司所有者的净利润	扣非净利润比重	扣非加权平均净资产收益率
授予指标	≥79 亿元	≥1.2 亿元	≥75%	≥4.3%
实际指标	79.43 亿元	1.22 亿元	79.68%	4.84%

数据来源：光明乳业第四届董事会第六次会议决议公告、光明乳业 2009 年年度报告。

2013 年 1 月 29 日，公司第四届董事会第三十次会议审议通过了《关于公司满足首批限制性股票解锁条件的议案》《关于激励对象满足首批限制性股票解锁条件的议案》。由表 7-8 可知，与股权激励计划中预定的授予指标相比，光明乳业 2010 年和 2011 年的各项指标均已超标达成。且经董事会审查，公司其他条件及激励对象均满足首批限制性股票解锁条件。首批可解锁限制性股票数量为 292.03 万股，实际共 94 名激励对象行使解锁权，2013 年 2 月 6 日顺利解锁股票数量 264.24 万股。2013 年 3 月 22 日股权激励股票 44.10 万股注销。

表 7-8　光明乳业 2010 年股权激励第一个解锁期

第一个解锁期	营业收入	净利润（合并）	扣非净利润比重	扣非加权平均净资产收益率
授予指标	2010 年≥94.8 亿元 2011 年≥113.76 亿元	2010 年≥1.90 亿元 2011 年≥2.28 亿元	≥85%	≥8%
实际指标	2010 年 95.72 亿元 2011 年 117.89 亿元	2010 年 2.28 亿元 2011 年 2.71 亿元	2010 年 87.98% 2011 年 87.84%	2010 年 8.2% 2011 年 8.61%
是否达标	√	√	√	√

数据来源：光明乳业股份有限公司关于股权激励之限制性股票首批解锁的公告、光明乳业 2010、2011 年年度报告。

2013 年 9 月 27 日，公司第五届董事会第七次会议审议通过了《关于公司满足第二批限制性股票解锁条件的议案》《关于激励对象满足第二批限制性股票解锁条件的议案》。由表 7-9 可知，公司在 2012 年的实际业绩指标均远超出股权激励方案所要求的行权条件。且经董事会审查，公司其他条件及激励对象均满足第二批限制性股票解锁条件。第二批共有 88 名激励对象行使解锁权，顺利解锁股票数量 200.58 万股，解锁股份可上市流通日为 2013 年 10 月 10 日。随后在 2013 年 11 月 18 日注销股权激励股票 10.02 万股。

表 7-9　光明乳业 2010 年股权激励第二个解锁期

第二个解锁期	营业收入	净利润（合并）	扣非净利润比重	扣非加权平均净资产收益率
授予指标	2012 年≥136.51 亿元	2012 年≥2.73 亿元	≥85%	≥8%
实际指标	137.75 亿元	3.35 亿元	96.45%	8.90%
是否达标	√	√	√	√

数据来源：光明乳业股份有限公司关于股权激励之限制性股票第二批解锁暨上市的公告、光明乳业 2012 年年度报告。

2014 年 9 月 29 日，公司第五届董事会第二十一次会议审议通过了《关于公司满足第三批限制性股票解锁条件的议案》《关于激励对象满足第三批限制性股票解锁条件的议案》。由表 7-10 可知，公司在 2013 年的实际业绩指标均远超出股权激励方案所要求的行权条件。且经董事会审查，公司其他条件及激励对象均满足第三批限制性股票解锁条件。第三批共有 82 名激励对象行权，顺利解锁股票数 191.60 万股，解锁股份可上市流通日为 2014 年 10 月 10 日。

表 7-10　光明乳业 2010 年股权激励第三个解锁期

第三个解锁期	营业收入	净利润（合并）	扣非净利润比重	扣非加权平均净资产收益率
授予指标	2013 年≥158.42 亿元	2013 年≥3.17 亿元	≥85%	≥8%
实际指标	162.91 亿元	4.75 亿元	89.05%	8.94%
是否达标	√	√	√	√

数据来源：光明乳业股份有限公司关于股权激励之限制性股票第三批解锁暨上市的公告、光明乳业 2013 年年度报告。

至此，2010 年光明乳业股权激励方案顺利实施完成，三批解锁期实际业绩条件均达到预计设定目标，反映出企业经营绩效稳步提升，与计划相符。

7.3.3.3 光明乳业 2014 年股权激励方案及实施情况

（1）光明乳业 2014 年股权激励方案

在第一期股权激励方案实现预定成果后，光明乳业于 2014 年 2 月随之开展了第二次股权激励计划。与第一期计划相比，此次激励对象的人数有所上涨，扩大至 210 人，但拟授予的限制性股票数量有所缩减，拟定不超过 628.9 万股，占股本总额的 0.51%。具体方案如表 7-11 所示。

光明乳业第二期股权激励方案的行权条件明显高于第一期，这主要是由于一方面公司处于上升期，各项经营业绩指标伴随公司规模和市场扩大会随之提高，另一方面吸取首期股权激励的经验，具备更充足的判断能力。较高的行权条件同时也给激励对象带来了压力，促使其为自身和公司的双赢努力，从而实现目标。

表 7-11 2014 年股权激励方案

	2014 年股权激励方案
激励方式	限制性股票
激励对象	拟授予人数 210 人，实际授予人数 206 人，包括公司高级管理人员、公司中层管理人员及子公司高管，经公司董事会认定的对公司经营业绩和未来发展有直接影响的核心营销、技术和管理骨干
股票来源	定向增发股票
授予价格	10.50 元/股
授予数量	拟授予的股票数量不超过 628.9 万股，即公司股本总额的 0.514%，实际授予数量 616.76 万股
限制性股票授予的业绩条件	2013 年度营业总收入不低于 158.42 亿元，净利润不低于 3.6 亿元，2013 年度加权平均净资产收益率不低于 8%
	第一个解锁期：2015 年营业总收入复合增长率不低于 15%，扣除非经常性损益后的净利润复合增长率不低于 12%，以扣除非经常性损益后的净利润计算的加权平均净资产收益率不低于 8.1%
	第二个解锁期：2016 年营业总收入复合增长率不低于 15%，扣除非经常性损益后的净利润复合增长率不低于 12%，以扣除非经常性损益后的净利润计算的加权平均净资产收益率不低于 8.2%
	第三个解锁期：2017 年营业总收入复合增长率不低于 15%，扣除非经常性损益后的净利润复合增长率不低于 12%，以扣除非经常性损益后的净利润计算的加权平均净资产收益率不低于 8.3%①
解锁比例	第一个解锁期解锁比例为 40%，第二个解锁期解锁比例为 30%，第三个解锁期解锁比例为 30%

数据来源：光明乳业股份有限公司 A 股限制性股票激励计划（二期）（草案修订稿）。

注：①各解锁期的业绩考核条件均以 2013 年度业绩为基数。

（2）光明乳业 2014 年股权激励实施情况

2014 年 12 月 8 日，光明乳业召开第五届董事会第二十五次会议，审议通过了《关于确定 A 股限制性股票激励计划（二期）授予日的议案》。由于 2013 年的实际业绩指标均达到了股权激励方案中的授予条件，如表 7-12 所示。故确定授予日 2014 年 12 月 9 日，实际授予股票数量为 616.76 万股，激励对象实际为 206 名。

表 7-12　光明乳业 2014 年股权激励授予情况

2013 年	营业收入	净利润（合并）	扣非加权平均净资产收益率
授予指标	≥158.42 亿元	≥3.6 亿元	≥8%
实际指标	162.91 亿元	4.75 亿元	8.94%

数据来源：光明乳业股份有限公司关于 A 股限制性股票激励计划（二期）授予结果的公告、光明乳业 2013 年年度报告。

2014 年起，食品安全事件频发，乳制品行业受到剧烈冲击，增速放缓。2015 年光明乳业营业收入仅为 194 亿元，同比下降 6.18%，净利润较去年下降 28.05%。这主要是由于在 2015 年，作为光明乳业强劲的竞争对手，伊利股份和蒙牛乳业纷纷推出高端酸奶，致使光明乳业的市场份额大幅缩减。即使光明乳业迅速采取相应措施，在 2016 年各项业绩指标取得了一定程度的提升，但仍无法补救 2015 年较差的经营情况。由表 7-13 可知，两期解锁期均未达到预定解锁条件，随后在 2017 年 7 月 7 日，光明乳业发布公告[①]，决定终止实施本次激励方案，并回购未解锁的限制性股票。至此，2014 年光明乳业第二期股权激励计划以失败告终。

表 7-13　光明乳业 2014 年股权激励各解锁期完成情况

解锁期	业绩指标	营业收入复合增长率	扣非净利润复合增长率	扣非加权净资产收益率	是否行权
第一个解锁期	行权条件	2015 年≥15%	2015 年≥12%	2015 年≥8.1%	否
	实际业绩指标	9.05%	-0.01%	8.07%	

---

① 数据来源：光明乳业股份有限公司关于终止 A 股限制性股票激励计划（二期）并回购注销限制性股票的实施方案的公告。

续表

解锁期	业绩指标	营业收入复合增长率	扣非净利润复合增长率	扣非加权净资产收益率	是否行权
第二个解锁期	行权条件	2016年≥15%	2016年≥12%	2016年≥8.2%	否
	实际业绩指标	7.44%	11%	10.12%	
第三个解锁期	行权条件	2017年≥15%	2017年≥12%	2017年≥8.3%	否
	实际业绩指标	停止实施股权激励方案			

数据来源：光明乳业2015、2016年年度报告。

7.3.3.4 光明乳业股权激励方案与财务绩效的关系

（1）盈利能力分析

盈利能力不仅是评价企业财务绩效的关键指标，而且能够直观反映企业股权激励的实施效果。2010年光明乳业股权激励方案的行权条件中囊括了多项盈利能力指标，如营业总收入、净利润、扣非净利润占净利润比例、扣非加权净资产收益率等。但在2008年光明乳业净利润为负值，这主要是由于当年整个乳制品行业受到"毒奶粉"事件冲击，市场萧条，该年的数据不具备可比性，故选取2009年及以后的营业总收入、净利润、销售净利率以及扣非加权平均净资产收益率等盈利指标数据进行分析。表7-14反映了2009年至2016年盈利能力指标对比情况。

表7-14 光明乳业2009—2016年盈利能力指标对比

项　目	2009年	2010年	2011年	2012年	2013年	2014年	2015年	2016年
营业收入（亿元）	79.43	95.72	117.89	137.75	162.91	206.50	193.73	202.07
净利润（亿元）	1.28	2.28	2.71	3.35	4.75	5.86	4.96	6.75
销售净利率（%）	1.62	2.38	2.30	2.43	2.91	2.84	2.56	3.34
扣非加权平均净资产收益率（%）	4.84	8.2	8.61	8.9	8.94	11.48	8.07	10.12

数据来源：光明乳业2009—2016年年度报告。

由表 7-14 可知，在 2010 年之后，销售净利率逐年上升，2014 年略有下降，净资产收益率整体保持良好的上升趋势，多年维持在 8% 以上，盈利能力逐年提升。与此同时，营业收入和净利润在股权激励实施期间均有大幅度提升，而且在每一解锁期均满足行权条件，表明首期股权激励方案带来了盈利水平的提升。

此外，2015 年销售净利率、净资产收益率的下降幅度都比较大，这与 2015 年行业环境有很大关系，2015 年我国乳制品行业受中国宏观经济增速放缓、原奶价格波动以及行业竞争加剧等因素影响，行业增长缓慢，从而导致光明乳业 2015 年的盈利情况受到很大程度影响，各方面财务指标不如预期。虽然盈利状况在 2016 年有所好转，但种种表现反映出第二期股权激励的效果并未达到预期，并不能缓解外部突发情况对企业的影响。

（2）发展能力分析

利益相关者在关注企业当期利润水平的同时，会从长远视角考察企业的发展情况和未来趋势，对于具有长期效益的股权激励方案，相关者更加注重其对企业财务绩效的长期作用。

作为评价企业发展水平的重要指标，成长能力分析必不可少。其中营业收入作为企业利润的重要来源，其稳定增长更是企业追求的目标，营业收入增长率越高，表明企业的经营业绩越好。本部分采用与伊利股份和蒙牛乳业对比的方法进行数据分析。

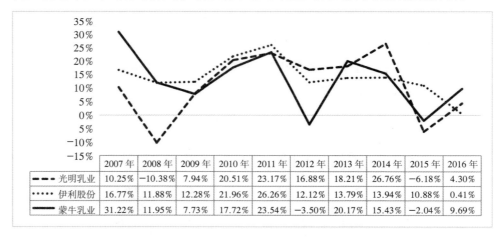

图 7-3　光明乳业 2007—2016 年营业收入增长率对比

（数据来源：光明乳业、伊利股份和蒙牛乳业 2007—2016 年年度报告。）

通过图 7-3 与蒙牛和伊利的对比，可以发现一个共同的规律：三家企业在 2009 至 2013 年，其营收增长率几乎呈现一致的变化曲线，基本上是同增同减。另外可以发现在没有实施股权激励之前，光明乳业在遭遇严重的金融危机和"毒奶粉"事件的情况下，没有能够经受住考验,业绩迅速下降,由此看出光明乳业抗风险能力较低。不过,在2010年实施股权激励方案之后,其创造收入的能力显著攀升,营业收入增长率与乳业两大巨头旗鼓相当。在2012年,虽然三家企业均呈下降趋势,但是同行业两大巨头营收增速明显出现较大幅度的下降,而光明乳业不仅下降幅度较小,而且能够快速恢复,并实现弯道超车,营业收入持续快速增长,2014年收入增长率迅猛提高,达到顶峰,说明光明乳业的第一期股权激励发挥了其强大的推动和指引作用。

2014年实施第二期股权激励方案后,两年里光明乳业营业收入增长率连年下降,说明激励方案对收入的增长所发挥的刺激作用并不明显。而对比同行业其他两家企业,2015年光明乳业的营业收入增长率最低,甚至为负值,表现出第二期股权激励实施初年盈收不利。

(3) 营运能力

存货周转率和应收账款周转率是评价企业营运能力的重要指标。存货周转率能有效反映企业的存货管理能力,选择这一指标也是因为乳制品行业作为食品加工业中特殊的一个类别,其产品的时效性很强,存货周转率的变动值得关注,是一个重要的指标。而应收账款周转率则显著反映了企业的变现能力,是衡量营运能力的重要指标。光明乳业的营运能力情况见表7-15。

表7-15 光明乳业2009—2017年营运能力情况

单位:次

项 目	2009年	2010年	2011年	2012年	2013年	2014年	2015年	2016年	2017年
应收账款周转率	14.58	12.90	11.23	11.11	12.08	13.23	11.60	12.34	12.33
存货周转率	8.81	9.47	8.24	8.45	8.45	7.55	6.30	6.69	7.93

数据来源:国泰安数据库 单表查询—财务指标分析。

自2009至2012年,光明乳业应收账款周转率逐年下滑,这主要是由于乳制品行业竞争激烈,为抢夺市场,提升市场占有率,企业采取较为宽松的信用政策来提升销售水平,从而致使企业应收账款余额较多,现金回流速度慢。虽在2013年后有所上升,但仍处于不断波动状态,也从侧面反映出股权激励方案对应收账款周转率改善作用不大。

光明乳业在2010年实施第一期股权激励后的,存货周转率与实施之前相比不仅没有改善,甚至还一直处于下降状态。这说明公司的股权激励并没有对企业的营运管理水平产生正面影响。

（4）偿债能力

资产负债率是反映企业负债水平的综合性指标，是期末负债总额除以资产总额的比例，将该比率保持在合理的水平是企业的目标之一。光明乳业的偿债能力情况变动见表7-16。

表7-16 光明乳业2009—2016年偿债能力情况

项目	2009年	2010年	2011年	2012年	2013年	2014年	2015年	2016年
流动比率	1.23	1.21	0.98	1.25	1.08	0.99	1.07	1.05
资产负债率（%）	46.69	55.03	61.56	52.62	56.57	59.64	65.93	61.69
长期资本负债率（%）	7.12	21.27	20.30	17.75	10.61	18.77	37.17	30.21

数据来源：国泰安数据库 单表查询-财务指标分析。

如表7-16所示，光明乳业的流动比率一直在1到1.5之间浮动，处于较稳定的状态，可认为在实施股权激励方案期间，企业短期偿债能力得到了稳定保障。此外，在2010年光明乳业开展股权激励时，资产负债率和长期资本负债率猛增，随后至2014年期间略有回落。据此可推断，光明乳业很有可能是通过不断进行并购、举债的方式来完成股权激励业绩目标，因为光明乳业作为一个国有控股的上市公司，基于公司的产权性质以及保证国家控股地位的前提下，管理层很难通过简单地发行股票进行筹资，只能不断进行举债，提高负债比率，以满足业绩目标的实现。这也是国企股权激励设计遇到的一个问题，业绩指标过低达不到激励效果，业绩指标过高，又会造成过大的压力，导致管理层为了实现盈利目标，在企业本身无法创造出新的利润增长点的时候，进入负债扩张的道路。这种现象在2014年第二期股权激励方案展开时尤为明显，2015年资产负债率和长期资本负债率达到了顶峰，但负债的增加最终并没有带来第二期股权激励方案的成功，故企业也要警惕为了股权激励条件的满足而过多增加负债，会加大企业的财务风险。

（5）股价走势

投资者通过获得股票成为企业股东，主要依靠股票市场价格的波动和派发的股利获得相应收益。股价反映了企业在股票市场的投资者认可和支持程度，体现了企业价值。企业的高管和技术骨干通过股权激励计划获得股票，积极性大大提高，期望通过自身努力提升股价获取经济利益。故股权激励方案的实施会对企业股价产生一定影响。

由股价走势图可以看出，光明乳业 2010 年实施第一期股权激励后，虽然股价未有大幅提升，但整体保持稳定，对于波动的股票市场来说，是一个利好的现象。

图 7-4　光明乳业 2009—2017 年的股价变化

（数据来源：东方财富网 http: //quote.eastmoney.com/concept/sz300059.html#。）

如图 7-4 所示，在第一期股权激励方案发布日，即 2010 年 10 月，股票价格上涨，达到该年最高点，此后两年价格平稳波动。而在 2013 年 3 月和 9 月两个解锁点时，股价迅猛上升，市场反应剧烈。表明第一期股权激励方案有效促进了光明乳业股价的稳定与上升。此外，2014 年 12 月第二期股权激励方案发布时，股票价格也随之上升，达到一个小高峰，表明股权激励方案的出台及具体的实施情况会影响股票市场的波动。

7.3.3.5　股权激励方案的作用

（1）股权激励方案的正向作用

股权激励方案为光明乳业发展带来了有利影响，突出表现在以下方面：

一是股权激励有利于留住人才。第一期股权激励正值 2006 年光明乳业受到"回炉奶"的负面冲击和竞争对手抢夺人才的双重压力时期，人才流失率高达 80%，如何吸引和挽留人才是其亟待解决的问题。幸运的是，第一期股权激励取得了成功，同时预留的 60 万股对于吸引本行业潜在优秀人才也发挥了作用，通过不断优化人才结构，光明乳业的财务绩效也有明显提高。

二是有利于财务绩效的提高。自 2010 年光明乳业实施股权激励计划以来，公司实际业绩在三个解锁期内均达到行权条件，依次成功解锁，财务绩效提高，财务状况较之前有明显的改善与提升，对企业财务绩效水平产生了有利影响。

三是股权激励对企业市值具有激励作用。股价反映了企业的市场价值，自 2010 年股权激励计划的实施以来，公司的股价一直保持稳定状态。2013 年解锁第二解锁期之后，股价大幅上升，市场价值增加，体现出股权激励方案对于提高市场价值起到激励作用。

四是股权激励有利于促进企业的长期发展。在 2010 年的股权激励中，光明乳业通过周期化安排的股权激励制度，连续三年的相关财务指标均达到目标要求，实现了营业收入以及净利润的可观增长。既保证了当前年度的公司收益，也有助于公司未来的价值创造力和长远的发展。

（2）股权激励的负向作用

虽然股权激励方案为光明乳业发展提供诸多正向作用，但其存在的问题不可忽视，主要有以下方面：一是激励力度较小导致代理风险增大。两期股权激励都存在这个弊端，即不能有效缓解企业高管权力和腐败的矛盾冲突。从激励力度来看，光明乳业的激励力度是偏小的。二期实际激励对象有 206 人，占公司当时总人数 4 080 人的 5%，相较于第一期激励对象 94 人、占比 4% 的情况有所增加，但总体比例还是偏小，难以满足需求。

二是激励不足就很容易导致效率低下，不仅没有减轻代理人的道德风险，反而增大了代理人通过腐败行为侵吞国有资产的风险。在两期激励对象中，有三人在 2015 年和 2016 年因受贿被捕，且这三人都是参与了两期股权激励的高管，如作为总经理的郭本恒在 2010—2015 年为哈尔滨某公司业务提供帮助，受贿几十万元。因此也可看出光明乳业股权激励机制上设计的不足，导致了高管频繁受贿的发生。

三是较低的股权定价损害了股东和投资者的利益，为管理人员谋私利提供了契机。对于管理人员来说，较低的股权价格是非常有利的，光明乳业如此低的购买价格对管理层而言无异于"买一送一"，管理人员在得到股票之时就享有了高额的股权收益。但其较低的股权定价并没有考虑到股东和投资者等相关者的利益，容易引起其他股东的怀疑和不满，使光明乳业戴上了名义上是激励管理，实际上是私自为企业管理人员发福利的"帽子"。而公司管理上的不足也证明了这一点，多名管理人员在 2015 年、2016 年被查出贪污受贿，大到高层总经理、副总经理，小到销售部长、分厂厂长，严重影响了公司形象，也使公司受贪腐案影响收购战略受阻，投资者对企业的经营发展失去信心，严重削弱了公司市场竞争力。

四是业绩指标单一且设置过高容易加剧利润操纵问题。两期股权激励方案大多针对盈利指标设计，如收入、净利润和净资产收益率等，财务指标的单一，使解锁业绩只需基于财务报表的数据，容易加剧经营者的利润操纵行为。光明乳业 2009 年前的应收账款基本维持在 5 亿元，但 2010 年后应收账款迅速上升到 9 亿元，是之前的近两倍，有很大的利润操纵嫌疑。

7.3.4 讨论

综上，自光明乳业 2010 年实施限制性股票激励以来，其财务状况总体上有所改善与提升，说明光明乳业 2010 年的股权激励方案有助于提高企业财务绩效，促进企业持续化发展。通过授予限制性股票的方式开展股权激励，公司盈利水平和成长水平均有不同程度提升，尽管公司的偿债能力和营运能力指标比率变动不大或者有小幅度下降，但仍然处在一个相对可控的范围内。而光明乳业 2014 年股权激励的效果并不是很好，和预期的相关财务指标有一定的差距，2015 年乳制品行业增速放缓的市场环境给光明乳业的股权激励效果带来很大的负面影响，所以整体呈现出企业盈利能力和发展能力有所欠缺的情形，特别是企业的运营能力和偿债能力延续之前的状况，处于不断弱化的趋势，股权激励并没有对企业财务绩效产生积极作用，而财务上不及预期的差距也导致了股权激励方案的终止。

股权激励方案有助于企业留住人才、提升财务绩效、带来企业市值的增加以及长远发展，但在实施股权激励方案时也要考虑激励程度和股权定价情况，根据企业实际状况制定合理的方案，实现企业与员工的双赢。

7.4 小结

基于企业内外部环境，确定分析的目标，运用合适的工具技术，更多是从财务角度对企业进行综合财务报表分析，得出分析结论，判断企业的优势和劣势，为企业日后制定战略规划、开展经营活动提供借鉴。经济的发展不能以牺牲环境为代价，在对企业进行经济绩效的分析同时，也要注重企业开展环境治理工作、承担社会责任的能力，关注企业的绿色发展能力。作为家电业的龙头企业，格力电器规模庞大，发展速度较快，这也导致其资源、能源消耗量和污染物排放量巨大，但其积极加强环保创新，加大环保治理投入，开展多项技改项目和工艺技术研发活动，以提升企业绿色发展能力。此外，股权激励作为一种长期激励方案，会对企业财务绩效水平产生影响。光明乳业先后开展两期股权激励方案，第一期股权激励方案取得圆满成功，对企业的盈利水平、发展能力等财务绩效均起到了有利的作用，但也要关注债务水平，避免财务风险过大。此外，股权激励过程中的解锁情况也会对企业的市场表现产生影响。

故在进行综合财务报表分析时，不能仅仅局限于企业财务绩效，也要更多地评价企业的绿色发展能力，关注企业自身的特有状况，比如股权激励方案、分红方案等因素，这些都会显著影响分析师对企业绩效的评估。

第八章 会计信息质量甄别

8.1 主要知识点回顾

本章的知识点框架如图 8-1 所示：

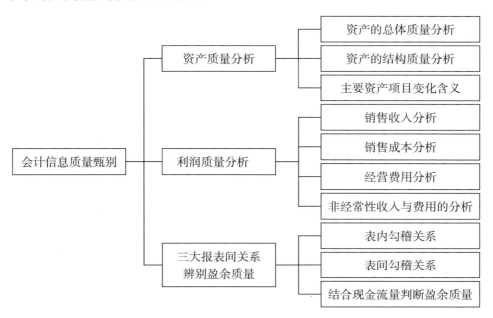

图 8-1 知识点框架图

8.1.1 资产质量分析

资产质量识别，即判断资产的保值和增值能力。保值就是保持资产原始价值或是历史成本的能力，增值就是使用单个资产或是组合资产后新增加的价值及其新增加的现金流能力。好的资产质量就是资产不仅可以保障其保值，而且可以创造更多的增值（利润），且增值是有现金流匹配的增值。

资产的总体质量包括资产的增值与获现两方面。资产的增值质量，即资产在经营活动过程中所具有的提升企业净资产价值的能力，增值即意味着企业当期利润的增加，相反，则是亏损或是损失。资产的获现质量，即资产在经营活动过程中为企业创造现金净流量的能力，即企业自身的"造血"能力。

资产的结构是指各项资产之间、各项资产与其资金来源之间的对比关系。资产结构质量不仅可以判断各个具体资产项目分布的合理性，也可以判断企业管控财务风险和经营风险的能力，更可以判断企业的长期发展战略。

分析企业的资产结构质量主要从以下三个方面入手。一是分析资产结构是否有机整合，即企业各项资产的分布结构是否合理；二是分析各项资产与其资金来源间的对应性，资产的资金来源包括负债和所有者权益两部分，即账户式资产负债表内的左右结构对比；三是分析资产结构与企业发展战略的一致性。即资产结构分布是否反映企业的发展战略，二者是否一致或是存在差异。

8.1.2 利润质量分析

利润质量就是盈余质量，盈余操纵就是企业通过各种手段直接操纵利润表中的净利润，进而实现粉饰资产负债表和现金流量表的作用。识别盈余质量是识别企业披露信息质量的核心，它是企业进行报表分析的重要前提。

通常可以按照影响盈余金额的主要收入和费用项目，依次逐项判别和解释盈余质量。主要结合企业销售收入、销售成本、经营费用进行识别和分析。例如，销售收入分析主要识别企业未实现收入的确认，判断企业是否有确凿证据支持销售的发生；收入的总价法和净价法的确认，比如判断企业是否采用总额法夸大收入；卖方信贷的识别；赊销收入的分析，例如判别企业是否存在应收账款无法收回的情况；通过价格的变化和销量的变化判断销售额变动的真实原因；实际增长和名义增长的判断。

8.1.3 三大报表间关系辨别盈余质量

8.1.3.1 表内勾稽关系

资产负债表分为左右两方，一方反映资金占用，另一方反映资金来源，两方必须保持平衡。无论是期初资产负债表还是期末资产负债表，都表现出基本的平衡关系，即资产＝负债＋所有者权益。

利润表主要是反映一段时间内公司的损益情况如何。赚，赚多少？亏，亏多少？利润表最重要的一个勾稽关系就是：收入－费用＝利润。

现金流量表主要是反映在一段时间内公司流入多少钱，流出多少钱，还余下多少现金在银行里。现金流量表最重要的一个勾稽关系是：流入现金－流出现金＝现金净流量。

8.1.3.2 表间勾稽关系

在利润表和资产负债表之间，资产的增值主要是来源于利润或是获利，只有企业经营获利才可以创造更多的资产价值。表现在数据对应关系上，即"资产负债表中的未分配利润的期末数－期初数＝损益表的未分配利润"。未分配利润就是企业支付成本费用，取得收入，减去税金，付完利息，将利润分配给股东后，最后余下的利润，是企业全部经营活动产生的所有经济效果。利润表中的未分配利润项目正是资产负债表中留存收益或是未分配利润项目的数据来源，自然就存在对应关系。

在资产负债表和现金流量表之间，资产负债表中广义现金的变化及其变化结果是通过现金流量表详细解释的，现金流量表正是解释了现金及现金等价物的变化和变化结果的报表。表现在数量关系上就是，资产负债表里的现金及现金等价物的期末数与期初数的差额，就是现金流量表里现金及现金等价物的净流量。即，资产负债表里的现金、银行存款及其他货币资金等项目的期末数－期初数＝现金流量表最后的现金及现金等价物的净流量。

在利润表和现金流量表之间，依据不同的编报基础解释了净利润与净现金的差异，形成互补的信息。利润表是依据权责发生制反映了企业在一段时间内的经营成果，现金流量表是依据收付实现制，反映了企业在一段时间内的创造的有现金流匹配的经营成果，特别是在间接法下的现金流量表，更是清晰地解释了利润表里的净利润如何增减变化为经营活动现金净流量。表现在数量关系上，净利润（净亏损）＋调整经营活动现金流入量－

调整经营活动现金流出量＝经营活动产生的现金净流量。

8.1.3.3 结合现金流量判断盈余质量

一是比较经营活动现金流与净利润。经营活动现金流净额是按照现金收付制核算的企业创造的有现金匹配的净增加额，净利润则是按照权责发生制核算的一定时期的经营成果，未必有与其匹配的现金流。对经营活动现金流量分析时，还要与利润表相结合。二是将经营活动现金流与企业生命周期结合起来进行综合分析。分析师要结合企业生命周期及其特征，区分企业的正常与异常问题，来分析企业的现金流特征，并对症下药促使企业能够顺利进入健康的发展状态。

8.2 康得新财务舞弊事件分析

8.2.1 背景介绍

8.2.1.1 公司背景

康得新复合材料集团股份有限公司（以下简称康得新，股票代码 002450）于 2001 年 8 月成立，之后历经了八年多的发展壮大，公司 2010 年成功在 A 股挂牌，上市当年的营业收入即达到了 52 420 万元，实现盈利 7 009 万元，有中国的"3M"之称。康得新主要有"三新四品"："三新"指的是"新技术、新材料以及新领域"；"四品"指的是"预涂膜、光学膜、裸眼 3D 以及碳纤维"。在康得新的造假事件曝光之前，康得新的营业收入逐年提高，由 2007 年的 16 393 万元增长到 2010 年的 52 420 万元，增长率达到 220%。康得新还曾一度被选入福布斯的"中国最具潜力公司榜"，在 2017 年的牛市中公司股价更是增长到了新高点，涨幅高达 27 倍。但是正是这样一个被称为"千亿白马股"的公司却在之后被证监会调查证实存在财务造假行为，2021 年 4 月 6 日，康得新的股票被终止上市。表 8-1 是康得新的主要发展历程。

表 8-1 康得新公司发展历程

时　　间	主要事件
2001 年	康得新公司在北京注册
2002 年	搭建了国内第一条预涂膜生产线
2007 年	张家港保税区工业园开工建设
2010 年	康得新于 A 股上市
2015 年	收购荷兰 Dimenco 公司，推进国际化
2017 年	康得新欧洲研发中心正式建成
2018 年	CES 展上正式发布"3D+"战略，推出 SR 战略
2021 年 4 月 13 日	*ST 康得发布公告称公司股票 4 月 14 日进入退市整理期，30 个交易日后公司股票将被摘牌
2021 年 5 月 30 日	康得新发布公告表示，公司股票已被深交所终止上市且退市，于 5 月 31 日摘牌

资料来源：东方财富网 https://guba.eastmoney.com/news,002450,889879130.html。

8.2.1.2 行业背景

我国新材料行业的"十三五"规划明确指出，未来高分子材料将被列入国家重点扶持和发展的六大材料之一，因此，新材料行业未来的市场规模和发展前景非常广阔。在当前我国发展战略以及产业政策的扶持和引导下，我国关键材料行业的发展已经取得了巨大进步，并且核心技术水平以及产业规模明显提高。但是，我国部分关键基础材料仍然存在严重依赖于向国外进口的情况，其竞争力还亟待提高。康得新的主要产品预涂膜主要是用在书籍刊物的印制和包装，还有化妆品、烟酒及电子产品等的包装和制袋等领域。另外，其下游行业比较成熟，如果没有突破性的技术变革，企业所处市场规模受到经济周期波动影响并不会太大；同时，公司下游行业由于存在自身发展竞争的需要，所以仍会不断提高对于预涂膜材料的需求。康得新的光电材料产品主要是用于电脑、手机、电视机以及显示器等电子产品，最终直接面向的是消费者，公司下游行业会随着消费者需求的变化出现波动，下游行业市场发生的变化同样也会影响其对公司某些产品的需求。康得新面临的汽车市场主要为乘用车市场，由于受到了新冠肺炎疫情影响，2020 年公司的汽车产量明显下降。其中公司新能源汽车的销量在未来有望继续提升，成为新一轮成长发展周期的起点。公司面临的建筑市场主要为国内市场，公司的主要产品隔热膜、安全膜等在建筑等领域有着广阔、良好的应用前景，同时该市场目前在我国仍处于发展的初期，较少受到经济发展以及下游行业的影响。

8.2.2 思考题

2019年1月，康得新在公告中称公司的一笔到期债券由于没有按期偿付发生债务违约，在违约事件曝光之后，公司的实际经营情况引起了社会公众的怀疑，也逐渐失去了原投资者和债权人的信任，进而面临着经营困难。证监会对康得新调查之后，最终向其下发了行政处罚事先告知书。2018到2019年两年间，康得新也试图通过更换企业的管理层来挽救局面，但是最终仍没有成功挽救企业。

2018年10月29日，康得新在新发布的临时公告中表示，公司董事长钟玉收到了《调查通知书》，将接受来自证监会的调查。2019年1月15日，在公告中康得新表示，此前由公司发行的两笔债券公司可能无法偿付。随后于1月21日，康得新的所有银行账户均被临时冻结，公司股票也面临着其他风险警示。四天后，康得新发布公告称，之前六家与公司合作或者存在业务往来的银行一起划转了其大量资金。2月11日，公司董事长被执行逮捕。4月29日，针对康得新的持续经营状况以及公司新公布的2018年财报，瑞华出具了"无法表示意见"的审计报告。5月6日，康得新的股票简称正式被变更为"*ST康得"。5月7日，康得新对于深交所的质询在回复中称，公司在北京西单支行账户的余额事实上并不存在，并且此前公司对外公布的亿元存款实际为0。五天后，公司负责人钟玉被警方采取了强制刑事措施。7月5日，证监会下发了《事先告知书》，自此，康得新由于存在重大违法行为开启了强制退市流程。表8-2是对康得新财务造假事件的回顾。

表8-2 康得新财务舞弊案件回顾

时间	主要事件
2019年1月15日	构成实质性的债务违约
2019年1月23日	主要银行账户被冻结，发出风险警示，变为"ST康得"
2019年1月25日	与其有业务往来的银行划转大量资金
2019年2月11日	康得新实际控制人被逮捕，并辞去其董事长等职务
2019年4月29日	康得新2018年年报中瑞华会计师事务所出具"无法表示意见"的审计报告
2019年5月6日	变为"*ST康得"，被实行严重的退市风险警告处理

续表

时间	主要事件
2019年5月7日	北京银行表示，康得新银行账户余额为0
2019年5月12日	康得新实际控制人钟玉被警方采取刑事强制措施

资料来源：《康得新关于2018年度第一期超短期融资券未按期兑付本息的公告》《康得新关于公司股票交易被实施其他风险警示的公告》《康得新关于部分财产被查封的公告》《康得新关于公司董事长辞职的公告》《康得新2018年年度报告》《康得新关于深交所关注函的回复》《康得新关于公司实际控制人被采取强制措施的公告》。

虽然康得新的董事长钟玉已经于2018年10月末被证监会立案调查，但是大多人在当时仍然在观望事态的发展，同时由于当时公司管理层相对比较稳定，所以对康得新并没有太大影响。然而在2019年初，康得新发布的关于违约提示的公告成为"压死骆驼的最后一根稻草"，有一部分投资者开始意识到了事件的严重性。康得新的高管团队也开始频繁变更，公司的董事长、总经理等高管接连辞去职务，公司的管理层出现了较大规模的变动。这一系列事件也使得企业的投资者和社会公众开始把关注点放到康得新身上，并逐渐对康得新失去了信心。之后证监会也加大了对康得新的关注程度，经过调查后正式将康得新的造假事件曝光。2021年4月6日，根据调查结果以及相关法律法规和相关委员会的审核意见，康得新被强制退市，紧跟着，公司股票也被终止上市。康得新在4月13日发布的公告中称，从4月14日开始公司股票将进入退市整理期，30个交易日之后将被摘牌。经过了一系列的调查和整改之后，康得新还是走到了终点。自此，从被投资者看好的优质企业，康得新逐渐沦为坑害了无数股民的造假企业。

康得新从2010年上市到2021年退市，因财务造假轰动了整个资本市场，最终退出了A股市场的舞台。那么，康得新是如何进行财务舞弊的？我们将在下文对康得新的财务舞弊行为进行具体分析。

8.2.3 案例分析

8.2.3.1 康得新财务造假的手段分析

（1）存货占比过低

为预防出现各种紧急情况，通常许多制造业的公司会预备1—3个月的存货，同时企业所持有的存货一般会随企业规模的变大和收入水平的提高按比例增长。然而同样作为制造业企业的康得新的财务报告却显示，随着公司收入水平的提升，其存货规模并没有随之保持同向增长。康得新近年的存货与营业收入情况如图8-2所示：

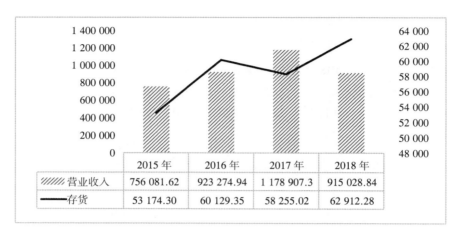

图 8-2　康得新存货与营业收入趋势图（单位：万元）

（数据来源：康得新2015—2018年年度报告。）

由图8-2可知，康得新近几年的存货与营业收入的增长状况出现异常，并不符合制造业企业存货与营业收入同向增长的一般规律。另外，一般来说，公司存货的计价方式十分复杂，并且对于计价方式的选择需要相关财务人员较大程度的职业判断，因此存货的数量很容易出现错报误报的情况。利用存货所进行的财务舞弊行为往往会给企业财务信息的使用者带来较大的风险和不确定性。

另外，由图8-3可知，近几年来康得新总资产中存货所占比重呈现出逐渐下降的态势，2017年、2018年存货所占比重分别只有1.70%和1.83%。而在制造业企业中，存货一般在资产的构成中占比非常大，这些数据表明康得新的存货规模与总资产规模不匹配，违背了制造业企业中存货占总资产比重大的基本规律。康得新近年存货占比一直处于比较低的状态，存货的占比情况出现异常。而存货所占比重发生异常的企业，通常其流动性水平也较差，并且企业有极大可能早已出现了严重的销售困境。

根据证监会的事后调查结果，"2015—2018年，康得新虚增了超过115亿元的利润"，结合公司存在存货占比过低的情况，可以合理推测康得新在虚增收入的同时，并没有同时对存货进行虚构，这是为了防止在实地盘点时被察觉，因此导致其出现了存货占总资产比例远低于其他制造业企业的异常现象。

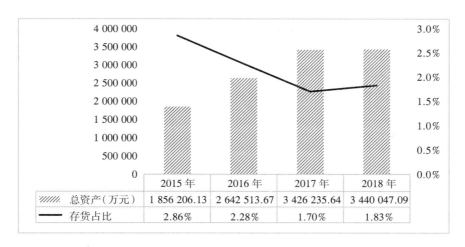

图 8-3 存货占比图

(数据来源:康得新 2015—2018 年年度报告。)

(2)虚构销售业务和虚增利润

根据证监会对康得新财务舞弊行为的调查结果可以发现,通过虚构业务来虚增销售收入与利润是其造假手段之一。

在外销业务方面,根据康得新 2015—2018 年的年报可以发现(表 8-3),其营业收入的 35% 左右是由境外的业务收入所贡献,但是由于境外业务存在着地理问题,因此注册会计师通常较难审核企业该部分业务是否真实存在,进而给企业带来虚构境外业务的机会。

表 8-3 康得新内销与外销占比

单位:%

	2015 年	2016 年	2017 年	2018 年
境内	63.62	65.59	63.59	64.34
境外	36.38	34.41	36.41	35.66

数据来源:康得新 2015—2018 年年度报告。

康得新正是利用这一"机会"通过虚构境外业务的方式来虚增利润。具体来看,康得新与虚构的境外客户的销售合同都是由康得新自己制作,然后由康得新的员工冒充客户进行签名。之后,康得新将公司库存中劣质或滞销的 PET 膜出库,并把这些 PET 膜的出库单中的商品伪造成光学膜,而光学膜是康得新主营的产品;然后将这些劣质的 PET 膜运送到香港(销售合同目的港),在物流环节拥有真实的货运提单、报关单、报关装箱照片等资料。这些货物交付给香港后,香港的运输公司负责将这些产品免费运至印度并送给印度的客户,或是在康得新同意放弃对这些货物的权利并出具正式声明后再由香港的运输公司代为处理。在资金方面,由康得集团或康得新银行账户先将相关的资金汇出,再由过桥公司等中间环节通过"对敲"和"内保外贷"的形式转移到境外的账户,最后以销售回款的名义或形式,虚构的境外客户或第三方代付公司又会汇回康得新的这些资金。可见,与以往的财务造假案例不同,康得新并不只是在某一个业务环节造假,而是虚构了整个境外销售的交易链条,以实现虚构企业利润的目的。

在内销业务方面,2015—2018年四年期间,康得新的三家子公司张家港康得新光电材料有限公司等,都接连三年把产品卖给康得新。康得新对这些产品以采购的名义进行处理,并且通过其他一系列的企业内操作,最终虚构了约 13 亿元利润。康得新还对包括产品采购单、产品入库单和出库单在内的票据进行了伪造,证监会经过调查和搜寻相关采购业务的财务资料后,最终认定康得新这些采购业务是康得新所虚构的销售业务。

2015 至 2018 年,康得新主要通过两大类渠道盈利,第一类是预涂材料,主要用于书籍、烟酒、化妆品等的包装袋的印刷制作等领域;第二类是光电材料,主要包括了树脂、窗膜、大屏触控、柔性材料等。康得新盈利总额约 98% 以上都来源于公司的这两大业务。从图 8-4 康得新的营业收入和营业成本来看,其收入和成本的增长趋势是相同的,因此仅从营业收入和成本是否匹配的角度,不足以坐实对康得新的营业收入的怀疑。但是,根据图 8-3 存货占总资产的比重可知,康得新总资产中存货所占比重不断降低,并且公司存货的规模与收入规模不相匹配,这不符合制造业企业运营中的基本规律,因此,康得新可能在虚增收入和成本的同时忽略了存货的造假,导致存货占比出现异常情况。

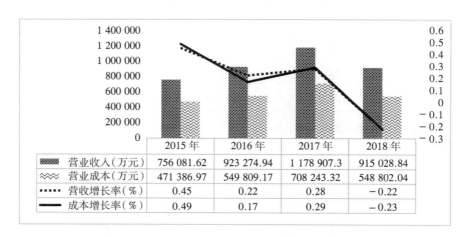

图 8-4　康得新营业收入与营业成本变动图

(数据来源:康得新 2015—2018 年年度报告。)

根据证监会的调查结果，"康得新自 2015—2018 年虚增利润总额一路从 224 274.56 万元攀升到 390 820.59 万元，虚增的利润金额占实际披露利润金额的比例也常年居于百分之百以上"（表 8-4）。

表 8-4 2015—2018 年康得新虚增利润总额

项　目	2015 年	2016 年	2017 年	2018 年
虚增利润（万元）	224 274.56	294 342.08	390 820.59	243 619.35
虚增利润占实际披露利润比（%）	136.22	127.85	134.19	711.29

数据来源：中国证监会行政处罚决定书（康得新复合材料集团股份有限公司、钟玉）文号〔2021〕57 号。

（3）虚构关联交易

康得新造假的另一手段是虚构大量与关联方之间销售业务。通过虚构交易，康得新产生了大额的应收账款，企业的账面收入也随着企业应收账款项目的增加大幅增长。但是值得怀疑的是，从 2012 年开始，对于公司的供应商名单，康得新就不再向外部公布，并且在年报中也没有披露公司的主要客户和供应商，从而给财务舞弊操作留有很大的余地，也给报表使用者造成迷惑。2010 年年报显示，北京中海天郎是康得新的第三大供应商，事发后经有关部门调查显示，该公司的注册住址竟然是康得集团，这一发现也基本坐实了康得新为了掩盖其财务舞弊的行为，才隐瞒了公司的供应商名单。

表 8-5 为 2014—2018 年康得新与康得集团关联交易金额占比情况，数据显示，公司与康得集团之间的关联交易，从 2014 年开始变得越来越多，关联交易金额也是持续提升，最高年份的关联交易金额甚至增长到了 171.50 亿元。这些关联交易的共同特征是：尽管这些交易行为表面上存在，但却无法合理保证关联方交易是否真实存在。

表 8-5 2014—2018 年康得新与康得集团关联交易金额及占比

项　目	2014 年	2015 年	2016 年	2017 年	2018 年
与康得集团发生的关联交易金额（亿元）	65.23	58.37	76.72	171.50	159.31
占最近一期经审计资产的比例（%）	171.75	120.92	83.26	109.92	88.36

数据来源：康得新关于收到中国证监会行政处罚事先告知书的公告。

(4) 虚假记载银行存款

2014 年公司在北京西单支行和康得集团签订了现金管理协议，康得新根据协议约定，将子公司账户余额实时汇总到康得集团的账户，当子公司需要资金时再由康得集团的账户拨给子公司。但北京银行西单支行的账户只能看到实时余额，而并不显示母子公司之间的上存下拨具体交易过程，同时西单支行的相关协议中有"应计余额、实际余额"这两个不同规定。根据协议，康得新可以从这两个中任选一个记录其账户的余额，于是康得新最终选择披露的是子账户上可直接支付的资金总和 122 亿元。康得新正是利用西单支行现金管理与存款证明存在的漏洞，对企业真实的资金状况进行了隐瞒。而表面上康得新是为有效周转和管理资金才通过该协议集中对资金进行管理，事实上通过证监会事后的调查结果可以发现，这一协议只是康得新隐瞒造假行为的幌子。

如表 8-6 所示，在 2018 年，康得新在年报中披露其在西单支行账户上的余额为 1 220 944.35 万元，但是事后的调查得知其账户余额只是累计数，而不是真实的账户余额，其真实的可用余额为 0。在对此次财务造假事件调查之后，证监会对此进行了解释，"康得新涉案银行账户主要是为了配合造假便于完成虚假销售回款，虚假销售回款打入账户就会被立刻归集到康得集团账户再被循环用于造假所需"。

表 8-6　2015—2018 年康得新年报披露银行存款余额

单位：万元

项　目	2015 年	2016 年	2017 年	2018 年
银行存款	957 105.30	1 468 954.26	1 778 137.46	1 446 836.30
北京西单支行账户存款余额	459 963.48	616 009.04	1 028 844.73	1 220 944.35

数据来源：中国证监会行政处罚决定书（康得新复合材料集团股份有限公司、钟玉）文号〔2021〕57 号。

(5) 隐藏有关担保事实

康得新的造假手段还包括隐藏企业有关的担保事实。在刚上市以后康得新并没有向其他公司进行担保，但是第二年起，就开始持续向其他公司提供担保。仅 2016 至 2017 年两年间，康得新子公司光电材料就与厦门国际银行北京分行签订了三份关于存单质押的协议；随后公司又和中航信托签署了一份。这些质押协议均同意用光电材料的一个资金专项账户为康得集团提供担保。

康得新在仅仅六七年时间里就对外担保了 300 多次，不管是担保的数量还是规模都在不断扩大。而这种担保行为也将给企业的正常经营带来很多不良影响：首先就是担保金额随着时间成倍增长，给企业财务状况带来负面影响的同时也给企业带来巨大的资金压力；其次就是由于企业全年净资产中担保所占比例一直在60%左右，处于非常高的状态，这种现象给公司带来了巨大的财务风险。这一点也从证监会最终的调查结果得到印证，"康得新没有及时对外完整披露重大担保事实，而是一直忙于隐藏和掩盖公司的关联担保情况，不断地粉饰财务报表，迷惑利益相关者，最终造成年报中存在重大遗漏"。

8.2.3.2 康得新财务舞弊的成因分析

（1）内部原因

企业内部压力。通常如果一个企业的经营存在困难，出现资金短缺情况，那么在各种压力下其可能选择进行财务舞弊。因此，内部压力是分析企业舞弊成因的一个关键因素。康得新企业内部的压力主要来自以下几个方面：

一是转型压力。康得新作为制造业的龙头企业，积极响应我国经济转型升级的号召，对自身业务、生产流程进行转型升级承担着重要责任。但是企业转型升级并不容易，康得新作为一家化工企业，在刚上市时其主要产品是预涂膜，而2011年康得新表明公司开始进入高科技领域，由此光学膜成为公司的主营产品。2013年，康得新光学膜的收益超过了预涂膜的收益；2015年，公司在光学膜上所获收益甚至超过公司总收益的80%。然而这两种产品存在很大的差异，从传统的材料领域转向高科技领域给康得新带来了巨大的压力和挑战，为了迅速在高科技领域占据一定市场，达到投资者的预期，企业必须一直保持高增长的态势，这无疑也成为公司造假的动因。

二是激进的发展速度压力。康得新从上市之初就想要不断扩大企业规模，扩张市场版图。尽管公司的市值从刚开始上市到2017年已经持续上升到了930亿，但是这种发展趋势和稳步增长并没有满足康得新继续扩张的野心，这从其不断开拓碳纤维市场就可以得到证明。另外，公司高层的管理手段激进。从对待风险的态度来看，董事长钟玉是一位偏好风险的管理者，许多由其制定的公司政策几乎都是高风险高收益，比如他曾承诺在5年之内带领康得新实现市场价值达到3 000亿元的目标，并且不断投资一些高风险的项目，使企业获得收益的同时承担着巨大的财务风险。康得新2015—2018年流动负债情况如表8-7所示，可以看出，相比2014年的58.58%，2015—2018年的流动负债率大幅提高，由此给企业带来了较大的偿债压力。与此同时，对于应收账款，康得新所采用的信用政策十分宽松，这种政策很可能会导致康得新现金流的短缺甚至断裂。另外，在经济发展速度放缓的市场背景下，康得新的市场需求减少，收入下降，因此，为了维持投资者对企业发展前景的信心、拉动企业股价增长以及获得政府相关政策的扶持，康得新选择连续四年对企业利润进行虚增，这与公司制定的激进的发展战略有着紧密关联。

表 8-7　康得新 2015—2018 年流动负债情况

项　目	2015 年	2016 年	2017 年	2018 年
流动负债总额（万元）	736 441.64	988 257.93	1 173 444.58	1 147 167.21
流动负债率（%）	79.95	91.31	72.29	71.39

数据来源：康得新 2015—2018 年年度报告。

三是退市的压力。根据上交所和深交所的规定："如果一个公司连续三年都是亏损状态，那么很可能会造成延缓或暂停上市的结果；只要上市公司最近一个会计年度盈利为负，证监会就有资格撤销该上市公司的上市资格"，所以康得新还面临着很大的被退市的压力和风险。

公司内部控制体系存在缺陷。一方面，康得新的大股东和中小股东之间存在的代理问题严重，大股东为了自身利益有强烈的动机去侵害公司其他小股东和公司的整体利益，而其他中小股东并不能有效监督和约束大股东的行为。根据证监会所披露的行政处罚和禁入公告，"康得新财务造假的是实际控制人钟玉，而董事会、管理层和监事会往往只能无奈地被操控，导致公司内部治理体制失效，为造假提供了机会"。在此情况下，企业管理层利用信息不对称向董事会和股东隐瞒相关的不利消息，为大股东侵占利益的行为提供了可乘之机。

另一方面，康得新的内部控制制度在资金使用及决策权方面非常薄弱和不完善。2014 年，公司与康得集团签订了现金合作协议，但是公司的董事会与相关财务人员对这一重要协议竟然完全不了解。当证监会调查公司巨额资金的下落时财务人员也无法解释。所有证据都表明，康得新对于资金的控制管理和使用等的内控制度不完善不规范，漏洞百出，内控各环节落实得也不到位，并没有达到对潜在的财务危机进行预警的目的。而这一点在康得新自查时其实已经发现自身在内控管理方面的不足。如果对于公司薄弱的内部控制能不断加以完善并有效落实，那么在大股东出现侵占利益的不正当举动时公司就可以及时反映，也许就可以从造假的源头对其进行制止。

控股股东股权质押引起控制权与现金流权分离。根据控制权私利理论，如果公司股东频繁利用股权质押获得资金，代表其与公司的利益越来越不一致，其越可能侵占企业的资产。实际控制人钟玉在公司刚上市不长时间就急切地进入碳纤维市场，但是开展这一业务需要雄厚的资金支持，因此他选择以股票质押的方式获得大量融资保持新业务的顺利开展。

如图 8-5 所示，康得集团进行股票解压、质押非常频繁。从 2013 年开始，康得集团所持总股数中每年有 99%以上都被质押出去。

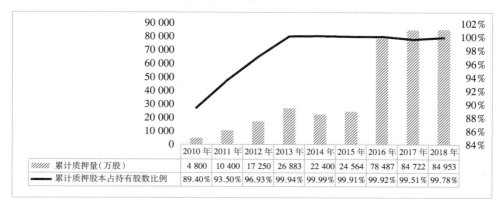

图 8-5　康得集团股权质押年度情况表

（数据来源：康得新 2010—2018 年年度报告。）

根据现金流权的计算方法，可以得出表 8-8 中康得集团所拥有的现金流权，发现每年的现金流权数值几乎都为 0，控制权与现金流权数值的差额基本等于康得集团对康得新的控制权数值。这么高的股票质押比例势必导致了控制权和现金流权的分离，公司高层钟玉正是利用这一点，极大地侵占了公司的资产。

表 8-8　康得新控股股东控制权与现金流权分离情况表

单位：%

	2010 年	2011 年	2012 年	2013 年	2014 年	2015 年	2016 年	2017 年	2018 年
控股权	33.22	34.42	28.63	28.50	23.52	15.28	22.26	24.06	24.05
股权质押数占持股总数比例	89.40	93.50	96.93	99.94	99.99	99.91	99.92	99.51	99.78
现金流权	3.52	2.24	0.88	0.02	0.00	0.01	0.02	0.12	0.05
控制权与现金流权绝对值差额	29.70	32.18	27.75	28.48	23.52	15.27	22.24	23.94	24.00

数据来源：康得新 2010—2018 年年度报告。

（2）外部原因

外部审计失职。瑞华会计师事务所从康得新上市之初就开始向其提供审计服务，至康得新舞弊事件爆发已经为其服务了 10 年之久。根据瑞华对康得新财务报告审计后所出具的审计报告，其曾经连续 5 年均出具了"标准无保留意见"的审计报告；在证监会 2018 年对康得新爆出的债务违约情况进行调查之后，瑞华才对当年的年报出具了"无法表示意见"的审计报告。作为第三方审计，一方面瑞华本该保持最专业、最敏锐的职业判断，另一方面其又与康得新合作了 10 年之久，本该对其财务状况十分了解，对其可能存在的财务舞弊嫌疑向财务报表使用者提供有价值的信息，然而瑞华却并没有做好本职工作。如表 8-9 所示，仅在 2015—2018 年四年间康得新就向瑞华支付了 840 万元的审计费用，同时每年所支付的审计费用均高于上市公司平均审计费用。瑞华向康得新提供价格如此高昂的审计服务，同时与康得新合作了 10 年之久，却没有做好专业的审计工作，及时发现康得新的财务报表异常状况，存在对康得新财务造假事件有意包庇的嫌疑。

表 8-9　康得新审计费用与平均审计费用情况表

单位：万元

项　目	2015 年	2016 年	2017 年	2018 年
康得新审计费用	210	210	210	210
平均审计费用	149	152.8	155.3	165.4

数据来源：康得新 2015—2018 年年度报告、证券审计市场 2015—2018 年分析报告。

瑞华作为国内的八大会计师事务所之一，从业人员在 2016 年时便已经超过 9 000 人，并且当年的收入达到了 40 亿，其具有丰富的人才储备和雄厚的实力，向超过 300 家上市公司提供了审计服务。但是，证监会也曾多次对瑞华进行处罚，在 2015 年，证监会就对瑞华进行处罚，处罚分值达到 8 分；2016 年时瑞华的处罚分值是所有事务所里最高的；2017 年财政部更是责令瑞华进行限期整改，并且完成整改之前瑞华不能再承接其他新的证券业务（图 8-6）。虽然受到如此多的处罚，瑞华却没有引以为戒，仍然肆无忌惮，最终瑞华在康得新事件之后彻底葬送了前程。

> 瑞华会计师事务所（特殊普通合伙）：
> 　　你所因在执行审计业务过程中未能勤勉尽责，分别于 2016 年 12 月、2017 年 1 月受到行政处罚（中国证监会深圳监管局行政处罚决定书〔2016〕8 号、中国证监会行政处罚决定书〔2017〕1 号）。为了切实维护社会公众利益和资本市场秩序，根据《中华人民共和国注册会计师法》《中华人民共和国证券法》和《财政部证监会关于会计师事务所从事证券期货相关业务有关问题的通知（2007 年发布，2012 年修订）》（财会〔2012〕2 号），

财政部、证监会决定：
一、责令你所自受到第二次行政处罚之日起暂停承接新的证券业务。
二、自受到第二次行政处罚之日起，你所应根据向财政部、证监会提交的书面整改计划，于 2 个月内完成整改并提交整改报告。

图 8-6　财政部责令瑞华限期整改的通知
[资料来源：《关于责令瑞华会计师事务所（特殊普通合伙）
暂停承接新的证券业务并限期整改的通知》。]

外部监管存在漏洞，处罚力度较轻。现阶段财政部、审计署和证监会组成了我国的审计监管体系。在实际监管过程中，由于不同部门之间存在差异，其对审计相关标准和准则也可能会有不同的理解，同时各部门之间还可能存在信息沟通不及时、不充分的问题，最终可能导致监管措施没有有效落实以及没有达到理想的监管效果。正是由于我国的监管体系存在这些固有限制和漏洞，才让许多企业钻了空子。另外，作为我国上市公司财务舞弊行为的法律监管依据，《证券法》和《公司法》当前还存在很多不容忽视、亟待解决的问题和漏洞。比如在保护上市公司投资者的利益、保持资本市场的稳定发展等方面来说，相关法律应该细化有关规定，扩大约束范围，明确相关表述。另外，我国相关法律对于上市公司财务造假行为的经济处罚力度，与其所产生的严重后果和恶劣影响也并不匹配，虽然新的《证券法》对于造假事件的最高处罚额度，相比原《证券法》有了很大提升，从原来向舞弊企业最高处罚 60 万元到了现在的 1 000 万元；但与美国《证券法》中关于上市公司造假的处罚规定，即造假主体将受到的最高罚款为 500 万美元或者还要受到 20 年的监禁相比，我国对于造假主体处罚力度较轻，可能并不能真正起到惩戒作用。也正是由于我国法律对造假行为的处罚力度小、量刑轻，才造成企业的违法成本不高，有的企业甚至形成惯性，愿意铤而走险以获得丰厚的回报，最终导致我国上市公司频繁发生舞弊事件。

8.2.4 讨论

上文针对康得新的财务舞弊事件，从造假手段、造假成因两方面进行了详细分析。就造假手段而言，康得新主要从存货占比较低、虚增销售收入及利润、虚构关联交易、虚构记载银行存款以及隐藏有关担保事实五个方面来粉饰其财务报表，侵害中小股东合法权益，欺骗社会公众。就造假成因而言，康得新此次财务舞弊的原因主要分为内外两方面。从公司内部来讲,激烈的竞争、激进的发展策略、股权质押引起控制权与现金流权分离都是导致康得新跨越法律界限的原因;从整个市场环境来看,外部审计失职、外部监管存在漏洞以及目前法律对于类似财务舞弊案件的处罚力度过轻等问题都为部分上市公司提供了舞弊空间。

通过分析康得新的造假事件可以发现,企业的财务造假行为最终都可能反映在其财务报表中,通过识别、解读企业的年报数据,就可能找到一些"蛛丝马迹",发现企业可能进行财务造假的信号。由康得新的造假行为可以总结出企业的财务舞弊的识别方式主要有以下几点。首先,对上市公司的财务数据进行总体及同行业的对比,关注相关财务数据之间的关联以及该企业是否出现异常情况,还要根据一些非财务信息,比如宏观经济发展状况、行业的发展状况、该企业在行业中的水平以及企业总体的经营情况等来更好地分析企业的财务数据是否合理。其次,对于企业财务报表中出现的一些大额异常项目应该重点关注、具体分析,比如企业是否长期都存在着"存贷双高"的现象,其应收账款、存货等资产是否在某一年开始大额增长等。再次,还要关注企业控股股东的股权质押情况,也就是企业是否存在控股股东高比例质押股权等情况。另外,应该具体分析企业的客户以及供应商特别是报告期内新增的客户和供应商,对一些比较异常的大额关联方交易保持合理的怀疑和关注。最后,通过分析企业其他非财务信息,如企业频繁更换事务所或高管、大股东持续减持公司股票以及企业的股权结构复杂、内部控制人问题严重等信息,进一步识别企业进行财务造假的信号,及时发现企业的造假行为。

8.3 盐湖股份破产重整的效果分析

8.3.1 背景介绍

8.3.1.1 公司背景

青海盐湖工业股份有限公司(以下简称盐湖股份,股票代码000792)于1997年8月25日成立,1997年9月4日正式挂牌上市。盐湖股份是青海省国资委管理下的国有上市公司，公司的主营业务是化学原料和制品的制造。盐湖股份位于青海省格尔木市，是我国钾肥原料的主要生产基地，公司有着"钾肥行业领军企业、中国 AAA 级企业、国家创新型企业"的称号。

盐湖股份最主要的业务是氯化钾的开发、生产和销售，此外公司的业务还包括对盐湖资源的开发及利用，公司的主要投资项目包括"盐湖资源的综合利用、金属镁项目、碳酸锂项目"等；除了上述业务，公司的经营范围还包括水泥的产销、酒店服务、商业连锁等业务，这些业务的经营收入在盐湖股份的总收入中只占了很小一部分。公司收入主要来源于氯化钾项目，其钾肥设计年产能达到 500 万吨，是我国生产钾肥规模最大的企业。由表 8-10 可知，公司 2020 年总资产规模达到 2 010 981.46 万元，当年营业收入为 1 401 626.06 万元，净利润为 201 011.75 万元。另外，公司 2017—2019 年度均处于亏损状态，年度净利润分别为-428 841.11 万元、-360 055.89 万元、-4 666 232.92 万元。

表 8-10 盐湖股份 2016—2020 年经营情况

单位：万元

项目	2016 年	2017 年	2018 年	2019 年	2020 年
营业收入	1 036 413.89	1 169 940.61	1 788 973.57	1 784 917.99	1 401 626.06
总资产	8 294 588.79	8 241 852.97	7 499 735.70	2 253 150.03	2 010 981.46
净利润	20 959.16	-428 841.11	-360 055.89	-4 666 232.92	201 011.75
归属于母公司所有者的净利润	34 126.47	-415 923.79	-344 661.27	-4 585 997.68	203 950.74

数据来源：盐湖股份 2016—2020 年年度报告。

8.3.1.2 行业背景

钾是农作物生长三大必需的营养元素之一，几乎每种作物都需要适量施用钾肥，而氯化钾由于养分浓度高、资源丰富、价格相对低廉，通常占钾肥的 95% 以上，在农业生产中占据主导地位。2020 年我国有 704 万吨的氯化钾产量，其中仅盐湖股份的年产量就接近总产量的 78.37%。表观消费量达到 1 549 万吨，同比上升 1.99%。在进出口方面，2020 年中国氯化钾进口量 866 万吨，同比下降 4.53%，出口 22 万吨，同比下降 4.39%。从供给端来看，在钾肥持续以来的低价行情下，海外寡头为实现控价目的，近年来推动高成本产能逐渐退出或协调减产。根据统计，从 2014 至 2020 年，钾肥行业的退出产能累计达到了 600 万吨。在需求端，2020 年受到新冠疫情的影响，全球钾肥需求端增速有所放缓，导致了钾肥价格小幅下降。但是随着全球疫情的有效控制，全球对于钾肥的需求将不断恢复和提高，同时随着各国越来越重视粮食生产安全问题，也将提升对钾肥的需求量，钾肥的价格也有望回升。

在锂盐行业，我国盐湖锂资源占全国资源储量的80%左右，目前处于规模化开发初期，青海的盐湖卤水型锂矿占我国已探明锂资源的一半以上。随着新能源汽车、5G装备的快速发展，对锂资源的需求量日益增大，但受制于环保、交通、技术等因素，国内矿石锂和盐湖提锂难以满足市场需求，长期以来我国锂原料自给率不足30%。但随着盐湖提锂技术的不断成熟，预计到2025年，我国碳酸锂的自给率有望突破60%，盐湖提锂有望成为我国锂资源开发的新趋势。

8.3.2 思考题

盐湖股份作为我国钾肥工业生产基地，拥有世界最大盐湖之一察尔汗盐湖盐矿的开采权，承接了我国钾肥供应的70%。自从盐湖股份1997年上市以后，归属于母公司的净利润从不到5 000万元逐渐提升到10亿元以上，2008年盐湖股份的市场价值更是超过了千亿元。然而，正是这样一家具有高壁垒的公司，自2017年起开始爆发财务危机，2017—2019年净利润连续为负，2018年度因连续两个会计年度处于亏损状态，面临着退市的风险，2019年公司因为没有对到期债务进行清偿以及公司明显没有能力进行清偿，债权人向法院申请对盐湖股份进行重整。盐湖股份破产重整的关键事件时间轴如下：

2019年4月，因2017年、2018年连续两年归属母公司净利润为负被实施退市风险警示，股票代码变更为*ST盐湖；

2019年8月，债权人泰山实业以公司不能清偿到期债务为由，向法院申请重整；

2019年9月，法院裁定公司破产重整，指定青海盐湖工业清算组担任公司管理人；

2019年11月，公司第一次债权人会议通过《财产管理及变价方案》；

2019年12月，公司待处置资产包以30亿元的价格转让给青海汇信；

2020年1月，公司第二次债权人会议通过《重整计划》；

2020年3月，公司转增股本上市流通；

2020年4月，公司重整计划执行完毕；

2021年8月，盐湖股份恢复上市，当日最高成交价43.9元，上市首日股票上涨 306.11%。

通过以上时间轴可知，盐湖股份的重整计划已经于 2020 年 4 月执行完毕，并在 2021 年 8 月恢复上市。那么，盐湖股份的破产重整的效果如何？公司是否已经摆脱历史包袱进入稳定经营的状态？这一问题受到了广泛关注。我们将在下文对盐湖股份破产重整的原因、内容进行具体说明，最后分别从偿债能力、盈利能力、营运能力三个角度对盐湖股份破产重整的效果进行分析。

8.3.3 案例分析

8.3.3.1 破产的财务原因

表 8-11 是根据 2014—2018 年盐湖股份年报主要控股参股公司分析中摘取的数据。可以看到，2016—2018 年，盐湖股份的多个子分公司都处于亏损状态。亏损较多的主要有青海盐湖海纳化工有限公司和青海盐湖镁业有限公司，2016—2018 年三年分别累计亏损了 339 103.93 万元和 791 780.03 万元。

表 8-11　主要控股参股公司净利润

单位：万元

公司名称	2014 年	2015 年	2016 年	2017 年	2018 年
青海盐湖三元钾肥股份有限公司	18 825.13	2 846.61	−22 376.37	—	5 963.53
青海盐湖科技开发有限公司	−41 011.79	−33 943.82	−18 614.09	−15 702.57	132 005.05
青海盐湖海纳化工有限公司	1 273.27	−9 834.61	−60 989.17	−155 749.21	−122 365.55
青海盐湖新域资产管理有限公司	−6 728.49	−7 893.98	14 423.23	−1 250.39	—
青海盐湖镁业有限公司	−859.51	—	—	−319 808.86	−471 971.17

数据来源：盐湖股份 2014—2018 年年度报告。

通过对盐湖股份近年来的投资项目进行分析，发现导致公司陷入经营危机的主要有以下几点原因：

（1）生产要素供给不足导致产品成本上升

盐湖股份的金属镁一体化项目、综合利用一二期项目等对能源的依赖较大。早期项目对煤炭的需求量高，但是受到项目所在地环境整治力度的加大以及相关环保政策的出台，煤炭价格不断走高。根据2016年国务院发布的《关于煤炭行业化解过剩产能实现脱困发展的意见》，煤炭行业正式开始了去产能，文件明确提出，"要在3年到5年时间里退出煤炭产能约5亿吨、同时减量重组约5亿吨，同时将实施煤炭限产措施，也就是要求全国所有煤矿产量以全年276个工作日实施生产，在法定节假日和周六日不安排生产，相当于将此前全年330个工作日的产量下调了16%"。

受到限煤令的影响，公司转向天然气能源，但是，受天然气需求量增加和天然气供应不足的影响，天然气价格居高不下，直接导致了项目的产能利用率降低、成本上升，压缩了企业的利润空间。

（2）子公司频繁出现安全事故导致停产

公司多元化以后，生产链条延伸、环节增加，发生爆炸等安全事故的风险随之上升。另外，由于生产环节之间紧密联系，一个环节的停产会影响整个生产链的运行，对项目生产产生较大的影响，进一步削弱公司的利润。通过盐湖股份年报可以看出，自2016年起，其下属公司3年发生了4起安全事故，其中2起为较大的生产安全责任事故，2起为一般性安全责任事故，共导致三年停产近22个月，必然会影响公司利润。如下为4起安全事故的详细情况：

2016年9月18日，盐湖股份控股子公司盐湖海纳，聚氯乙烯一体化项目除尘器发生闪爆事故，被认定为一起较大的生产安全责任事故，造成7人死亡、8人受伤；直接经济损失996.54万元；公司从2016年9月18日进行整改，10月30日整改完毕。

2017年2月14日，公司盐湖海纳西厂区发生火灾事故，未造成人员伤亡，造成直接财产损失约1 900万元，生产系统停产，停产9个多月，2017年11月30日恢复生产。

2017年6月28日，盐湖股份化工分公司乙炔厂一车间炭黑水处理系统复位工艺管道至炭黑水槽作业时发生乙炔爆炸事故，事故调查组认定该事故为一起较大生产安全责任事故。共造成4人死亡，直接经济损失282.4万元，停产4个多月，2017年11月6日恢复生产。事故发生直接原因：部分装置存在设计缺陷；存在施工质量缺陷；焊接作业人员存在违章作业。

2018年4月26日，盐湖股份控股子公司盐湖海纳S-PVC车间委托第三方施工单位实施现场装置设备更换作业时发生一般性生产安全责任事故。事故造成9人受伤、直接经济损失116.63万元，11月16日复产。

其中受安全事故影响最大的是青海盐湖海纳化工有限公司，三年连续发生了3起安全事故，不能持续生产经营。由表8-11该公司2014—2018年的盈利情况可知，其2015—2018年均处于亏损状态，其中2016—2018年由于安全事故的发生以及停产，其亏损额大幅上升，分别为-60 989.17万元、-155 749.21万元、-122 365.55万元。

（3）盐湖镁业亏损

①未达预期利润

一方面项目完工日期推迟。2008年计划修建，2012年开始动工。2013年报称，该项目预计在2014年基本建成，然而直至2016年项目核心装置工艺才全部打通，2017年低负荷运行，部分景气度高的产品还不能量产。2018年项目还是只能低负荷运行，产能尚未能达到设计要求。另一方面预算投入不断增大。2011年预算数为200亿元，到了2018年，投资预算已经翻倍成400亿元。上述两点都使公司的资金压力持续增大，而报表中给出的原因为：项目各生产装置关联度高、工艺较复杂、技术工艺未达标等原因造成项目建设期延长、投资额大。

②资产减值损失大

由盐湖年报数据可以看出金属镁一体化项目2017年开始计提减值准备。2017年减值76 238.75万元，原因是金属镁一体化项目各生产链是一个联动的系统工程，工艺复杂程度较高，造成项目建设期延长，项目投资额增加。电石装置因技术工艺未达标，导致建设期延长，加之原材料价格持续上涨，造成相关产品成本较高。2018年减值67 656.87万元。原因是：金属镁一体化项目在建期长、投资成本增加，在建工程结转固定资产后折旧费用高，原材料价格上涨，导致产品成本高，且由于金属镁一体化关联度高，产能尚未能达到设计要求。巨额资产减值损失的计提同样会影响企业整体的盈利水平。

③财务费用剧增

金属镁一体化项目2012年开始动工，从图8-7可以看出，2012年公司的财务费用骤增25 209.79万元，达到34 954.04万元。随后逐年增加，2018年达到顶峰204 186.58万元，2019年虽然有下降趋势，但是还保持在较高的水平。

④拍卖价格远低预期

2019年11月6日，关于盐湖股份破产重整的第一次债权人会议召开，根据会议通过的《盐湖股份重整案财产管理及变价方案》，公司管理人依法将部分资产进行拍卖。拍卖标的物为："截至盐湖股份重整受理日即2019年9月30日盐湖股份的资产包，即盐湖股份化工分公司的固定资产、在建工程、无形资产、存货以及持有控股子公司盐湖镁业、海纳化工的全部股权、应收债权。"公司先后于2019年11月23日、12月2日、12月11

日、12月20日、12月31日、2020年1月9日、在淘宝网司法拍卖网络平台上进行了6次拍卖，但均流拍。由图8-8可以看出盐湖镁业股权以及应收债权的起拍价格与资产评估价值差距越来越大。

图8-7 盐湖股份历年财务费用

（数据来源：盐湖股份2011—2019年年度报告。）

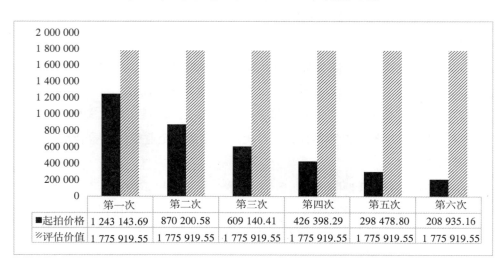

图8-8 公司资产起拍价与评估价（单位：万元）

（数据来源：《关于盐湖股份所持青海盐湖镁业有限公司股权及应收债权的拍卖公告》及《拍卖须知》的公告。）

2019年12月27日，公司管理人与青海汇信资产管理有限责任公司签订《资产收购框架协议》，双方约定："如管理人后续继续采取公开拍卖或协议转让的方式处置盐湖股份资产包,且无其他主体愿意以超过人民币 30 亿元的价格通过参与第 6 次拍卖或者协议受让方式受让盐湖股份资产包的,汇信资产管理将以 30 亿元的价格受让盐湖股份资产包。"由于 6 次拍卖资产包均无人拍下,最终按照协议约定方式出售公司所持有的盐湖镁业资产包,根据盐湖股份 2019 年年报披露,报告期内由于对公司所持有的盐湖镁业全部股权、应收债权进行出售和处置,导致盐湖股份 2019 年因为大额的资产处置损失,减少了 302.73 亿元的利润。

8.3.3.2 破产后重整的主要内容

(1)破产重整基本状况

近年来,受到宏观经济发展水平下降、相关融资政策不断收紧以及企业的原材料及其他生产要素成本高并且供应量少等问题的影响,盐湖股份的资金紧张,公司主要通过负债融资解决自有资金的不足问题,但也面临着很大的偿债压力,事实上公司已经出现资金链断裂、无法持续经营的问题,盐湖股份明显不能按时偿还债务也没有能力对债务进行清偿。因此,由于债务危机严重,加之亏损资产拖累公司业绩,公司面临严峻的退市风险,亟须通过重整程序对盐湖股份公司的资产和债务进行彻底的重组。

在 2019 年破产重整前夕,盐湖股份对自身负债情况进行了申报和审查,情况如表 8-12 所示。

表 8-12 公司债务审查情况

单位:万元

项　目	金　额
有财产担保债权	112 778.53
职工债权	33 802.48
税款债权	215 987.74
普通债权	4 464 691.37
其中:已经西宁中院裁定确认的普通债权	2 807 172.59
初步审查确定的普通债权	1 362 369.81
暂缓确定的普通债权(计入预计债权)	285 295.45
未申报债权(计入预计债权)	9 853.52
合　计	4 827 260.12

数据来源:盐湖股份重整计划(2020 年 1 月 17 日)。

盐湖股份的账面资产主要包括其他应收款、固定资产、长期股权投资、应收账款等，其中固定资产主要包括融资租赁物，而在盐湖股份本次的破产重整中，公司的资产范围并没有包括融资租赁物。（根据相关司法解释规定及融资租赁合同约定，融资租赁物在会计处理上虽然计入公司账面资产，但在条件成就前，融资租赁物的所有权仍归属于出租人所有）

根据评估机构出具的《资产评估报告》，以 2019 年 9 月 30 日为评估基准日，按照清算价值法进行评估，盐湖股份公司剔除融资租赁物后资产的评估总值为 4 261 369.11 万元。根据《财产管理及变价方案》，管理人于 2019 年 11 月 15 日启动对盐湖股份公司拟处置资产的公开拍卖程序，拍卖标的分为化工分公司（含融资租赁物）、金属镁板块、海纳化工板块三个资产包，但 6 次拍卖皆流拍。

（2）破产重整的方式

破产重组的方式可以归结为两种方式和一种手段。两种方式即发行抵债股票和偿债资金，一种手段即留债。

在发行抵债股票和偿债资金方面，根据《重整计划》，"以盐湖股份公司现有总股本 278 609.06 万股为基数，按每 10 股转增 9.5 股的比例实施资本公积金转增股本，共计转增 264 678.61 万股股票。转增后，盐湖股份公司总股本将由 278 609.06 万股增加至 543 287.67 万股。其中，约 257 603.43 万股转增股票用于向债权人抵偿债务；剩余约 7 075.18 万股由青海汇信受让。另外，执行重整计划所需的偿债资金将通过处置资产、处置部分转增股票及未来持续经营的收入等途径筹集"。

留债指在不变更债权债务关系主体的前提下，以重整程序中确定的债权为基数，延长还款期限、调整还款利率等综合安排。根据盐湖股份的重整计划，将债权分为 4 类：有财产担保债权组、职工债权组、税款债权组和普通债权组。

首先，财产担保债权组。根据《企业破产法》的规定，"有财产担保债权人就担保财产享有优先受偿的权利，就有财产担保债权 112 778.53 万元，由盐湖股份公司予以留债清偿，具体安排如下：留债期限为 5 年；清偿按照每年平均还本付息，利息以未偿留债额度为计算基数；留债期间原财产抵押担保关系不发生变化，在盐湖股份公司履行完毕上述有财产担保债权清偿义务后，有财产担保债权人应解除对担保财产设定的抵押手续，并不再就担保财产享有优先受偿权。未及时办理解除抵押手续的，不影响担保物权的消灭"。

其次，职工债权组。对于职工债权 33 802.48 万元，由盐湖股份在重整计划执行期限内以现金方式全额清偿，并没有做任何调整。

再次，税款债权组。根据《重整计划》，"税款债权 215 987.74 万元全额清偿，不做调整，由盐湖股份公司在重整计划执行期限内以现金方式全额清偿。盐湖股份公司清偿税款债权后，其中留存于青海省内税款部分的50%，将由地方政府在2020年内依法返还给盐湖股份公司"。

最后，普通债权。根据《重整计划》，"普通债权以债权人为单位，每家债权人小于（含）50万元的部分，由盐湖股份公司在本重整计划执行期限内依法以现金方式一次性进行清偿"；超过50万元的部分处理如下：

非银行类普通债权可从留债或以股抵债两种方式选择一种进行清偿。若选择留债，应在表8-13列式的四种方式中选择一种：

表8-13 公司留债方式

留债期限	留债额度	偿债方案	利率利息
2年	60%	每年分别偿还0%、100%的留债额度，利息以未偿还留债额度为计算基数	留债期间利率按1年期LPR下调150个基点或原融资利率孰低确定，利息自重整计划获得法院裁定批准之日起算
3年	68%	每年分别偿还0%、40%、60%的留债额度，利息以未偿还留债额度 为计算基数	
4年	80%	每年分别偿还0%、20%、30%、50%的留债额度，利息以未偿还留债 额度为计算基数	
5年	100%	每年分别偿还0%、0%、20%、30%、50%的留债额度，利息以未偿还留债额度为计算基数	

数据来源：盐湖股份重整计划（2020年1月17日）。

若非银行类普通债权人选择以股抵债方式进行受偿，则按照13.10元/股的抵债价格获得相应数量的转增股票，也就是每100元普通债权约分得7.633588股转增股票，非银行类普通债权人可以且仅可在留债或以股抵债方式中选择一种获得清偿。

银行类普通债权视非银行类普通债权的选择情况而部分留债并实施以股抵债。银行类普通债权进行部分留债处理后的剩余债权部分，将全部以资本公积金转增的股票抵偿，每股抵债价格为13.10元，每100元债权可分得约7.633588股股票。

8.3.3.3 破产重整后财务绩效

为分析盐湖股份的破产重整效果，下面将选取公司的一些关键财务指标，分别对盐湖股份的偿债能力、盈利能力、营运能力进行具体分析。

（1）偿债能力

公司实施破产重整制度的重点目标是对公司债务进行清除并且实现公司的高效自救。

而能否真正意义上挽救一个公司，使其恢复原有的偿债能力以及持续经营能力，是对破产重整的效果进行判断的一个关键因素。因此，本文选择盐湖股份 2017—2020 年度的资产负债率、流动比率、速动比率这三项指标来分析盐湖股份的偿债能力。

表 8-14　盐湖股份 2016—2020 年偿债能力分析

项　目	2016 年	2017 年	2018 年	2019 年	2020 年
资产负债率（%）	68.21	73.02	74.95	229.01	73.82
流动比率	0.69	0.59	0.36	0.31	1.40
速动比率	0.53	0.47	0.27	0.24	1.13

数据来源：网易财经 http：//quotes.money.163.com/f10/zycwzb_000792, year.html。

首先，资产负债率。破产重整前：一方面，金属镁一体化过度投资致财务杠杆攀升，项目初始投资预算为 200 亿元，但随着建设周期从 2015 年拖到 2018 年，其投资预算也翻倍成 400 亿元。另一方面，公司融资大量使用银行贷款，杠杆率持续高位，由表 8-14 可知，盐湖股份 2017—2019 年资产负债率相比 2016 年不断增大，而通常化工行业资产负债率在 60% 左右，盐湖股份各年的资产负债率均高于行业水平。结合图 8-9 可知，截止到 2019 年，盐湖股份债务数额高达 516 亿元，资产负债率猛增，达到 229.01%。破产重整后：盐湖股份在处置不良资产的同时进行留债，将镁业、化工等亏损板块彻底分离，并由钾肥、锂业等优质板块承接债务。2020 年资产负债均明显下降，同时资产负债率相比 2019 年来说有了大幅度的下降，回归到原来水平，资产负债的结构趋于合理。

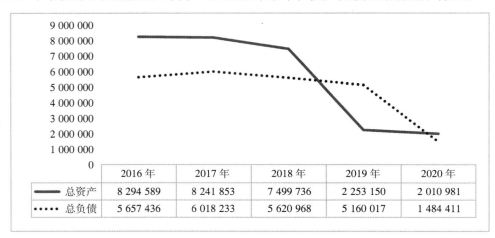

图 8-9　盐湖股份重整前后资产负债情况（单位：万元）

（数据来源：盐湖股份 2016—2020 年年度报告。）

其次,流动比率。破产重整前:盐湖股份 2016—2019 年的流动比率不断下降且均小于 1,处于较低水平,而通常认为流动比率为 1 比较合适,说明盐湖股份的资产流动性不强,企业的短期偿债能力弱。破产重整后:2020 年盐湖股份的流动比率有了显著的提高,高于理想值 1,破产重整使盐湖股份的负债规模大大降低、财务负担减轻、短期偿债能力得到显著提高。

最后,速动比率。破产重整前:盐湖股份 2016—2019 年的速动比率同样不断降低且均小于理想值 1,说明在重整前企业速动资产用于偿还流动负债的能力较弱。破产重整后:2020 年盐湖股份的速动比率显著提高,与流动比率一样都高于理想值,公司短期偿债能力大幅提高。

(2)盈利能力

盈利能力通常反映着企业的获利水平和资本持续增加的能力。本文首先对盐湖股份破产重整前后净利润的水平进行对比(表 8-15),然后选取总资产净利率、营业利润率以及销售净利率分析其盈利能力(表 8-16)。

首先,净利率。破产重整前:公司连续三年净利润为负,导致暂停上市。亏损原因主要是金属镁一体化项目蚕食了盐湖的利润,镁产业生产效能较低,导致巨额资产减值损失,无法为盐湖股份赚取利润,同时前期的大规模资金投入和银行贷款带来沉重的财务费用。盐湖股份 2016 年净利润为 20 959 万元,而 2017—2019 年连续三年净利润均为负值,2019 年更是巨亏 460 多亿的金额,被称为 A 股"亏损之王"。破产重整后:扭亏为盈,恢复上市。完成破产重整后的盐湖股份,剥离了金属镁一体化不良资产,实行债转股,制订偿还计划分类清偿债务,摆脱了沉重负担,轻装回归,同时企业优势业务盈利贡献更为显著。2020 年年报披露,盐湖股份扭亏为盈,实现归属于上市公司股东的净利润 20.1 亿元,同比增长了 104.31%,公司归属于所有者的净利润与净资产均由负值变为正值,公司的持续经营能力恢复。

表 8-15 盐湖股份 2016—2020 年获利情况

项 目	2016 年	2017 年	2018 年	2019 年	2020 年
净利率(%)	2.02	-36.65	-20.13	-261.43	14.34
净利润(万元)	20 959	-428 841	-360 056	-4 666 233	201 012
同比增长(%)	-61.49	-2146.08	16.04	-1195.97	104.31

数据来源:盐湖股份 2016—2020 年年度报告。

其次,总资产净利率,其通常反映着企业运用全部资产获利的能力。破产重整前:盐湖股份 2017—2019 年总资产净利率由正值变为负值,2019 年达到-95.69%,说明企业从自身资本运作中获取收益的能力差,企业亏损情况加剧。破产重整后:企业的盈利能力得到改善,2020 年的总资产净利率为 9.43%,说明其盈利能力逐渐恢复,企业的复苏有着光明的前景。

再次,营业利润率。破产重整前:盐湖股份 2017—2019 年的营业利润率指标同样由 2016 年的 2.27 变成均为负值,2019 年甚至达到-251.31%,说明企业亏损情况严重,盈利能力持续下降。破产重整后:2020 年盐湖股份的营业利润率变为正值,企业扭亏为盈,盈利水平显著提高。

最后,销售净利率。破产重整前:盐湖股份 2017—2019 年的销售净利率均为负值,主要是由于企业巨额激进投资金属镁项目,导致连续亏损拖累了主业,导致企业总体销售获利能力差。破产重整后:通过剥离巨额亏损板块,公司优势业务氯化钾盈利贡献更为凸显,销售净利率变为正值且相比 2019 年有了显著提升,说明重整后企业盈利能力以及可持续发展能力提升。

表 8-16 盐湖股份 2016—2020 年盈利能力分析

单位:%

项 目	2016 年	2017 年	2018 年	2019 年	2020 年
总资产净利率	0.26	-5.19	-4.57	-95.69	9.43
营业利润率	2.27	-35.07	-18.53	-251.31	22.83
销售净利率	2.02	-36.65	-20.13	-261.43	14.34

数据来源:网易财经 http://quotes.money.163.com/f10/zycwzb_000792,year.html。

(3) 营运能力

营运能力代表着企业日常的生产运营和通过内部资产获取资金的能力,本文选取盐湖股份 2016—2020 年度总资产周转率、应收账款周转率以及存货周转率分析盐湖股份破产重整前后的营运能力,如表 8-17 所示。

破产重整前:盐湖股份的总资产周转率和应收账款周转率均为较低水平。企业总资产的使用效率低,限制了企业的获利能力,同时在同行业中,盐湖股份的应收账款回账期长,产生坏账损失的可能性高。另外企业存货的变现能力差,资金的占用时间长,给企业造成了资金压力。破产重整后:企业 2020 年的总资产周转率相比前几年有所提高,企业资产使用效率提升，利用资产获利的能力加强。而企业的应收账款周转率虽然仍处于较高水平，但相比 2019 年有所下降，说明企业仍然采取了较为宽松的信用政策以刺激销售，但同时也会带来赊销款项不能收回的风险，需要加以权衡。

表 8-17　盐湖股份营运能力分析

单位：次

项　　目	2016 年	2017 年	2018 年	2019 年	2020 年
总资产周转率	0.13	0.14	0.23	0.37	0.66
应收账款周转率	5.96	4.83	9.54	22.42	18.47
存货周转率	1.90	2.32	4.17	4.98	4.58

数据来源：东方财富网 http://quote.eastmoney.com/sz000792.html。

8.3.4　讨论

综上，盐湖股份由于项目盲目扩张投资，只见规模不见效益，以债务养工程，投资预算失控，巨额的资产减值和财务费用不仅侵蚀了优质钾肥和碳酸锂板块的利润，还将整个公司拖入亏损和债务的泥潭，这也是本次破产重整最根本的原因。破产重整后的盐湖股份，资产负债率明显下降，企业的偿债能力提升，同时于 2020 年度扭亏为盈，公司持续经营能力开始恢复，破产重整的效果显著并且已于 2021 年 8 月恢复上市成功重返 A 股。在未来发展方面，由于其以氯化钾和碳酸锂为主营业务，下游新能源电池的需求快速增长，目前属于热度较高的行业；同时，盐湖股份仍然具有很强的资源优势，经重整后还将处于钾肥行业的龙头地位，所以未来盐湖股份有着良好的发展前景。

盐湖股份的案例堪称防范、化解区域重大金融风险的破产重整标杆项目，也为其他企业带来了一定启示。首先，由于盐湖股份的主业非常景气。公司主要因巨额激进投资的拖累而陷入财务危机，但核心资产并未受损。因此，破产重整中应尽可能剥离拖累核心主业的其他多元业务或低效、无效资产，准确分析研判核心主业的市场竞争力，这也是困境企业破产重整能够成功的核心逻辑。其次，针对无效和低效资产的处置，在短期内找不到接盘方的情形下，可以通过设置财产权信托方式以时间换空间，将未来处置所得向债权人进行补充分配，使未获完全清偿的债权可以进一步提升受偿率。最后，虽然盐湖股份破产重整前亏损巨大，但实际上从重整计划来看，普通债权清偿率均高于 60%，显著高于清算状态下的受偿率 38.51%。所以，在寻找破产重整的可行路径时，应制定合理、有诚意的重整计划方案，获得债权人的谅解和配合，使其摒弃逃废债的想法，为重整计划的执行奠定基础。

8.4 小结

在进行数据或是财务报表分析之前的一个非常重要的工作是进行质量甄别，因为进行有效分析的前提条件是确保数据或是信息的真实和可靠。在进行资产质量识别时，分析师或者报表使用者应该在分析资产总体质量的基础上，进一步考察资产的结构质量，认真查找主要的资产变化区域和不良资产区域，并结合其变动方向分析判断资产的质量。当前许多企业均存在盈余操纵行为，通过各种手段对利润表中的净利润进行操纵，进而实现粉饰报表的作用，极大降低了企业财务报表的质量。因此，识别盈余质量是识别企业披露信息质量的核心，也是企业进行报表分析的重要前提。通过对以上案例的分析可以发现，企业进行财务造假的主要手段包括虚增营业收入、少记成本费用、虚构关联交易、虚构记载银行存款以及隐藏有关担保事实等。而企业的财务造假行为最终都可能反映在其财务报表中，通过识别、解读企业的年报数据，就可能找到一些"蛛丝马迹"，发现企业可能进行财务造假的信号。分析师以及信息使用者应该同时关注企业的财务信息及相关非财务信息，进一步识别企业进行财务造假的信号，及时发现企业的造假行为。另外，对企业会计信息进行甄别时，除了要通过资产负债表分析识别资产质量，通过利润表分析识别利润质量以外，更重要的是要综合三张报表之间的关系，不能孤立分析三张报表，而是要从整体视角综合分析年报及其相关信息，进而做出判断。